대한민국에는 SK텔레콤이 있다

대한민국에는 SK텔레콤이 있다

'Convergence & Ubiquitous 시대를 향한 SK텔레콤의 성장 전략'

김영곤·이병철 공저

21세기북스

최근 우리 경제가 안고 있는 가장 큰 과제는 아마도 경기 회복과 국가 신성장 동력의 창출일 것이다. 이러한 과제를 해결함에 있어서 미국, 영국 등 비슷한 위기를 슬기롭게 극복한 다른 나라의 경우를 살펴보면, 정부는 미래를 위한 정확한 비전을 제시하고, 기업들은 세계적인 경쟁력을 확보하여 활발하게 가치창출 활동을 전개해왔다. 우리 정부도 2003년부터 정보통신부, 과학기술부 및 산업자원부를 핵심 추진부처로 정하여 'IT 839전략' 등을 국가 신성장동력 정책과제로 선정하고, 이를 달성하기 위해 지속적으로 노력하고 있다. 그러나 이러한 정부와 기업의 역할과 함께 반드시 전제되어야 할 것은 정부의 비전과 기업의 역할에 대한 사회 전반적인 컨센서스와 지원일 것이다.

이 책의 공동 저자들은 대학에서 미래의 산업 인력을 육성하는 교육자이며 경영학을 연구하는 학자로서, 우리 나라가 21세기 국가 신성장동력을 확보하는 데 필수적인 사회적 컨센서스를 이루고자 노력해왔다. 저자들은 국가 신성장동력의 실질적 추진 주체로서 세계적인 선도 사업자로 성장할 수 있는 기업을 선정, 집중 분석함으로써 사회와 학계에 정확한 평가 정보와 시사점을 제공하고자 하였다.

대상 기업으로는 SK텔레콤을 선정하였다.

우선, SK텔레콤은 우리 나라 이동통신 산업을 세계적 수준으로 끌어올리는 데 획기적인 기여를 하였고, 앞으로도 미래 정보사회의 핵심요인이 될 '컨버전스Convergence'와 '유비쿼터스Ubiquitous'를 선도하는 프론티어Pioneer 기업이다. 또한 SK텔레콤은 1994년 민영화된 이래 지난 10년간 매출과 가입자 수가 20배 이상 급증하는 등 경이적인 성장을 이룩하였으며, 기업문화와 경영 시스템 면에서도 우리 나라의 어떤 기업보다도 글로벌 스탠더드를 충족시키기 위해 노력을 경주한 기업이기도 하다. 그러나 SK텔레콤은 지난 수년간 여러 가지 이유로 사회적 찬사와 비판을 동시에 받았던 기업이다. 따라서 이 시점에서 SK텔레콤에 대한 사회와 정부의 정확한 인식과 평가가 요구되며, 이를 바탕으로 발전적 지원과 비판 방향이 결정될 필요가 있다고 보여진다.

이 책은 전략경영 이론의 과학적 분석방법과 패러다임을 활용하여 SK텔레콤의 다양한 전략 혁신과 획기적인 일 처리 방식, 그리고 경영 성과를 체계적으로 설명하고자 노력했다. 특히 지난 20년 동안 반도체가 '전자 산업의 쌀'로서 우리 나라 산업 고도화에 핵심역할을 했듯이, 저자들은 무선통신 산업이 향후 20년 동안 우리 경제의 중추 산업이 될 '서비스와 문화 산업의 쌀'이 될 것으로 전망하고 있다. '또 다른 대한민국 신화를 꿈꾸며'라고 말하고 있는 저자들처럼, 본인 역시 앞으로 SK텔레콤이 세계적인 정보통신 기업으로 성장하여 우리 경제와 나라의 미래를 밝게 비출 IT 대표 기업으로 자리매김하기를 기원한다.

마지막으로 두 저자의 SK텔레콤에 대한 본격적인 기업 연구가 현재 정보통신업계에 종사하고 있거나 정보통신, 서비스, 그리고 문화 산업에 꿈을 가진 이 땅의 모든 사람들에게 종합적 미래 나침반이 되기를 바란다.

눈 내리는 춘삼월의 어느 날,
중앙대학교 국제경영대학원장 전용욱

기업과 경영학계의 지속적 산학협력이 새로운 경영혁신 이론과 방법론 개발을 촉진한다는 것은 이미 잘 알려진 사실이다. 미국의 경우, GM에서의 오랜 산학협력 경험을 바탕으로 하버드 대학의 피터 드러커Peter Drucker 교수는 다양한 경영혁신 이론을 개발하였다. 또한 GE의 잭 웰치Jack Welch 전 회장이 지난 20년 동안 '현대 경영의 대부'로 인정받게 된 이면에는, 크론톤빌 연수원장으로 오랜 기간 재직하면서 새로운 조직이론과 경영혁신 수단을 지속적으로 개발하여 제공해준 미시간 대학의 노엘 티치Noel Tichy 교수가 있었다. 일본의 경우에도, 세계적으로 유명한 노나카 교수 주도로 구성된 일본 경영조직연구회와 많은 대기업들의 체계적 산학협력이 다양한 '일본형 경영혁신' 방법론과 조직이론 창조의 촉매 역할을 해왔다.

우리 나라에서도 다양한 형태의 산학협력이 시도되어왔다. 그러한 노력의 일환으로, 1993년 외국에서 갓 돌아온 젊은 경영학 교수들이 미국 등 선진국에서 학습한 첨단 경영이론을 바탕 삼아 우리 나라 기업들이 세계 수준의 기업으로 성장하는 것을 학문적으로 지원하려는 목적에서 '미래경영연구회'를 결성하였다.

미래경영연구회는 중앙대 전용욱 교수의 제안에 따라 경영학의 다양한 분야에 걸쳐 우리 나라 기업들이 가지고 있는 핵심 문제에 대한 현실적 이해를 높이고, 합리적 해결방안을 이론적으로 체계화하여 '한국형 경영혁신 방법론'을 모색하고자 하였다. 첫 모임에서 연구회 회원들은 앞으로 세계 수준에 근접한 우리 나라 대표 기업들과 주기적으로 산학협력 모임을 가지고, 기업과 공동으로 새로운 해결방안을 찾아보자는 데 뜻을 모았다.

첫 협력대상은 삼성그룹이었다. 1993년부터 3년간 삼성물산 및 관련 삼성그룹사들과 정기적인 연구모임을 가졌으며, 주로 당시 삼성그룹이 전사적으로 추구해온 '신경영'에 대한 학문적 이해와 효율적 응용방안을 연구하였다.

그리고 1996년에는 두 번째 협력대상으로 SK텔레콤(당시 한국이동통신)을 선정, 연구회 소속 교수들과 기업 임원들이 공동으로 'MF Management Forum'을 결성하여 정기적인 연구모임과 워크숍을 갖는 학습조직을 구축하였다. MF를 통해 연구회 교수들과 임원들은 정보통신 산업의 최신 추세와 다양한 경영혁신 이론을 공동으로 학습하였으며, 경영 시뮬레이션 게임과 롤플레잉 게임 Role Playing Game 등 다양한 방법으로 미래 경영 패러다임을 연구했다. 그 후 2002년, 미래경영연구회는 SK텔레콤의 요청에 따라 임원들과 공동으로 CEO 아카데미를 구성하여 SK텔레콤의 미래 경영자 개발과 조직학습에 간접적으로 참여해왔다.

이러한 산학협력의 결과, 1994년 전용욱 교수와 연구회 소속 구성원이었던 한양대 한정화 교수가 공동으로 『초일류 기업으로 가는 길-삼성의 성장과 변신』이라는 책을 저술하여 삼성의 성장과정과 신경영에 대한 학문적 기반을 제공하였다. 이후 약 10년이 지난 지금 삼성전자는 비약적인 성장을 거듭하여 일본의 소니, 미국의 인텔 등과 어깨를 나란히 하는 명실상부한 글로벌 선도 기업으로 발전함으로써 '대한민국 기업신화'를 창조하였다. 이 과정에서 삼성의 근본적 체질 혁신과 신경영이 상당한 역할을 해온 것은 이미 잘 알려진 사실이다. 삼성의 도약과 발전은 한 기업의 성장뿐만 아니라 우리 나라 경제 전체의 성장에도 획기적인 기여를 하였다.

이러한 삼성의 도약에 경영학자들의 기업연구가 어느 정도 기여했는지는 분명치 않다. 그러나 한 가지 확실한 것은 전 교수와 한 교수는 '삼성 신경영'에 대한 연구에서, 앞으로 삼성이 초일류 기업으로 성장할 수 있으리라는 것을 정확하게 예측하였고, 그러한 도약 과정에서 필요한 변화 방향과 전략 과제를 구체적으로 제시했다는 점이다. 이에 본 저자들은 미래경영연구회와 CEO아카데미의 공동 총무로서 또 하나의 대한민국 기업신화를 꿈꾸며 SK텔레콤의 성장과 발전과정을 체계적으로 소개하고자 한다.

이러한 결정을 하게 된 직접적 동기는 다음과 같이 세 가지로 요약할 수 있다.

첫째, 저자들에 앞서 기업연구를 선도했던 전 교수와 한 교수의 필요성 제기와 강력한 권고가 있었다. 두 선배 교수들은 우리 나라 기업들을 대상으로 학문적인 입장에서 보다 많은 기업연구가 이루어져야 우리 나라 기업의 세계화와 한국형 경영혁신 모델의 정립이 동시에 이루어질 수 있다고 지적하였다.

둘째, SK텔레콤은 지난 10년 동안 우리 나라의 다른 어떤 기업보다 빠르게 성장해왔다. 이 과정에서 저자들은 다른 기업에서 볼 수 없었던 SK텔레콤만의 독특한 일 처리 방식과 기업문화, 그리고 핵심역량 구축과정을 지켜볼 수 있었다. 경영학자로서 우리가 지켜보았던 SK텔레콤의 성장 과정과 경영 노하우를 객관적인 입장에서 이론적으로 체계화하여 관심 있는 대중들에게 널리 알리는 일은 IMF 외환위기 이후 성장통을 앓고 있는 우리 나라 경제와 기업들에게 전략적 가치가 있으리라고 판단되었다.

셋째, SK텔레콤이 활동하고 있는 이동통신 산업과 관련 정보 미디어 산업은 우리 나라의 미래를 위해 아주 중요한 분야로서, 앞으로 우리 나라가 '국민소득 2만 달러 시대'와 '고용을 동반한 성장'을 달성하는 데 핵심적 역할을 할 수 있을 것으로 평가되고 있다. 특히 우리 나라는 지난 30년 동안의 제조업 기반 수출 중심 성장모델에서 디지털 및 지식에 바탕을 둔 첨단 서비스와 제조업의 상호 협력형 성장모델로 전환하고자 한다. 이미 우리 경제는 지난 몇 년 동안 상호 협력형 성장모형의 가능성과 효과를 분명하게 경험한 바 있다. 1990년대 중반 SK텔레콤에 의해 세계 최초로 상용화된 CDMA 디지털 이동전화 서비스와 연계하여, 삼성전자를 비롯한 우리 나라 단말기 제조업체의 급성장으로 우리 나라는 이동전화 단말기 강국으로 부상하였다.

앞으로 유비쿼터스 네트워크과 비즈니스 컨버전스 혁명이 세계 정보통신 및 서비스 시장의 방향을 바꾸어놓을 것으로 예상되고 있다. 정보통신부 등 정부도 이러한 가능성을 높이 인식하여 'IT 839 전략' 등을 통해서 국가 신성장동력 사업의 상당 부분을 이동통신 등 정보통신 분야에서 찾고 있다. 지난 20년간 반도체가 '모든 전자 산업의 쌀'이 되어왔다면, 향후 20년 동안 이동 전화 서비스는 '모든 서비스와 문화 산업의 쌀'로서 역할을 담당할 것으로 전망된다. SK텔레콤은 이러한 이동전화 서비스와 관련 미디어 산업에서 세계 시장을 선도하는 데 가장 근접해 있는 기업으로 이해된다.

따라서 이 책을 통하여 저자들은 SK텔레콤에 대한 대중들의 포괄적 이해와 공감대를 형성하는 데 일조하고자 한다. 구체적으로, 저자들은 지난 10년 동안 SK텔레콤의 성장 과정과 보유 핵심역량을 체계적으로 규명하고, 이를 바탕으로 앞으로 10년 이내에 세계 수준의 기업으로 도약하기 위한 전략 방향성과 과제들을 제시하고자 한다.

이러한 연구목적에 따라 저자들은 이 책의 핵심 독자층을 정보통신 산업에 종사하거나 관련이 있는 미래형 지식 근로자들, 정보통신 분야에서 일하고 성장하기를 원하는 많은 학생들과 젊은이, 그리고 유비쿼터스와 컨버전스로 대표되는 미래 사회를 선도하고자 하는 다양한 분야의 관심 있는 선각자들로 보고 있다.

이 책이 완성되기까지 많은 분들의 도움과 격려가 있었다. 우선 저자들은 전용욱 교수와 한정화 교수를 포함하여 미래경영연구회 구성원들에게 감사의 마음을 전한다. 특히 저자들이 분명한 방향을 잡을 수 있도록 관련 사례를 개발하여 지원해준 중앙대 양유석 교수, 성균관대 이석규 교수, 한양대 고동희 교수, 그리고 숭실대 김영수 교수에게 고마움을 표시하고자 한다. 또한 저자들의 인터뷰 요청에 기꺼이 응해준 SK텔레콤의 김신배 사장과 표문수 전

사장, 그리고 많은 임원들에게도 지면을 빌어 감사의 마음을 전한다. 또한 저자들에게 지속적으로 토론 상대자가 되어준 다수의 정보통신 분야 전문가들과 증권 시장 애널리스트들에게도 고마움을 표한다. 마지막으로 이 책이 쓰여지는 동안 자료 정리 등 뒤에서 많은 지원을 해준 저자들의 두 조교 홍계훈과 오수현에게도 심심한 사의를 전한다.

끝으로 이 책과 관련한 모든 내용과 주장들은 저자들의 분석과 견해를 바탕으로 작성된 것이며, 따라서 이와 관련한 모든 책임과 한계도 저자들에게 있음을 분명히 밝혀둔다.

2005년 3월
'또 다른 대한민국 신화를 꿈꾸며'
김영곤 · 이병철

차례

PART 1
모바일 리더를 향한 중단 없는 도전

1 정보통신 산업의 역사를 써내려가다 20

2 유효한 장기 전략으로 환경변화를 주도하다 46

PART 2
대한민국 통신 역사를 바꾼 성공사례 5

대한민국에는 SK텔레콤이 있다

32명의 구성원으로 시작한 SK텔레콤은 20년의 역사를 거치면서 한국에서 가장 존경받는 기업 중의 하나가 되었고 세계 일류 통신 기업으로 성장해왔다. 이러한 성장의 배경에는 다양한 요소가 존재하지만, 무엇보다도 SK텔레콤 내부의 핵심역량과 자원이 중요한 역할을 수행해냈다고 볼 수 있겠다. PART 1에서는 지나온 SK텔레콤의 역사와 사업전략을 심층적으로 분석하여 SK텔레콤의 성장요인을 살펴보고자 한다.

모바일 리더를 향한
중단 없는 도전

정보통신 산업의 역사를 써내려가다

SK텔레콤은 2004년 12월 현재 1,870만 명이 넘는 고객의 손 안에서 언제 어디서나 '사람과 사람'을 연결해주고 있는 우리 나라 최대의 이동통신 사업자다. 하지만 SK텔레콤이 어떤 회사이며, 어떤 과정을 거쳐서 성장했는지 제대로 이해하는 사람은 많지 않다. 이는 SK텔레콤의 20년 역사 속에서 SK텔레콤이 실제로 사람들의 주목을 받기 시작한 지 그리 오래되지 않았고, SK텔레콤에 대한 종합적이고 체계적인 분석이 거의 없었기 때문이다. 또한 정보통신 관련 분야 이슈가 있을 때마다 수차례 주목을 받기는 했지만, 해당 사안에 대한 집중적인 관심이 오히려 SK텔레콤에 대한 전반적인 이해와 분석의 필요성을 희석시키기도 했다.

한 기업에 대한 경영학적인 분석이 이루어지려면 먼저 그 기업에 대한 가치가 평가되어야 한다. 이는 단순히 현재의 매출액 정도가 아니라 일반적인 성장 지표와 미래 성장 가능성, 타기업과의 괄목할 만한 차별성 등이 인정됨을 말한다. 그래야만 그 기업에 대한 분석이 다른 기업에게 시사점을 줄 수 있기 때문이다. 이러한 관점에서 우선 1984년 설립 이후 20년간의 SK텔레콤

성장 과정을 살펴보고, 이를 바탕으로 SK텔레콤이 이룩한 성과들을 다양한 관점에서 비교 · 분석해보고자 한다.

무선통신 시대를 열다 – 산업진입기

SK텔레콤의 역사는 우리 나라 무선통신 서비스 산업의 역사와 일치한다고 해도 과언이 아니다. SK텔레콤의 전신이었던 '한국이동통신'이 우리 나라 최초로 이동전화와 무선호출 서비스를 제공했으며, 경쟁체제가 도입된 이후에도 신규 서비스 제공과 새로운 기술 적용을 통해 산업발전을 주도해왔기 때문이다.

우리 나라 이동전화의 효시는 1960년 체신부(現 정보통신부)에서 정부기관을 대상으로 서울과 수도권 일부 지역에 제공한 수동교환 방식의 무선공중전화 서비스다. 그리고 1961년 8월 15일에는 공중용 무선공중전화 서비스가 시작되었다. 당시 이동전화는 일반가입전화를 이용해 전화국에 있는 교환원에게 차량전화번호를 알려주면 교환원이 송수신기를 통해 호출 신호를 내보내는 수동단신 방식이었다. 이처럼 복잡한 과정을 거치다 보니 가입자의 동시 통화가 극히 제한되었고 통화 품질도 불량하였다. 게다가 수용 용량이 적어 수요에 충분히 대처할 수 없었다.

그 후 1973년 5월, 교환원을 거치지 않고 통화하는 기계식 차량전화인 IMTS Improved Mobile Telephone Service 이동전화가 개통되었다. 이어 1975년 3월에는 체신용 및 안보용으로 NMRS New Mobile Radio System가, 그리고 1976년에는 반전자식 IMTS 방식이 도입되었다.

1980년대에 들어서면서 이동통신 수요가 늘어나고 새로운 통신기술 발달에 따라 이동통신 산업의 중요성이 대두되기 시작하였다. 1982년 무선통신 서비스 제공에 대한 정책적 논의가 시작되면서 당시 관련 부처였던 체신부는 국민들의 새로운 통신 서비스 욕구를 충족시키고, 기술집약적 고부가가치 산업인 이동통신 산업을 전략적으로 육성하기 위해 '제5차 사회경제개발 5개년 계획'에서 이동통신 서비스를 확대·보급하기로 방침을 세웠다. 이러한 정부 방침에 따라 1982년 한국통신공사(現 KT)는 일본 NEC 시스템을 들여와 무선 호출 서비스를 개시하였다. 또한 미국에서 1979년에 시범 서비스를 실시한 이동전화 서비스를 도입하기 위해, 1983년부터 모토롤라의 AMPS* 방식을 이용하여 망 구축을 시작하였다.

이후 체신부는 이동전화와 무선호출 서비스 등 무선통신 서비스 업무를 효율적으로 관리하고 그 전문성을 확보하기 위해, 한국통신공사의 이동통신 영업과 서비스 관련 업무를 전담할 자회사를 설립하기로 결정하였다. 그에 따라 1984년 3월 '한국이동통신서비스 주식회사'(이하 한국이동통신서비스)가 설립되었다. 이 회사가 현재 SK텔레콤의 모태가 된 우리 나라 최초의 무선통신 서비스 기업인 셈이다.

한국이동통신서비스는 단순한 조직과 제한된 인력 규모로 출범하였으며, 독자적인 망 구축이나 시설 운영권 없이 단순히 영업 수탁과 시설 장치 대행 서비스만을 제공하였다. 회사의 규모는 지금의 벤처기업 정도였고, 유영린 사장 아래 영업부와 기술부 등 2부 4과의 조직에 32명의 구성원이 있었다.

한국이동통신서비스는 1984년 5월 전자식인 AMPS 방식의 아날로그 셀룰러 서비스를 서울, 안양, 수원, 성남 등 수도권 지역에 제공하였다. 서비스 개

---

* Advanced Mobile Phone Service의 약자. 아날로그 방식의 이동전화 시스템으로 AT&T에서 1978년 처음 개발되었다.

시 이후 급증하는 고객의 요구에 일일이 대응하지 못할 만큼 한국이동통신서비스는 빠른 성장을 하였으나 관련 영업조직의 미비, 망 시설의 절대 부족, 그리고 단말기 공급 상의 차질 등으로 수요를 제대로 충족시키지 못했다. 게다가 당시 이동전화는 차량전화가 주를 이루었는데, 차량전화 단말기는 일종의 보완 장비에 속해 이것을 설치하고 관리하는 일은 철저히 회사의 통제하에 이루어졌다. 이를 32명의 구성원이 감당하기엔 쉬운 일이 아니었다.

이동전화망은 처음엔 서울과 수도권을 대상으로 구축되었으며, 1990년까지 지방 45개 주요 도시와 도로망 등 전국망으로 확장할 계획이었다. 그러나 당시 공중전기통신 사업자가 아니었던 한국이동통신서비스는 독자적인 시설을 보유하지 못했고 운영권도 없었기 때문에 전국망 구축계획의 효과적 추진과 이동전화의 원활한 보급에 많은 어려움을 겪었다.

이러한 어려움을 극복하기 위해, 한국이동통신서비스는 독자적인 시설 보유와 운영권 확보를 위한 '법적 기반'을 마련하는 데 주력하였다. 많은 우여곡절과 한국통신공사의 반대에도 불구하고 '제1차 통신사업자 구조조정 계획'에 따라 1988년 4월 30일 '공중전기통신 사업자'로 지정됨으로써 독자생존을 위한 제도적 기반을 마련하였다. 통신사업자 지정과 함께, 한국이동통신서비스는 기업명을 '한국이동통신 주식회사'(이하 한국이동통신)로 바꾸고 본격적인 기업체계를 구축하기 시작했다. 비로소 이동통신 서비스에 필요한 독자적인 망 구축 및 운영권 등 전 사업 영역을 담당하는 명실상부한 이동통신 종합서비스 사업자로 성장할 수 있게 된 것이었다.

1988년 김려석 사장이 취임하면서 이동전화 서비스와 무선호출 서비스 사업을 별도 사업부로 설치하는 등 대대적인 조직개편을 단행했다. 그리고 처음으로 공채를 실시하여 대규모 인력 확충과 보강에 나섰다. 또한 시설 확충과 경영체제 구축을 위해 대규모 증자 계획을 세워, 이를 효과적으로 실행하기 위해 기업공개와 상장을 추진하였다. 이에 따라 1989년에 우리 나라 정부 재투자기관으로는 최초로 기업공개를 단행하였으며, 같은 해 11월에 한국증권거래소의 상장요건 심사를 거쳐 정식으로 상장되었다.

이후 한국이동통신은 늘어나는 고객의 요구에 적극적으로 대응하기 위해 고객 서비스 혁신운동을 추진하는 등 본격적인 영업체제를 구축하였다. 그 결과 1991년 11월 14일, 무선호출 고객(83만 명)과 이동전화 고객(16만 명)을 합쳐 '이동통신 고객 100만 명 시대'를 열게 되었다.

경쟁체제에 돌입하다 – 기반구축기

1990년대에 들어서면서 정보통신부(舊 체신부)는 무선통신 서비스의 획기적 발전을 위해 '제2차 통신사업자 구조조정 계획'을 발표했는데, 여기에는 두 가지 커다란 정책적 결정이 담겨 있었다.

하나는 이동통신 서비스 고도화와 기술 자립을 위해 이동전화 시스템의 디지털화를 결정한 것이었다. 이를 위해 정보통신부는 다양한 디지털 기술 대안 중에서 퀄컴의 CDMA Code Division Multiple Access 방식을 채택함으로써 세계 최초의 상용화를 시도하였다. 다른 하나는 이동전화 서비스 시장에 복수 신규 사업자를 선정함으로써 경쟁체제를 구축하는 것으로서, 정부는 기업 간 경쟁을 통해 기업들의 통신 서비스 능력을 제고시키고 고객 서비스 질을 향상시키고자 하였다.

이러한 정책적 결정에 따라 정보통신부는 1992년 제2이동통신 사업자로, 당시 선경그룹이 주도하던 '대한텔레콤'을 선정하여 1995년부터 디지털 방식으로 이동전화 서비스를 선보일 예정이었다. 그러나 1992년 8월, 대한텔레콤은 합법적인 절차와 공정한 평가를 거쳐 제2이동통신 사업자로 선정되었음에도 불구하고, 6공화국 정권 말기의 정치 소용돌이에 휘말리면서 사업자 선정 일주일 만에 사업권을 자진 반납하였다. 이후 1994년 1월 선경그룹은 다시 한국이동통신 민영화를 위한 공개 입찰에 참여하여 그해 6월 최종적으로 경영권을 획득하였다. 같은 해 2월에는 코오롱그룹이 합작한 신세기통신이 제2이동통신 사업자로 선정되었다.

선경그룹의 경영 참여로 민영화된 한국이동통신은 우선 1996년부터 시작될 신세기통신과의 이동전화 서비스 경쟁에 대비하기 위해 영업체제와 경영체제를 재정비하고, 국책 과제로 선정된 CDMA 기술개발 및 상용화와 전국망 구축을 효과적으로 추진해야만 했다. 또한 내부적으로는 기존 국영기업 체질과 문화를 일소하여 경쟁 마인드와 시스템을 갖춘 민영기업으로의 전환을 서둘렀다.

이러한 내외부 환경에 대한 전략적 대응을 위해 한국이동통신은 1995년, 당시 CDMA 기술개발 프로젝트를 주도적으로 이끌어온 서정욱 박사를 사장으로 영입하여 리더십 체계를 확립하였다. 또한 선경그룹의 경영시스템인 SKMS*/SUPEX**와 캔미팅 Can Meeting*** 제도를 적극 도입하여 문화적 기반을

---

* SunKyung Management System의 약자. SK인 모두가 합의한 경영관리체계를 갖고자 하는 목적으로 1979년 최종현 선대회장에 의해 만들어진 SK경영관리체계이다. 다양한 지식을 가진 여러 사람이 제각기 다른 지식을 바탕으로 다른 판단을 하여 경영에 임하면 합의된 의사결정을 내리기 어렵고 구성원의 힘을 모으는 데 있어 효율성이 떨어질 수 있다는 점을 염두에 두고 만들어졌다. 경영원리에 대해 통일된 정의를 내리고 내용을 체계적으로 정립한 것으로, 기업경영에서 현실적으로 꼭 필요하다고 판단되는 부분을 중심으로 정리하였다. SKMS는 고정 불변하는 관념적인 경영체계가 아닌 경영환경의 변화에 대해 끊임없이 최적화되어 활용되는 살아 있는 경영체계를 표방하는데, 실제로 1979년 정립 이후 경영환경 변화에 따라 SK인의 합의를 통해 총 10차례 개정되었다.

** SUPER Excellent의 약자. 일반적으로 경영활동의 목표는 과거에 자신이 달성해온 수준의 연속선상에서 자신의 현재 능력을 평가하여 그 능력을 충분히 발휘할 때 달성할 수 있는 수준에서 설정된다. 반면 SUPEX는

재구축하였다. 그리고 구성원 및 관련자들과의 공감대 형성을 위해 한국이동통신이 추구해야 할 사업 방향을 담은 기업 비전 'Move21'을 선포하였다. 조직 또한 대대적 개편을 단행하여 기능식 구조를 채택하고, 지사체계를 재정비하여 경쟁에 필요한 다양한 경영역량과 기반을 확보하고자 하였다.

이후 한국이동통신은 마케팅 역량 확보와 기반 구축을 위해 고객 서비스 대응체제와 유통망을 정비하였다. 과학적 시장조사 활동을 도입하고 적극적으로 '소리샘 서비스' 등의 이동전화 부가서비스를 개발하였다. 고품질의 효율적 망 구축과 운영을 위해 대규모로 시설을 확충하고 CDMA 기술개발과 상용화를 통한 디지털망 구축을 시도하였다. 그 결과 1995년 2월 '이동전화 고객 100만 명 시대'를 연 이후, 1년 만인 1996년 3월에 200만 명의 가입자를 확보함으로써 우리 나라 이동전화 대중화 시대가 열렸다.

1996년 1월에 CDMA 기술방식으로서는 세계 최초로 디지털 이동전화 서비스 상용화에 성공함으로써 세계적인 기술력을 인정받게 되었다. 이러한 기술력과 영업력을 바탕으로 같은 해 6월 우리 나라 정보통신 서비스 기업으로는 처음으로 뉴욕증시에 상장하여 세계적인 기업으로 성장하기 위한 제도적 발판을 마련하였다.

이와 같은 성공적 민영화와 경쟁 대응체제 확립에 따라 한국이동통신은

'인간이 도달할 수 있는 최고치'의 관점에서 목표를 설정한다. 과거 경험과 상식적인 수준에서 보면 달성이 불가능할 정도로 높은 수준의 목표를 설정함으로써 한계를 깨뜨리고 목표 추구 방법의 한계에 대해서도 자유로워지도록 한다. 그 결과 구성원들은 고정관념의 틀에서 벗어나 다양하고 많은 두뇌활용, 새로운 시도, 그리고 보다 완벽한 일 처리를 하도록 자극받게 되므로 통상적인 목표 수준을 갖고 일할 때보다 훨씬 높은 성과를 이룰 수 있다.

*** 조직 구성원들이 일상의 업무 활동으로부터 독립된 장소에서 수시로 정해진 경영과제에 대해 격의 없이 자유롭게 논의하는 회합을 말한다. SK에서는 SUPEX 추구 활동시 구성원들이 일의 처음부터 참여하여 자발적·의욕적으로 일할 수 있도록 하기 위해 캔미팅을 활용한다.

1996년부터 진행된 신세기통신과의 경쟁에서 시장 방어에 성공했다. 그러나 이러한 시장 상황이 정보통신부로 하여금 '제3차 통신사업자 구조조정 계획'을 앞당기는 명분을 제공하기도 하였다. 정부는 '제3차 통신사업자 구조조정 계획'에 따라 1996년 말 한국통신프리텔(現 KTF), 한솔PCS, LG텔레콤 등 3개 사업자를 개인휴대전화(PCS : Personal Communication Service) 사업자로 선정하였고, 1997년 10월 1일부터 PCS 서비스가 시작되었다.

더 큰 도약을 향하여 – 도약발전기

1997년 3월, 한국이동통신은 선경그룹과의 시너지 창출과 기업 이미지 제고를 위해 '기업 이미지CI : Corporate Identity' 변경을 시도하였다. 그 결과 현재의 'SK텔레콤'이 탄생하였다. 기업 이미지 재구축 이후 SK텔레콤은 PCS 사업자와의 경쟁에 대비하기 위해 효율적 경영시스템을 도입하고 네트워크를 정비하는 등 다각적 노력을 경주하였다.

또한 'Move 21'에 따른 사업 다각화를 적극적으로 추진하기 위해, 1997년 8월에 인터넷 기반의 PC통신 서비스를 제공하는 네츠고Netsgo를 선보여 데이터 통신사업에 진입하였고, 1998년 7월에 SK텔링크라는 자회사를 설립하여 회선 임대를 통한 국제전화 서비스를 제공하였다. 같은 해 11월에 모토롤라 주도의 이리듐 서비스를 국내에 도입함으로써 GMPCSGlobal Mobile Personal Communication Service 사업에 진출하였으며, 12월에는 제조 자회사인 SK텔레텍을 통해 이동전화단말기 'SKY'를 출시하여 단말기 제조업에 진출하였다.

1997년 말 이후 이동전화 서비스 시장에 경쟁이 도입되면서 가입자는 급격히 증가하여 1998년 6월 기준으로 우리 나라의 이동전화 전체 가입자는

1,000만 명을 넘어서 이동전화 보편화 시대를 열게 되었다. 이러한 변화에 힘입어 SK텔레콤은 처음으로 500만 가입자를 넘어섰으나 가격과 첨단 서비스 이미지를 앞세운 PCS 사업자들의 적극적 공세로 시장점유율은 급격히 떨어지게 되었다.

또한 1997년 IMF International Monetary Fund 외환위기 과정에서 우리 나라 금융 시장이 빠르게 글로벌화되면서 타이거펀드 Tiger Fund 등 글로벌 주주들의 적극적 경영 참여와 글로벌 주주들의 급격한 변화 요구에 직면하게 되면서 1998년에는 예기치 못한 시련을 겪기도 했다. 이러한 환경 변화에 적극적으로 대응하기 위해 SK텔레콤은 국내 기업으로는 처음으로 사외이사 제도를 도입하였고, 주주관계 Investor Relation 활동을 본격적으로 추진하는 등 경영시스템의 선진화와 글로벌 스탠더드 충족을 위해 적극적으로 노력하였다.

한편 음성 사서함 서비스, '단문 메시지 서비스 SMS : Short Message Service'등 이동전화 서비스의 고도화를 위해 다양한 부가서비스를 적극 개발하여 출시하면서 그 동안 안정적인 수입원이 되어주었던 무선호출 서비스와의 대체 경쟁이 촉발되어 무선호출 서비스 사업기반이 급격히 무너지기도 하였다.

1999년도에 들어서면서, 다른 이동전화 사업자들과의 경쟁이 치열해짐에 따라 1994년 SK그룹의 경영 참여 이후 가장 어려운 시장 환경을 맞이하였다. 이에 따라 시장 상황에 탄력적 대응을 할 수 있도록 구조조정을 단행하고, 1999년 초에 다시 한 번 조직을 개편하여 기존의 기능식 조직체계를 의사사업부제* 형태로 바꾸었다. 무선통신 사업과 관련한 마케팅 부문과 네트워크

---

* 사업부제와 유사한 조직구조와 조직역할을 부여하지만 완전한 형태의 사업부제는 아님. 따라서 권한과 책임이 사업부제보다 제한적이고 Virtual 사내거래제도 등을 운영함. 의사사업부제는 ① 사업성격상 완전한 사업부제를 실시하기 곤란한 업종 ② 회사 방침에 의해 완전한 사업부제로 가지 않고 유사한 형태로 운영 ③ 완전한 사업부제로 가기 전에 과도기적으로 운영하는 경우 등이 있다.

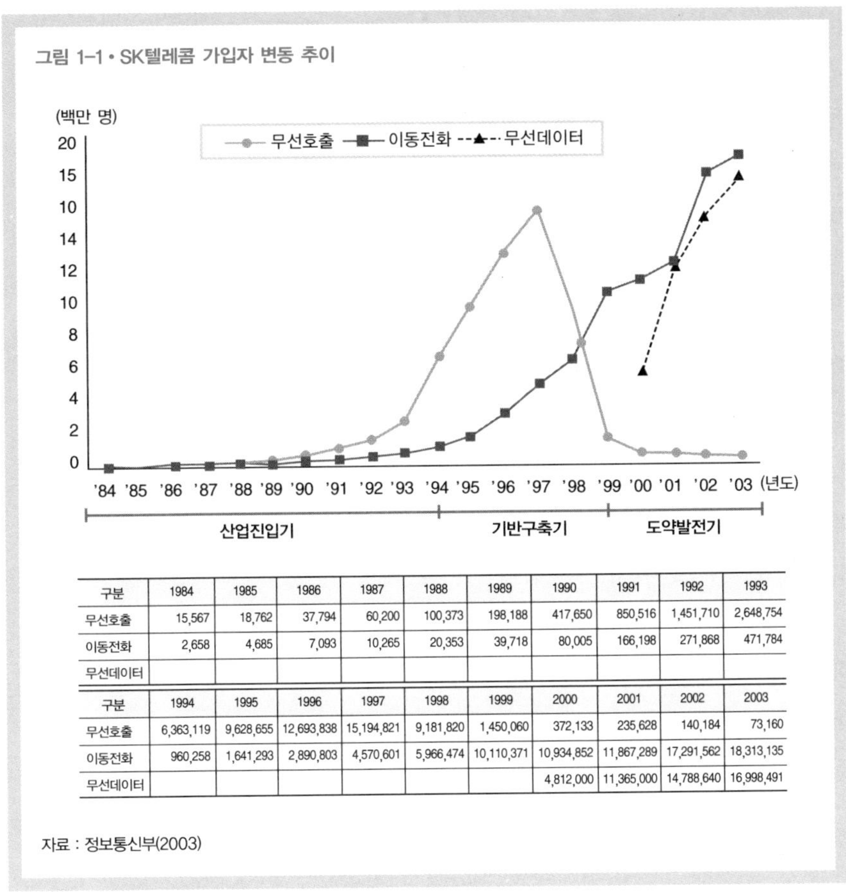

구분	1984	1985	1986	1987	1988	1989	1990	1991	1992	1993
무선호출	15,567	18,762	37,794	60,200	100,373	198,188	417,650	850,516	1,451,710	2,648,754
이동전화	2,658	4,685	7,093	10,265	20,353	39,718	80,005	166,198	271,868	471,784
무선데이터										

구분	1994	1995	1996	1997	1998	1999	2000	2001	2002	2003
무선호출	6,363,119	9,628,655	12,693,838	15,194,821	9,181,820	1,450,060	372,133	235,628	140,184	73,160
이동전화	960,258	1,641,293	2,890,803	4,570,601	5,966,474	10,110,371	10,934,852	11,867,289	17,291,562	18,313,135
무선데이터							4,812,000	11,365,000	14,788,640	16,998,491

자료 : 정보통신부(2003)

부문을 무선통신 사업부문으로 통합하였으며, 1998년 이후 본격화되고 있는 다각화 사업의 본격적 추진을 위해 신규 사업부문을 신설하였다.

이러한 조직 기반 재정비를 바탕으로 마케팅과 통화품질 측면에서 획기적인 전략 방안들을 만들어냈다. 마케팅 측면에서는 그 동안의 시장방어적인 전략방향을 수정하여 공세적인 시장 확보 전략을 추진하였다. 특히 통신 서비스 산업에서는 처음으로 '시장 세분화Market Segmentation 전략'에 따른 '상품화 경쟁Merchandising Competition'을 시도하였다. 신세대를 공략한 전략적 마케팅을 펼친 결과, 치열해지는 경쟁상황에서 시장점유율 감소 추세를 반전시켜 증가 추세로 되돌려놓았고, 시장에서의 전략적 리더십을 재확보하는 계기를 마련하였다.

또한 1999년도 9월에 엔탑n.TOP 브랜드를 런칭하여 무선 데이터 서비스를 제공하였으며, 같은 해 12월에는 가입고객 1,000만 명을 달성함으로써 시장 주도권과 가치창출 능력을 동시에 확보하였다.

한편 네트워크와 기술 측면에서도 1999년도 이후 획기적 발전을 하게 되었다. 인공지능형 초소형 중계기를 개발하여 지하철, 건물 지하실 등 지하공간과 통화 음영지역에 집중 설치하여 통화품질을 획기적으로 향상시켰으며, CDMA IS-95B 서비스*를 세계 최초로 제공함으로써 광대역화를 구현하였다. 그리고 무선망 설계 최적화 시스템과 고속 모바일 인터넷 장비를 세계 최초로 개발하여 무선인터넷 서비스 발전을 촉진시켰다. 이후 지속적으로 신규 서비스와 기술을 개발하여 세계적인 이동통신 서비스 사업자로 성장하기 위해 부단한 노력을 해왔다.

이러한 사업 성과를 바탕으로 1999년 12월에 신세기통신의 양대 주주인 포스코, 코오롱그룹과 인수합병 계약을 체결함으로써 SK텔레콤은 도약을 위한 결정적 기회를 마련하였다. 당시 인수합병은 우리 나라가 반도체, 이동통신 서비스 등의 산업에서 관련 시설에 대한 중복 과잉 투자로 인해 비효율성

* CDMA 기술에 기반하여 미국에서 디지털 이동전화 표준으로 제정한 명칭. 퀄컴의 제안을 바탕으로 TIA(전기통신공업회)가 표준화한 CDMA 방식의 디지털 휴대전화 서비스 규격으로 1단계 IS-95A에서 발전한 것이 IS-95B이고, IS-95C부터는 공식적으로 CDMA 2000 1X라고 한다.

을 가지고 있다는 국내외 연구기관의 연구결과와 금융·컨설팅 기관의 지적에 따라 자연스럽게 만들어진 시장 공감대를 기반으로 진행되었다.

SK텔레콤은 신세기통신과의 합병을 통해 과열경쟁 양상을 띠고 있었던 이동전화 시장을 안정시키고 시스템 공유를 통한 내부 시너지 효과를 확보할 수 있을 것이라고 예상하였다. 그러나 실제 결합 신고 과정에서 공정거래위원회는 SK텔레콤과 신세기통신과의 합병을 시장독점과 그에 따른 소비자 피해 방지 차원에서 엄격하게 규제하기로 방침을 정하고 조건부 합병을 허가하였다. 이후 1년 6개월여 동안의 다각적인 노력으로 기업결합 조건부 승인에 따른 조건을 충족시킨 뒤에야 비로소 2002년 1월 신세기통신과의 정식 합병을 이룰 수 있었다.

한편 2002년 월드컵 이후에는 변화하는 대한민국의 긍정적 모습을 반영한 '대한민국을 새롭게 하는 힘'이라는 광고 슬로건으로 각종 캠페인을 전개함으로써 사회봉사와 공헌 활동을 통해 더불어 사는 기업시민 정신을 실천하고 있다.

SK텔레콤은 21세기에는 이동통신 서비스가 디지털화를 통해 금융, 유통, 방송 등 다른 산업과 융합되면서 '미래 서비스 산업의 쌀'이 될 것으로 전망하고, 이러한 과정 속에서 경쟁을 선도하고 주도권을 확보하기 위해 노력하고 있다. 그리고 갈수록 복잡해지는 정책 및 주요 관계자와의 관계를 획기적으로 개선하기 위해 '6R 전략'*을 추진하는 등 21세기를 위한 새로운 비즈니스 모델과 미래 경영시스템을 구축하는 데 모든 노력을 집중하고 있다. 2002년 초 미래경영연구원FMI : Future Management Institute을 설립함으로써 이를 위한

---

* 6가지 relationship 전략, 즉 government, public, customer, employee, investor, biz partner와의 관계를 긍정적으로 유지하여 기업가치를 극대화하는 것을 말한다.

그림 1-2 • SK텔레콤 브랜드 연혁도

1984
1996
1997
1998
1999

3월
한국이동통신서비스
주식회사 설립

1월
011, 012
브랜드 변경

3월 5일
인터넷 쇼핑몰
해피투바이 개설

1988

3월
SK텔레콤으로
사명 변경

SK Telecom

5월
한국이동통신 주식
회사로 사명 변경

7월
011, 012
브랜드 런칭

6월
SK텔링크,
'00700 국제
전화' 상용
서비스 개시

TTL

7월 15일
TTL 출시

8월 16일
n.Top 출시

SPEED 011

9월 2일
스피드 011로
브랜드 변경

10월 28일
PC통신 네츠고
상용 서비스 개시

11월 1일
이리듐 상용
서비스 개시

12월
SK텔레텍,
이동전화 단말기
SKY 출시

1992

2월 한국이동통신
CI 변경

자료 : SK텔레콤(2004)

2000	2001	2002	2003	2004
1월 12일 리더스클럽 확대 개편 LeadersClub	1월 011 브랜드 변경 SPEED O11			1월 스피드 011 스피드 010 브랜드 개시 SPEED O11 SPEED O1O
		MONETA 4월 11일 금융 서비스 대표 브랜드 MONETA 런칭		3월 MBANK 런칭 MBANK
5월 22일 비즈니스 브랜드 WiLL B 런칭	ting		7월 1일 Rainbow 시행	
	8월 7일 ting 출시	8월 5일 CARA 출시 여자의 011 CARA	Rainbow	
	NATE.com	10월 8일 네이트닷컴으로 유무선 포털 새단장		
	10월 17일 NATE 오픈 10월 18일 UTO 출시 UTO	11월 1일 국내 최대 금융포털 팍스넷 인수 PAXNet		
12월 16일 초고속 인터넷 서비스 싱크로드 출시	11월 5일 전자화폐 NEMO 출시 NEMO	11월 25일 모바일 멀티미디어 서비스 June 출시 june	12월 TU미디어콥 설립	

조직적 추진 기반을 마련하였다.

또한 차세대 비즈니스 모델을 확보하기 위하여 와이더댄닷컴Widerthan.com
과 이노에이스Innoace, 더 콘텐츠 컴퍼니The Contents Company 등을 신규로 설립
하였고, 라이코스, 팍스넷PAXNET, 싸이월드Cyworld 등을 차례로 인수하여 신
규 사업 기회를 계속 확대하였다. 네츠고Netsgo 서비스와 엔탑n.Top 서비스를
융합한 유무선 복합 커뮤니케이션 서비스인 네이트닷컴NATE.com을 출시하였
으며, 일본 도시바와의 협력하에 위성 디지털방송DMB : Digital Mobile Broadcasting
서비스를 세계 최초로 상용화하기 위해 티유미디어TU Media를 설립하였다.

그러나 이러한 본격적인 도약 과정 중에도 여러 가지 어려움을 겪었다. 특
히 2002년 SK텔레콤 경영권 안정화를 위한 KT 지분인수, 2003년 SK그룹 사
태, 소버린 그룹의 경영권 확보 시도에 대한 대응과정에서 정부와 시민단체
로부터 많은 비판을 받았다. 또한 2003년 이후 정보통신부는 이동통신 시장
의 유효한 경쟁체제를 확보한다는 명분으로 SK텔레콤에 대해 '비대칭 규제',
즉 경쟁사들보다 강도 높은 규제를 가하고 있다. 2004년에는 이동전화 번호
이동제의 시차제 적용과 과열경쟁에 따른 영업정지 등의 시련을 겪었다.

SK텔레콤이 이루어낸 성과들

세계적 수준으로 기업가치 성장

2004년 12월 현재 이동전화 시장점유율 51%, 가입자당 평균통화량 월평균
약 4만 5,000원(경쟁사 대비 30% 이상 높은 수준), 2003년 말 기준 매출 9조
5,000억원, 세전 순익 1조 8,000억원, 매출 규모 면에서는 통신산업에서 KT

표 1-1 • SK텔레콤의 단계별 성장지표

구 분	민영화 이전	1994~1998년	1999년~2003년
EBITDA 마진율 평균	29%	32%	43%
마지막 년도 매출	4조 2,000억원	3조 5,000억원	9조 5,000억원
최근 10년간 평균 매출성장률 135%(매출액 기준)			

2000년 이후 세계적인 기업의 EBITDA 마진율 평균 : NTT도코모 35%, 보다폰 32%

자료 : SK텔레콤 및 각사 홈페이지

에 이어 국내 2위, 순익 규모 면에서는 국내 선두. 최근 SK텔레콤의 성적표다. SK텔레콤이 우리 나라 대표적인 정보통신 서비스 사업자임을 잘 드러내주고 있으며, SK텔레콤의 뛰어난 경영능력과 운영 효율성을 보여준다.

SK텔레콤의 경영 능력과 운영 효율성은 기업가치의 빠른 성장을 가져다주었다. 민영화 시점인 1994년에는 기업가치 1조 2,000억원에 평균 EBITDA 마진율*은 29%대였으나, 2003년에는 기업가치 5조 4,000억원에 EBITDA 마진율이 47.99%에 달하였다. 또한 지난 10년간 평균 매출성장률은 135%였다. 이러한 수치는 세계적인 글로벌 정보통신 사업자들을 훨씬 상회하는 것이다. SK텔레콤의 가치창출 능력은 이미 1990년 대 중반부터 세계적인 신용평가회사인 스탠더드 앤 푸어스S&P나 무디스Moody's로부터 우리 나라 기업으로는 세계 최고 수준인 A+ 등급을 받음으로써 입증된 바 있다. 또한 세계적인 경제전문 채널인 블룸버그 통신이 지속적으로 보도하는 몇 안 되는 우리 나라 기업이란 점에서도 간접적으로 확인할 수 있겠다.

* (경상이익 + 이자비용 + 감가상각비 + 무형자산상각비)를 매출액으로 나눈 뒤 여기에 100을 곱한 것으로, 영업 외 요인에 의한 영향이 배제된 경영성과를 측정할 수 있어 수익성 판단 지표로 쓰인다.

그리고 최근 5~6년간 괄목할 만한 성장을 이룬 정보통신 산업 내 비교뿐
아니라 타산업군에 속한 국내 대기업들과 비교해보면 보다 명확하게 알 수

표 1-2 · 국내 대표기업 EBITDA

기업명＼년	1994	1995	1996	1997	1998	1999	2000	2001	2002
SKT	401	636	1,186	1,424	1,391	1,190	2,515	3,256	4,154
현대자동차	712	870	1,146	1,101	556	1,532	2,181	3,206	2,961
포스코	1,879	2,290	2,320	2,524	2,392	2,942	2,728	2,460	2,895
삼성전자	2,434	4,879	2,305	2,558	2,862	7,006	10,138	5,680	10,832

자료 : 금융감독원 전자공시시스템

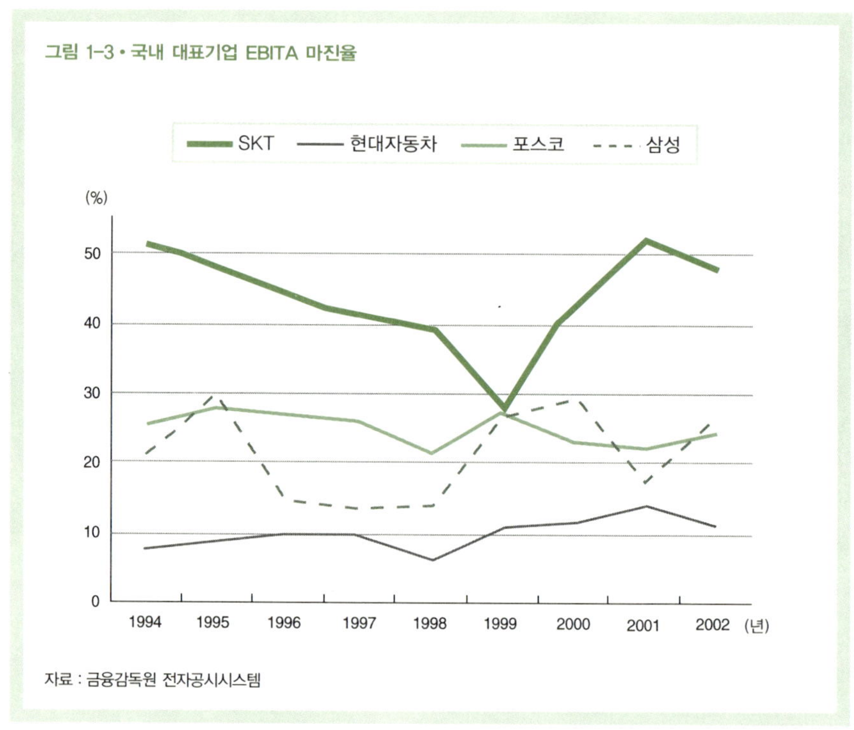

그림 1-3 · 국내 대표기업 EBITA 마진율

자료 : 금융감독원 전자공시시스템

있다. 현대자동차, 포스코, 삼성전자를 비교 대상으로 삼았다. SK텔레콤은 2003년 말 기준으로 기업가치가 5조 3,000억원에 달하여 절대규모 기준으로 국내 3위이고, 가치 창출 능력을 시사하는 EBITDA 마진율은 47.9%로 삼성 전자에 이어 국내 2위다. 또한 투자수익률ROIC* 기준으로도 국내 2위다. 이러 한 비교 결과를 통해 SK텔레콤의 경영능력과 기업가치가 이미 국가대표 기 업 수준에 도달해 있음을 잘 알 수 있다.

또한 세계적인 정보통신 서비스 사업자들과 비교해보아도, SK텔레콤의 경

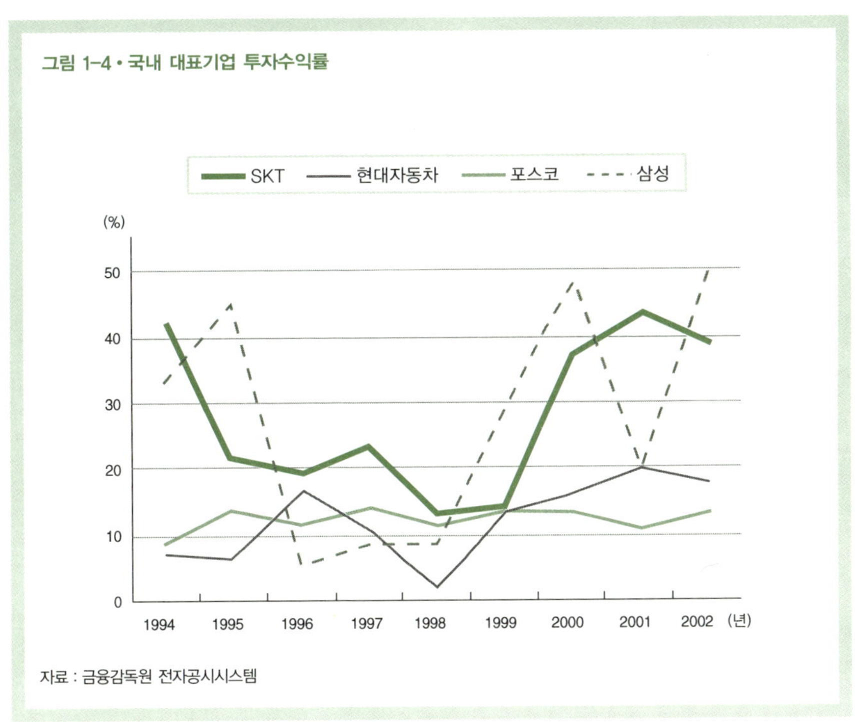

그림 1-4 · 국내 대표기업 투자수익률

자료 : 금융감독원 전자공시시스템

* Return on Invested Capital의 약자. 투하 자본 수익률로 기업의 수익성을 평가하는 지표.

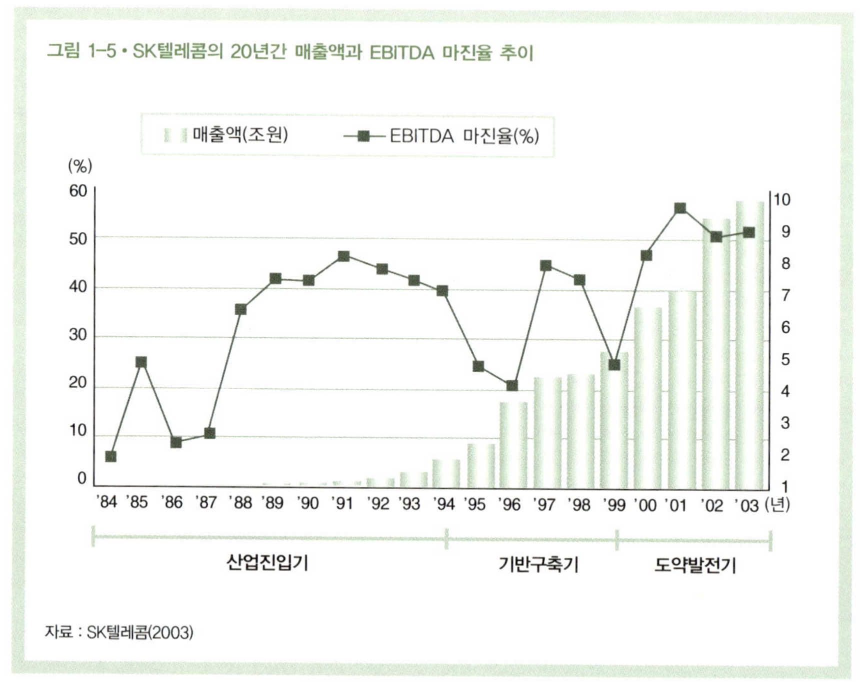

영능력과 역량이 세계 정보통신시장에서 선도적 수준에 근접하고 있음을 확인할 수 있다. SK텔레콤의 EBITDA 마진율은 영국의 보다폰 에어터치나 일본의 NTT도코모 등 세계적 수준의 정보통신 서비스 사업자들보다도 10%포인트 이상 높은 수준을 보이고 있으며, 2001년 이후 이러한 패턴은 지속적으로 유지되고 있다. 물론 EBITDA 마진율이 경영현황을 보여주는 유일한 지표는 아니지만, 일반적으로 경영상태를 종합적으로 나타내는 가치지표 역할을 한다고 볼 수 있다. 그리고 가입자 수 기준으로는 세계 10위이며, 평균통화량 수준도 세계적인 수준에 근접해 있다.

이처럼 빠른 성장은 국내 대기업 중에서는 유례를 찾아보기 힘든 것으로 세계적 기업으로 도약하고 있는 삼성전자가 지난 수년간 보여온 성장 속도보

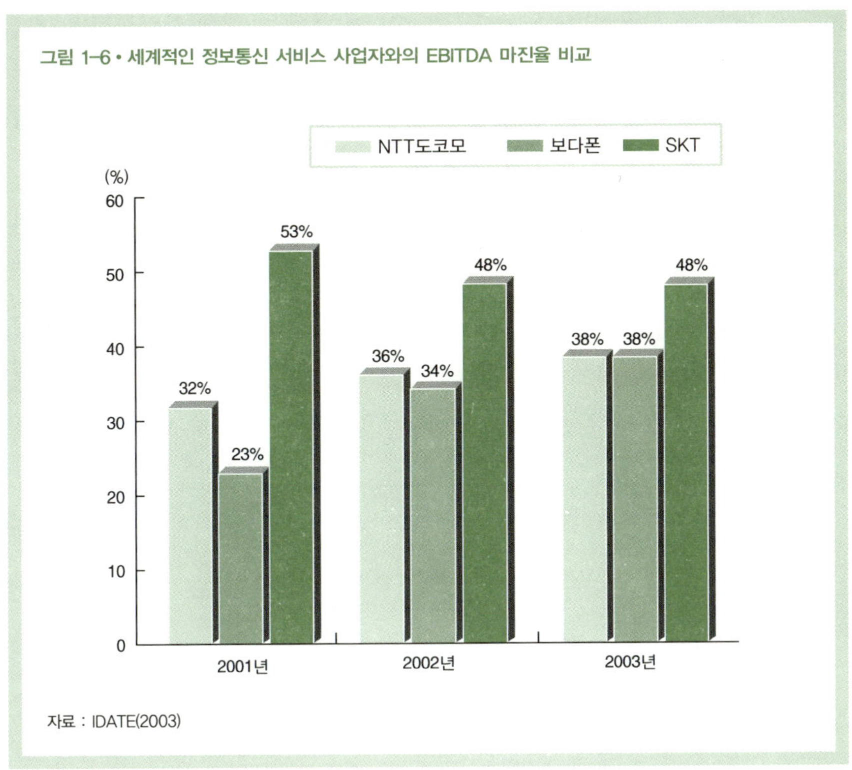

다도 빠르게 성장했음을 알 수 있다.

가입자 규모 증가

민영화 이후 지난 10년 동안, SK텔레콤의 가입자 규모는 이동통신 산업의 성장과 함께 가파르게 증가해왔다. 이러한 증가 속에서 SK텔레콤은 양적인 성장만을 추구하지 않고, 적절한 시기에 시장 세분화 전략 마케팅을 시도하여 미래지향적인 가입자 구조로 변화시켰다. 전체 고객 중 미래 수익 지표가 되는 24세 이하 고객 구성비는 2003년 말 19%에 달한다. 경쟁 사업자인 KTF나 LG텔레콤의 구성비인 27%에는 미치지 못하지만, 1998년 말 기준으로 SK텔레콤의 젊은 고객 구성비가 10% 미만이었음을 감안하면 괄목할 만한 성과라 할 수 있다.

또한 우리 나라 이동전화 시장이 전반적으로 성숙기에 접어들어 성장률이 둔화되기 시작한 1999년 이후 SK텔레콤의 양적 성장이 본격화되었다는 점은 매우 특기할 만하다. 이는 SK텔레콤의 가입자 기반 확대를 통한 양적 성장이 단순히 전체 시장 확대에 따른 결과라기보다는 기업 자체의 전략적 노력에 따른 결과임을 입증하는 것으로 이해할 수 있다.

표 1-3 • SK텔레콤의 평균통화량 구성과 변동 추이

평균통화량	2000년	2001년	2002년	2003년
음성	32,031원	34,981원	36,151원	35,267원
데이터	345원	1,063원	2,054원	3,480원
기타	7,037원	10,554원	5,763원	5,448원
합계	39,413원	46,598원	43,966원	44,195원

2000년 이후 데이터 수익 증가율 : 평균 220%(NTT도코모 144%)

자료 : SK텔레콤, IDATA(2003)

표 1-4 • 1994년 이후 10년간 물가상승률

연도	1994	1995	1996	1997	1998	1999	2000	2001	2002	2003
전년대비	–	4.5%	4.9%	4.4%	7.5%	0.8%	2.3%	4.1%	2.7%	3.6%
1994년 대비	100%	105%	110%	114%	123%	124%	127%	132%	136%	141%

자료 : 통계청(2004)

평균통화량 증가

SK텔레콤의 전략적 노력과 그에 따른 경영 성과는 평균통화량과 요금 변동 추이를 같이 살펴보면 더욱 분명하게 알 수 있다. 평균통화량은 민영화 시점인 1994년 2만 2,000원 수준이었으나, 2003년 말 현재 4만 5,000원 선으로 지난 10년 동안 두 배 이상 증가하였다.

또한 10번에 걸친 30% 이상의 요금 인하와 10년간의 물가상승률(141%)을 고려해볼 때 SK텔레콤의 평균통화량 증대(204%) 노력이 얼마나 유효했는지 이해할 수 있다. 이는 신규 서비스 개발, 무선 데이터 등 새로운 수익원을 확보하기 위한 노력의 결과로 볼 수 있다. 특히 데이터 ARPU Average Revenue per User(가입자당 월평균통화량)의 수익증가율이 NTT도코모의 144%를 훨씬 상회

표 1-5 • SK텔레콤의 '세계 최초' 서비스

1996. 1. 1	CDMA 디지털 이동전화 상용 서비스 개시(인천, 부천)
1997. 11. 6	디지털 이동전화 EVRC 세계 최초 상용화
1999. 8. 16	'IS-95B' 세계 최초 상용화
2000. 3. 22	무선망 설계 최적화 시스템과 고속 모바일 인터넷 장비 세계 최초 개발
2000. 10. 1	CDMA 2000 1X 세계 첫 상용 서비스 개시
2001. 6. 1	세계 최초 이동전화 동영상 상용 서비스 개시
2001. 7. 25	세계 최초 소프트웨어 방식 동영상 서비스 개시
2001. 8. 23	세계 최초 CDMA 방식 무선데이터 접속 로밍 서비스 개시
2001. 8. 30	세계 최초 패킷 이동 화상전화 서비스 개발
2002. 1. 28	세계 최초 EV-DO 서비스 상용화 개시(동기식 IMT-2000)
2002. 9. 14	세계 최초 멀티미디어 모바일 광고 'MoA' 서비스 개시
2003. 8. 9	June, 3G 세계 최초 100만 가입자 돌파
2003. 9. 30	세계 최초로 중국과 국가 간 무선 데이터 로밍 테스트 성공

하는 220% 수준을 나타냄으로써 미래 성장에 대해서도 긍정적인 평가를 내릴 수 있다.

이러한 결과들은 SK텔레콤이 서비스 품질 향상과 기술 개발을 위해 다양한 노력을 기울여온 데서 비롯되었다. 통화 품질 고도화를 위해 대규모 투자를 계속하고 있으며, 〈표 1-5〉에서 알 수 있듯이 CDMA 최초 상용화 이후 지속적으로 CDMA 기술과 관련하여 세계 최초의 신규 서비스를 제공해오고 있다. 또한 투자 효율화를 위해 5만 킬로미터에 달하는 광 전송망을 확보하였으며, 광 중계기와 소형 중계기를 개발하여 지하공간과 통화 음영지역에 집중 배치하는 등 서비스 품질 향상과 효율화를 위한 노력을 동시에 추구하고 있다.

또한 SK텔레콤은 고객 서비스 제고를 위하여 1998년 통합고객 서비스센터를 구축하여 고객 요구에 대한 체계적인 대응 기반을 마련하였고, 'ISO 9002'*를 획득함으로써 보다 나은 서비스를 안정적으로 제공하고 있다. 그리고 다양한 부가서비스를 개발하고 고객이 이용할 수 있는 새로운 제도를 확산하는 등 여러 가지 노력을 지속적으로 해오고 있다. 이러한 노력의 결과 SK텔레콤은 한국생산성본부 등 다양한 국내외 기관에서 시행하는 서비스 평가에서 업계 선두 자리를 유지해오고 있다(〈그림 1-7〉 참조).

관련 자회사들의 성장

한편 SK텔레콤은 기존의 이동통신 서비스 사업 외에 단말기 제조, 멀티미디

* 국가 간 무역 증진을 위해 1947년 설립된 국제표준화기구(International Organization for Standardization)에서 제정·시행하고 있는 규격으로, ISO 9002는 서비스 분야의 품질보증체제이다.

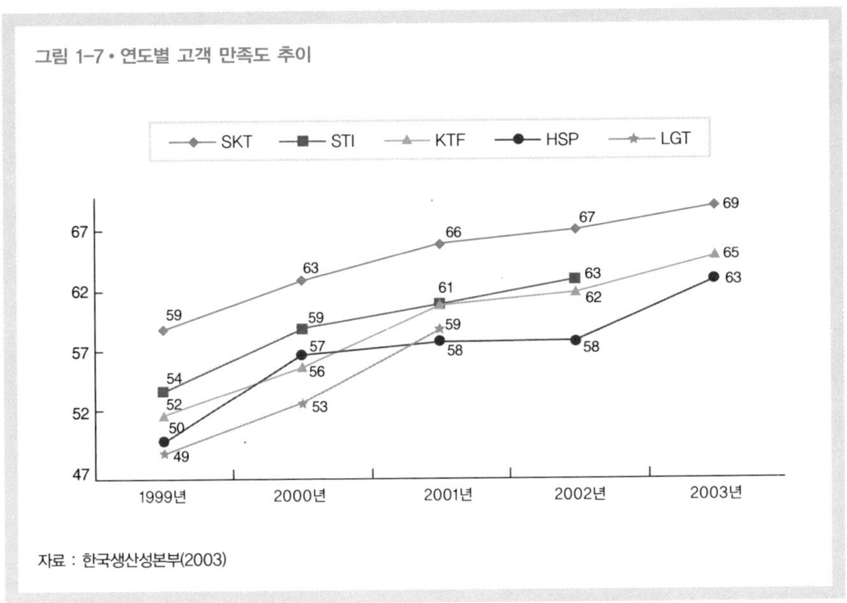

어 통신 서비스, 금융과 방송 등 융합 관련 서비스를 제공하고, 단말기를 제조하는 등 관련 사업의 다각화 전략을 꾀하고 있다. 이를 통해 각 사업 간의 시너지 효과와 보다 높은 가치 창출을 추구하고 있다.

이 중 일부 신규 사업들은 자회사를 통해 운영해오고 있으므로 SK텔레콤의 전체 사업 구성과 성장을 이해하기 위해서는 관련 자회사 사업에 대한 포괄적인 이해가 요구될 것이다.

자회사 단위로 추진되고 있는 신규 사업은 대부분 1998년 이후에 사업이 시작되어 절대 매출규모 면에서는 아직 괄목할 만한 성과를 내지 못하고 있는 실정이다. 그러나 제조 자회사인 SK텔레텍의 매출 규모가 2003년 말 기준으로 6,000억원 대에 육박하고 있으며 앞으로도 빠른 성장이 예상된다.

SKY SK텔레텍

설립일	1998. 10		SKT 소유지분	61.7%
주요 연혁	1998.12	SK텔레텍 첫 제품 SKY IM 700		
	2001. 2	CDMA 단말기 이스라엘에 수출		
	2001. 9	국내 최초 사진 전송 폴더형 단말기 IM 3100 출시		
	2002. 1	중국 정부로부터 CDMA 단말기 인증		
	2002. 4	국내 최초 슬라이드 타입 휴대폰 IM 5100 출시		
	2003. 7	대만에 CDMA 단말기 수출 개시		
		한국의 고속성장 50대 기업 선정		
		국가고객만족도 NCSI 휴대전화기 부문 1위		
	2004. 12	중국 정부로부터 현지법인 SK Mobile China 설립인가 획득		
		중국 현지법인 SK Mobile China CDMA 라인센스 획득		
매출액(2003년)	6,292억 9,100만원			

00700 SK텔링크

설립일	1998. 4		SKT 소유지분	91%
주요 연혁	1998. 6	정보통신부 식별번호(00700) 취득		
	1998. 11	SK Express 출시(국제전화, 이동전화, 무선호출 패키지)		
	1998. 12	별정통신사업자 중 51% 통화량 확보		
	2001. 7	VoIP Co Location 서비스 개시		
	2001. 12	몽골 국제전화 서비스를 위한 협력계약		
	2003. 11	유선국제전화 서비스 개시		
매출액(2003년)	842억 8,500만원			

NATE.com 포스트포털 네이트닷컴	SK커뮤니케이션즈		
설립일	2002. 11	SKT 소유지분	91%
주요 연혁	2002. 12　네이트닷컴, 라이코스 코리아 사이트 통합 2003. 8　㈜싸이월드 인수 2003. 9　네이트온 2.0 출시 2004. 4　모바일 싸이월드 오픈 2004. 9　싸이월드 가입자 1,000만 명 돌파 2004. 12　제5회 올해의 인터넷 기업상 대상 수상		
매출액(2003년)	554억 7,200만원		

자료 : 각사 홈페이지

유효한 장기 전략으로
환경변화를 주도하다

한 기업의 성장과정을 이론적 체계에 따라 논리적으로 설명하기는 매우 어렵다. 학자의 관점에 따라 다양한 과정과 대상에 초점이 맞춰질 수 있으며, 동일한 과정과 대상에 대해서도 다양한 시각으로 서로 다른 분석과 설명을 내릴 수도 있다. 따라서 기업에 대한 전략경영 연구에서는 일반적으로 다양한 관점과 분석 대상에 대한 보편적 이해를 돕고 불필요한 혼란을 막기 위해 전략경영 패러다임과 관련 이론, 분석 범위와 위계, 대상 기간 등을 명확하게 규정하고 있다.

전략경영이란 사업환경 변화에 대응해서 장기적 관점에서 기업가치를 극대화하기 위해 전략적 사고를 사업 구성, 마케팅, 생산, 경영관리 등 다양한 기업활동에 적용함으로써 경쟁우위를 창출하고 유지해가는 일련의 과정으로 정의할 수 있다(Hamel & Prahalad, 1998). 따라서 한 기업의 전략경영 활동을 체계적으로 파악하기 위해서는 전략적 사고가 무엇이고, 그러한 전략적 사고를 바탕으로 어떠한 방법론적 접근이 가능한지 이해해야 할 것이다. 이러한 전략경영 연구에서의 기본적인 사고 관점과 접근방법을 일반적으로 '전략경

구 분	환경-전략-성과 패러다임	산업 분석 패러다임	자원-역량 패러다임
발전 시기	~1970년대	1980년대	1990년대 이후~
주요 주체	장기 전략 계획	산업구조 및 분석	경쟁우위 창출 · 유지
주요 개념 · 기법	SWOT 분석, 시장점유율 분석	산업분석과 포지셔닝	자원 및 핵심역량 분석
기본 관점	환경과 기업	시장과 산업	기업과 역량
주요 적용 분야	사업구성과 다각화 결정	경쟁전략과 가치사슬	경영혁신과 전략적 제휴
조직상의 특징	재무관리와 사업 포토폴리오로서의 기업	수익성이 낮은 사업으로부터 탈퇴, 전망이 좋은 사업 분야로 진입	인적 자원관리, 전략적 제휴를 통한 핵심역량 배출, 비즈니스 리엔지니어링을 통한 비용감소 및 서비스 향상
대표 학자	Chandler, Ansoff, Christensen	Porter, Ddz	Hamel, Prahalad, Rumelt, Barmey

영 패러다임'이라고 한다(장세진, 1999).

전략경영 이론의 발전과 함께 다양한 패러다임이 제시되어왔는데, 그 중 '환경-전략-성과ESP : Environment-Strategy-Performance 패러다임'은 1960대 이후 현재까지 전략경영 연구에서 가장 본원적인 분석 틀로 인식되고 있다. 환경-전략-성과 패러다임에 따르면 한 기업의 뛰어난 성과와 성장은 주어진 환경변화에 대한 효율적, 효과적 대응결과로 이해된다(Chandler, 1968). 이 패러다임은 우리 나라 기업의 전략과 성장 과정에 대한 연구에서도 여러 차례 적용된 바 있다. 특히 우리 나라 최초의 전문적 기업연구로 인정되고 있는 전용욱과 한정화(1994)의 삼성의 성장과정에 대한 연구 역시 이것을 바탕으로 이루어졌다.

기존 연구들과의 비교와 연계를 위해 저자들 역시 SK텔레콤의 성장과 전

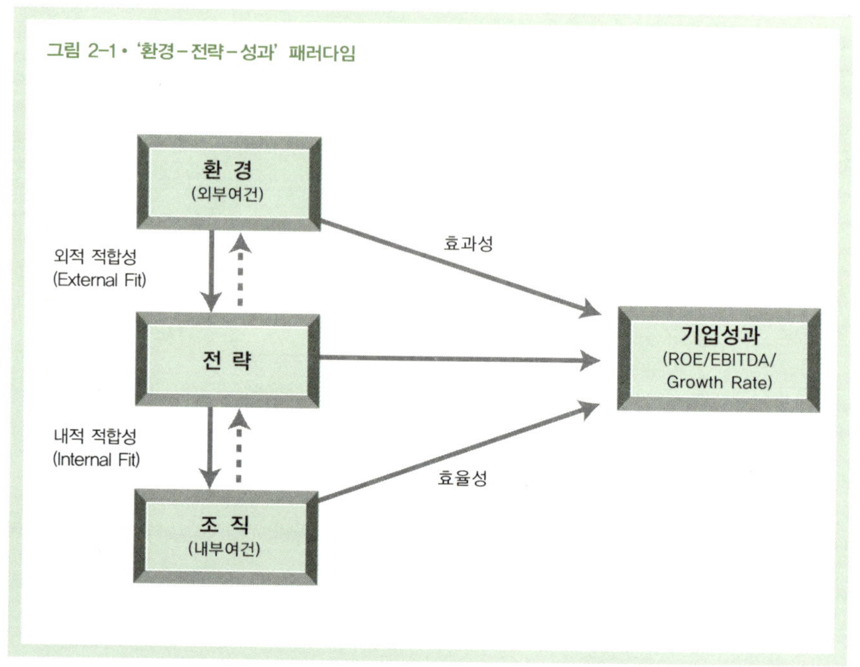

락 분석을 위한 가장 기본적인 분석 틀로 환경-전략-성과 패러다임을 사용하였다. 그리고 이 패러다임이 가지는 약점인 환경분석의 구체성 결여 문제를 해결하기 위해 최근 전략경영 연구에서 가장 활발하게 이용되고 있는 '산업 분석 패러다임'과 '자원-역량 패러다임'을 보완적으로 적용하였다.

산업 분석 패러다임은 1980년대에 마이클 포터 교수에 의해 제기된 연구 방법론으로 기업의 외부 여건, 즉 환경변화를 기업을 둘러싼 관련자Stake-Holder들과의 관계를 중심에 놓고 이를 체계적으로 분석하는데, 포터 교수는 관련자를 5개로 나누어 '다이아몬드 모델'을 제기했다. 그는 한 기업의 사업 환경은 고객, 공급자, 경쟁자, 대체 경쟁자, 신규 진입자로 이루어진 '5개의 주변 관련자Five Forces'와 기업 사이의 전략적 상호작용에 의해 결정되며, 그

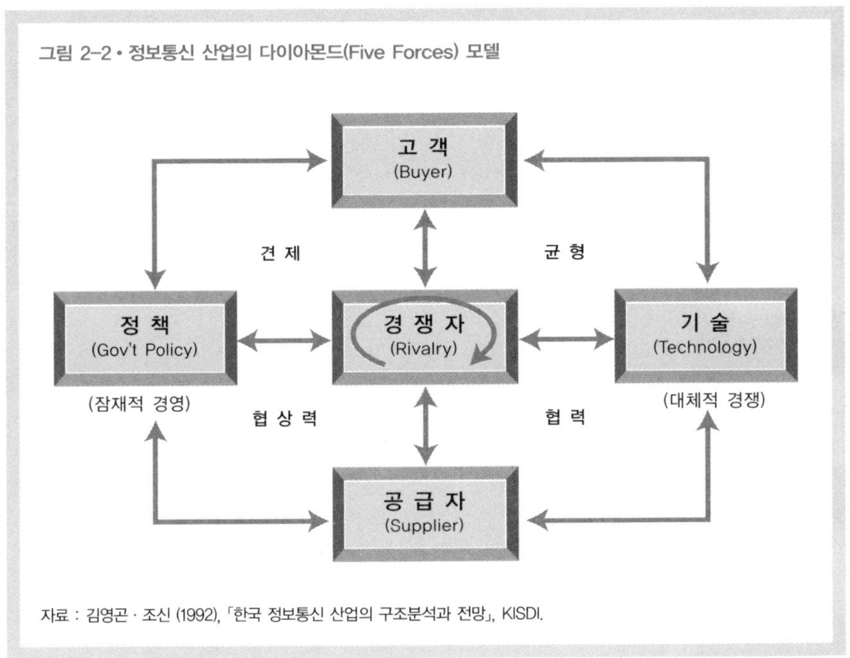

기업이 가지는 경쟁력은 주변 관련자들과 가지는 협상력의 합에 의해 결정된다고 주장한다. 그러므로 한 기업이 다른 기업보다 나은 성과와 성장을 이루기 위해서는 주어진 시장상황에 대한 적절한 위치선정Positioning, 그를 통한 진입장벽Entry Barrier 구축, 차별화Differentiation가 필요하다고 주장한다.

이 책에서는 산업 분석 패러다임을 SK텔레콤의 외부 여건 변화를 분석하는 기본적인 분석 틀로 사용하면서 정보통신 산업의 특성을 감안하여 주변 관련자를 정책, 기술, 고객, 공급자, 경쟁자 관계로 재구성하여 적용하였다(김영곤, 1992).

내부여건 분석을 위해서는 '자원-역량 패러다임'을 기본 틀로 사용하였다. '자원-역량 패러다임'은 1980년대 후반 미국 기업들에게 구조조정 방향성을 제시하려는 목적에서 개발되었는데, 현재까지 대부분의 전략경영 연구와 기업 활동에서 가장 보편적인 이론적 기반 중 하나로 활용되고 있다. 이를 바탕으로 체계적으로 이론화한 '자원 준거이론Resource-based Theories of the Firm'에 의하면 기업은 그 기업이 가지고 있는 여러 가지 자원과 역량의 집합체로 이해되어야 하며, 자원과 역량에 의거한 경쟁우위와 핵심역량이 그 기업으로 하여금 초과 수익과 성장을 지속적으로 유지하게 해주는 근본원인이 된다(Hamel, 1991, 1999, 2001).

조직 내부에 축적된 자원과 역량에 기반의 핵심역량이 다양한 사업을 통해 그 가치가 구현된 것으로 이해할 수 있는데, 이는 오랜 관찰과 심도 깊은 분석을 통해 도출 가능하다. 이에 대해서는 PART 2의 사례 연구를 통해 보다 자세히 살펴보기로 하겠다.

SK텔레콤 조직이 지닌 강점과 약점

조직의 외부 환경을 둘러보기에 앞서 우선, '자원-역량 패러다임' 관점에서 SK텔레콤의 내부 여건, 즉 조직의 강점과 약점을 간략하게 살펴보면 다음과 같다.

강점

- CDMA 기술 분야에서 세계 시장 선도력을 가지고 있으며, 3세대 이동통신 기술과 관련하여 동기식과 비동기식을 포함하여 다양한 기술 기반을 확보하고 있다.

- 1,870여 만 명의 고객을 바탕으로 광범위한 고객 기반, 강한 유통망, 우수한 브랜드 자산을 가지고 있다.
- 우수한 재무구조와 풍부한 자금을 보유하고 있다.
- 지난 수년간의 어려운 과정을 극복하면서 축적된 동태적 조직역량과 우수한 경영진 및 인재를 보유하고 있다.

약 점

- 이동통신사업에 대한 의존도가 너무 크고, 통신산업 중심의 대기업형 조직문화를 유지하고 있다.
- 신규 사업이나 세계 시장에 성공적으로 진출하는 데 필요한 다양한 보완적 자산 역량과 인적 자원이 부족하다.
- 외부적으로 정보통신부와 시민단체를 포함한 주변 환경 주체들과 우호적인 관계를 가지지 못하고 있을 뿐만 아니라 사업 다각화 과정에서 관련 산업 및 기업들로부터 많은 견제를 받고 있어 이러한 잠재적 위협으로 인해 반SK텔레콤적인 분위기를 만들고 있다.
- 하나로텔레콤 외 정보통신이나 다른 산업에서 공동으로 지속적 파트너 관계를 구축·유지할 수 있는 뚜렷한 전략적 사업 네트워크를 구축하지 못하고 있다.

SK텔레콤 조직을 둘러싼 외부 환경의 변화

SK텔레콤의 전반적인 특징에 대한 이해를 바탕으로 '산업 분석 패러다임'에 의거하여 이동통신 사업 환경과 주요 관계자를 살펴봄으로써 보다 구체적으로 SK텔레콤 조직의 외부 환경을 알 수 있을 것이다.

정책 요인의 변화

정보통신부는 1980년대 말부터 지속적으로 두 가지 기본적인 정책 목표 사이의 조화와 균형을 추구하고 있다. 하나는 신기술 개발과 서비스 보급을 통한 '정보통신의 산업화'를 촉진하고 관련 산업을 육성하는 것이고, 다른 하나는 소비자에게 제공되는 서비스의 질적 향상과 고도화를 위해 관련 산업 내에 '유효한 경쟁체제를 구축'하여 관련 기업의 본원적 경쟁력 향상을 유도하는 것이다. 이러한 두 가지 정책 목표는 시대 상황이 변함에 따라 다양한 양상으로 구현되고 있는데, 두 가지 정책 목표 간의 상충 관계로 인해 정보통신부가 효과적으로 정책을 구현하는 데 있어 많은 어려움을 유발하기도 하였다.

이동통신 시장 기반구축기인 1994년부터 1998년까지 정보통신부는 산업 육성 관점에서 이동전화 기술의 디지털화에 집중하였는데, 1996년 1월 SK텔레콤이 세계 최초로 CDMA서비스 상용화에 성공함으로써 정책적 목표를 달성하였다.

한편 같은 기간 동안 정보통신부는 지속적으로 이동전화 시장에 신규 진입을 허용하고, 대체 서비스 도입을 촉진함으로써 경쟁구도를 제도적으로 구축하였다. 이동통신 서비스의 다양화를 위해 주파수 공용통신TRS*, 무선 데이터

---

* Truncated Radio Service의 약자. 독립된 각각의 채널을 하나로 묶어 다수의 이용자가 공용하도록 한 방식이다. 주파수의 활용폭을 극대화하여 다수의 사용자가 사용할 수 있으나 통신 비밀 보장이 되지 않는 단점이 있다.

구분	산업진입기 (1984~1993년)	기반구축기 (1994~1998년)	도약발전기 (1999~2003년)	복합경쟁기 (2004년~　)
정책요인	• 이동통신사업의 　성공적 도입 • 유무선 분리를 위한 　정책 기반 조성	• 디지털화를 통한 　이동통신 산업 　고도화(CDMA) • 유효경쟁체제 구축	• 3G 진입과 광대역화 • 통신 3강 체제 　유도와 비대칭 규제	• U-Korea • IT 839 전략
고객요인	• 도입기 • 10% 미만 보급률 • 사치품 서비스	• 성장기 • 50% 보급률	• 성숙기 • 70% 보급률	• 재도약기 • 유무선 복합 • Biz 컨버전스를 통한 　복합 서비스화
기술요인	• 아날로그	• CDMA 디지털화 : 　(800M/1,300M) 2G	• CDMA 고도화 : 　3G/IMT2000	• 유비쿼터스 네트워크 : 　4G 준비
경쟁요인	• 유선으로부터의 독립 • 무선 내 독점	• 경쟁도입 • 5자 경쟁구도 • CT2폰 등 대체 　서비스 경쟁	• 인수합병을 통한 　자율적 시장구조조정 • 통신 3강 체제 　가시화	• 통신과 관련 산업 간 　경쟁과 협력 • 복합경쟁
공급요인	• 모토롤라 주도의 　단말기 조립시장 　형성	• 삼성전자 애니콜 　시장 주도권 확보 • 국내 사업자 간 　국내시장 경쟁	• 삼성전자 등 글로벌 　이동전화 시장 선도 • 삼성, LG, P/Q 등 　국내 Big3 체제 구축	• 복합 단말기 경쟁 • 국내 사업자 간 　글로벌 시장 경쟁 　주도

통신, 그리고 CT2폰** 등 다양한 이동전화 대체서비스 도입을 촉진하였으나 관련 사업을 활성화시키지는 못했다. 이 과정에서 이동전화와 무선통신 서비스 시장에서 관련 기업들 사이의 치열한 복합적 경쟁이 전개되었고, 경쟁 초기 시장 기반 선점을 위한 과열경쟁 현상이 나타나기도 하였다. 정부의 경쟁

** Codless Telephone 2nd Generation의 약자. 가정용 무선전화로 개발되었으며 기지국에서 반경 300m 정도까지 통화가 가능하다. 셀룰러 이동통신과 달리 기지국 가까이에 있어야 통화가 되며 최초에 통화를 설정한 기지국의 반경을 벗어나면 통화가 단절된다.

구분	~2000년	2000~2001년	2002~2003년	2004년~
규제 기관	• 정보통신부	• 정보통신부 • 공정거래위원회	• 정보통신부 • 공정거래위원회	• 정보통신부 • 공정거래위원회 • 재정경제부 • 산업자원부

주요 이슈	• 신규 진입자 보호	• 신세기통신과의 합병
		  허가
			• 통신3강 체제 유도
			• 비대칭 규제
				• 유효경쟁의 제도적
				  확보
				• 산업 간 컨버전스
				  경쟁

주요 방법	• 지배적 사업자
	  제도를 통한 요금
	  약관 허가
	• 간접적 차등 규제
		• 2001년 6월까지 MS
		  50% 이하
		• SK텔레텍 등 단말기
		  사업 제약
			• 합병 허가조건 연장
			• 영업정지
			• 벌과금 부과
			  (수백억원대)
				• 차등적 번호이동성
				  제도
				• 통신망 개방*
				• 영업정지 · 벌과금
				  부과 가속화

자료 : 정보통신부, 정보연감 각 년호 / 대신증권, IR 자료(2004)

촉진 정책은 좋은 취지에서 시도되었으나, 1997년 말 이후 IMF 외환위기를 겪으면서 이동전화 서비스 산업에 대한 과잉 중복투자 가능성이 여러 연구기관과 컨설팅 회사의 연구보고서를 통해 지적되기도 하였다(산업연구원, 1998 ; ADL, 1998).

도약발전기인 1999년부터 2003년까지 정보통신부는 KT를 민영화하고, 인터넷 서비스를 보편화시키기 위해 많은 노력을 기울였다. 또한 관련 e-biz나 벤처 사업 촉진을 통한 정보통신산업 고도화와 지식기반 정보사회 구축을 위해 노력하는 등 'e-Korea'를 구축하고자 하였다. 이러한 틀 속에서 정보통신부는 이미 구축된 경쟁체제의 효율화와 고도화를 위하여 다양한 시장 운용

---

* 2002년 1월 'SK텔레콤의 신세기통신 합병 인가 조건'과 '전기통신설비의 상호접속기준' 등 정보통신부 방침에 따라 SK텔레콤은 무선인터넷망을 개방하기로 하였다.

기반을 정비하고, IMT 2000 서비스 등 3세대3G 이동통신서비스 도입을 서두르고자 하였다.

또한 3개 사업자로 재편된 이동전화 시장 내에서 유효경쟁체제를 확보하기 위해 선발 사업자인 SK텔레콤에 대한 비대칭 규제를 지속적으로 강화하고 있다. 단말기 보조금 지급을 제도적으로 금지하고 과열경쟁에 대한 제재를 가하고 있다. 이러한 비대칭 규제가 장기간 지속되면 공정경쟁이 촉진되는 긍정적 효과도 있으나 관련 시장과 신규 서비스 도입이 위축되는 부정적 효과도 있다.

2003년 이후에는 이동통신을 포함한 정보통신 서비스의 융합화와 복합화를 위한 제도적 기반을 정비하고 있다. 특히 'IT 839전략' 등을 기반으로 유무선 복합 통신망과 디지털 이동방송망 등을 구축하여 언제 어디서나 용도와 기기에 상관없이 정보통신이 가능한 유비쿼터스Ubiquitous* 네트워크를 통한 'U-Korea'**를 지향하고 있다.

고객 요인의 변화

고객 요인 변화는 다양한 관점에서 살펴볼 수 있으나, 이동전화 서비스 보급

---

* 시간과 장소에 구애받지 않고 언제나 네트워크에 접속할 수 있는 통신환경을 의미한다. 유비쿼터스는 환경적, 기술적 제약으로 아직까지는 일반화되지 않았지만 각종 이동통신 기기가 휴대성과 편의성을 앞세워 경쟁 출시되고 있다. 예를 들어 전화 또는 인터넷으로 가정에 있는 보일러를 켜고 끄거나 해외 공장에 있는 기계를 자기 자리에서 컨트롤하는 경우가 이에 해당한다. 유비쿼터스는 이러한 여러 가지 기기나 사물에 컴퓨터를 집어넣어 사용자와의 커뮤니케이션을 쉽게 해주는 정보기술(IT) 환경 또는 정보기술 패러다임인 셈이다.

** '유비쿼터스 네트워크'를 세계 최초로 국내에 2007년까지 구축한다는 중장기 비전. 'U-Korea'로 명명된 이 계획은 한국통신사업자연합회 주관으로 12개 주요 통신사업자 CEO들이 참석한 가운데 열린 '제1회 통신사업자 CEO포럼'에서 공식 제기됐다.

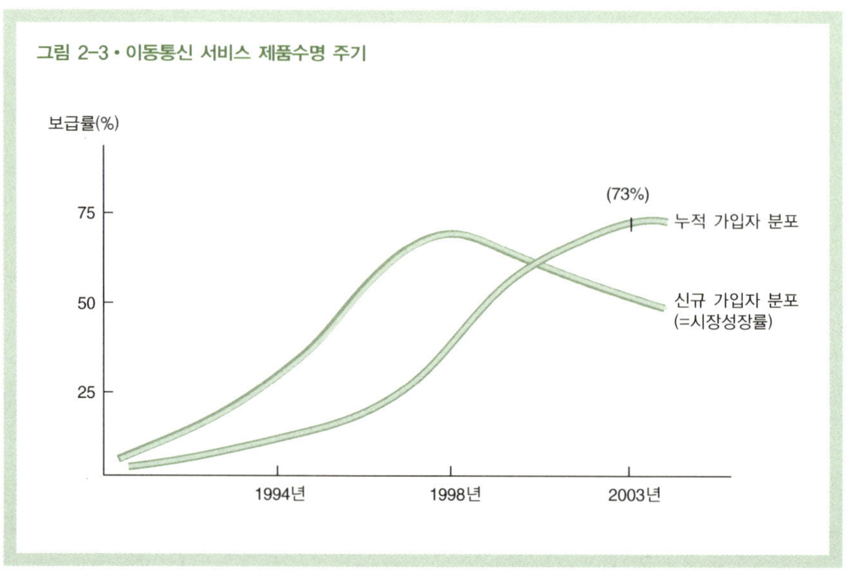

구분	도입기 (1984~1993년)	성장기 (1994~1998년)	성숙기 (1999~2003년)	재도약기 (2004년~)
보급률	10% 미만	10~50%	50~70%	70% 이상
품질 요소	회선 확보 · 가입	소통률 및 커버리지	데이터 및 무선 인터넷 접속	다기능화 및 Biz 컨버전스
마케팅 요소	공급자 주도	대량 판매 경쟁	Segmentation 경쟁	Customization 경쟁

과 그에 따른 소비자 행태변화를 제품수명주기 이론에 따라 분석해보면 가장 체계적으로 이해할 수 있다.

이동전화 서비스의 도입기인 1984~1993년에는 이동전화에 대한 잠재적 수요는 많았으나 높은 가입비와 요금, 아날로그 시스템의 회선 부족이 시장성장을 막는 장애요인이 되었다. 1993년 말 기준으로, 우리 나라 이동전화 보급률은 10% 미만이었고, 이동전화는 일부 부유층만이 소유하는 사치품으로 인식되었다.

1994년 한국이동통신이 민영화되어 효율적 운영기반이 구축되고 고객 서비스가 제고되면서 이동전화 시장의 성장기가 시작되었다. 그리고 1997년부터 시장 선점을 위한 치열한 경쟁이 진행되면서, 이동전화 보급이 급격하게 증가하였다. 1998년 말 기준으로 이동전화 보급률이 50%를 넘어서면서 이동전화 대중화 시대가 열렸다. 규모의 경제가 갖춰짐으로써 가입비 및 요금 인하가 가속화되었고, 신규 단말기 출시가 본격화되는 등 '대중 시장mass market'을 형성하게 되었다.

하지만 1999년을 넘어가면서 이러한 폭발적 성장의 증가세가 둔화되었고, 이동전화 시장은 성숙기에 들어갔다. 이 과정에서 서비스 사업자 간에 차별화 경쟁이 시작되어 세그먼트 상품이 출시되면서 브랜드 경쟁이 치열하게 전개되었다. 이후 광범위한 인터넷의 보급과 함께 이동전화에서도 데이터 통신의 중요성이 높아지게 되었다. 또한 새로운 이동전화 기능 개발을 통한 차별화와 기존 가입자 관리가 중요해지게 되었다.

2004년 현재 우리 나라의 이동전화 서비스 시장은 쇠퇴기와 재도약기의 기로에 서 있다고 볼 수 있다. 음성통화와 데이터 통신에 대한 전반적 수요 증가세가 둔화된 상태에서 새로운 기능 개발과 그에 따른 추가 성장 모멘텀을 찾을 수 있는지 여부에 따라 시장 전체의 흐름이 결정될 것이다. 이동전화 시장의 재도약은 유비쿼터스 네트워크 구축과 그에 따른 주변 서비스와의 컨버전스를 통해 이루어지게 될 것이다. 하지만 정책 등 제도적 기반 부족과 주변 관계자들과의 마찰 등 여러 가지 장애요인이 그 진행을 막고 있는 실정이다.

기술 발전에 따른 기술 요인의 변화

지난 10년 동안 이동통신 기술 환경의 변화는 디지털화, 광대역화, 다양화, 융합화 등으로 종합할 수 있다. 특히 선발 사업자인 SK텔레콤은 CDMA 상용화를 기점으로 기술 흐름을 주도하며 적절한 투자와 계획을 통해 기술 요인에 대응해왔다. 상용화 당시 처음으로 적용된 기술 방식은 IS-95A 방식이었으나 SK텔레콤은 전국 단위의 IS-95A망 구축을 완료한 이후 1999년에 수도권을 중심으로 IS-95B망을 선택적으로 구축함으로써 고도화를 이룩하였다.

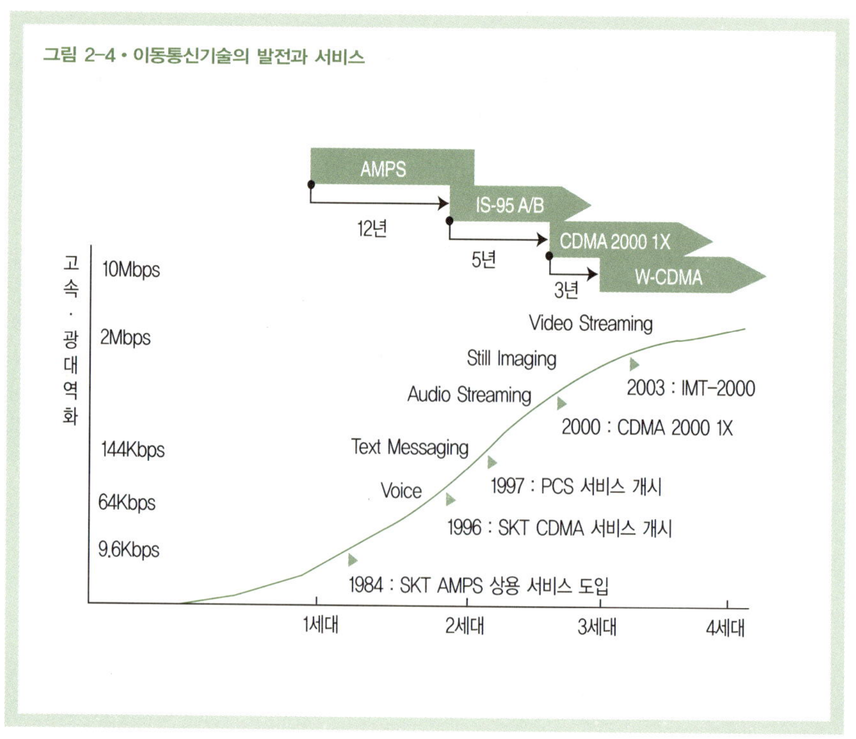

그림 2-4 • 이동통신기술의 발전과 서비스

그리고 21세기에 진입하면서 SK텔레콤은 세계 최초의 CDMA 관련 기술 개발과 서비스 제공을 시도함으로써 세계 시장에서 주도권을 확보하였으며, W-CDMA와 CDMA 1X EV-DO 서비스를 동시에 제공할 수 있는 기반을 구축함으로써 3세대 이동통신 기술과 서비스 경쟁을 선도할 수 있는 통합적 기술 기반을 마련하였다.

그러나 최근 들어 휴대인터넷Wibro 등 이동전화에 대한 대체서비스들이 다양하게 개발되면서, 특히 공통의 광대역 디지털 기술 기반을 바탕으로 한 관련 네트워크 간의 연계와 융합이 촉진되고 있다. 이러한 급속한 기술 발전은 유무선 통합을 통한 유비쿼터스 네트워크 구축을 가속화시키고 있으며, SK텔레콤 등 관련 기업들에게 다양한 사업기회를 제공함과 동시에 위협요인이 되고 있다.

경쟁자 요인의 변화

이동전화 시장에서의 경쟁구도는 1996년부터 신세기통신과의 경쟁으로 촉발되었으며, 1997년부터는 PCS 3사의 진입으로 5개 사업자 경쟁구도가 만들어졌다. 이러한 경쟁구도는 2000년 이후 SK텔레콤과 KTF가 각각 신세기통신과 한솔엠닷컴을 인수하면서 현재의 3개 사업자 중심의 안정적인 구도로 정리되었다.

그러나 최근 인터넷 보급과 디지털화에 따라 이동통신과 관련 산업이 융합화하면서, SK텔레콤의 입장에서는 다양한 산업으로부터 직·간접적인 경쟁자를 맞이하고 있다. 통신산업 내에서는 KT그룹과 LG그룹으로부터 유무선 연계 사업의 위협을 받고 있으며, 무선인터넷 시장에서는 다음Daum이나 NHN과 같은 인터넷 포털 사업자들이 새로운 경쟁자로 등장하였다. 또한 새

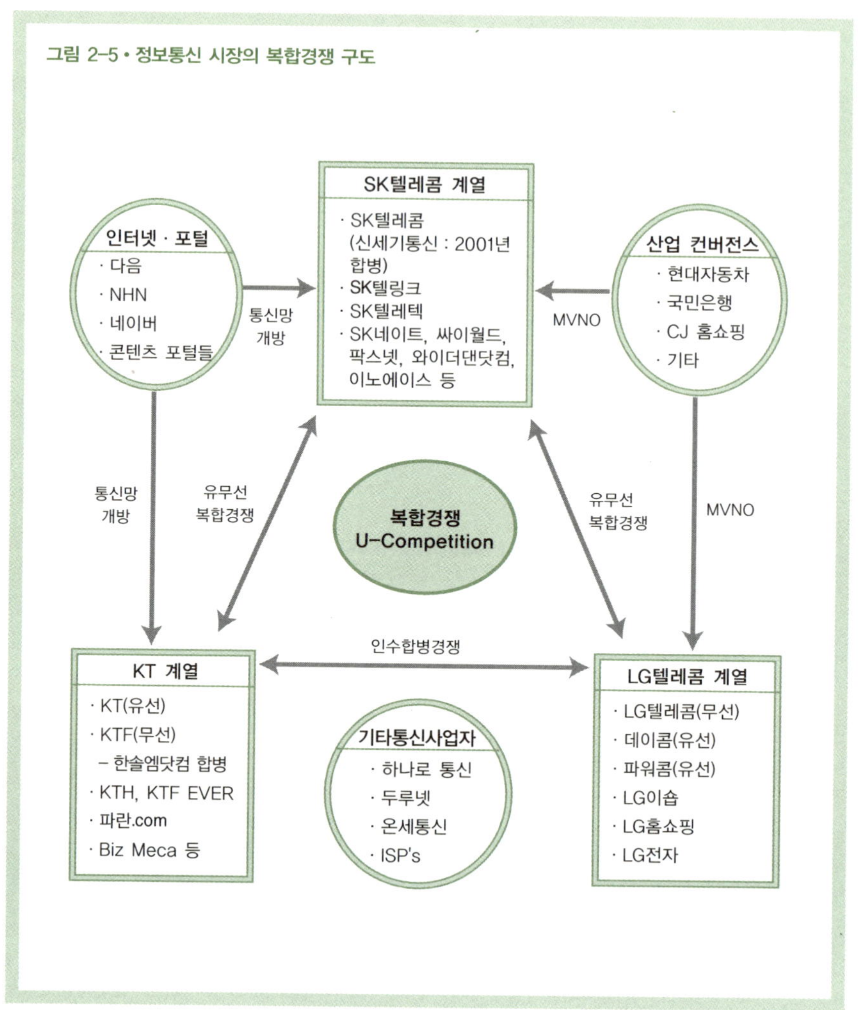

롭게 진행될 관련 산업과의 융합화 과정에서 금융, 방송, 유통산업의 업계 리더들과 리더십을 확보하기 위한 치열한 경쟁과 동시에 협력관계가 진행되고 있다.

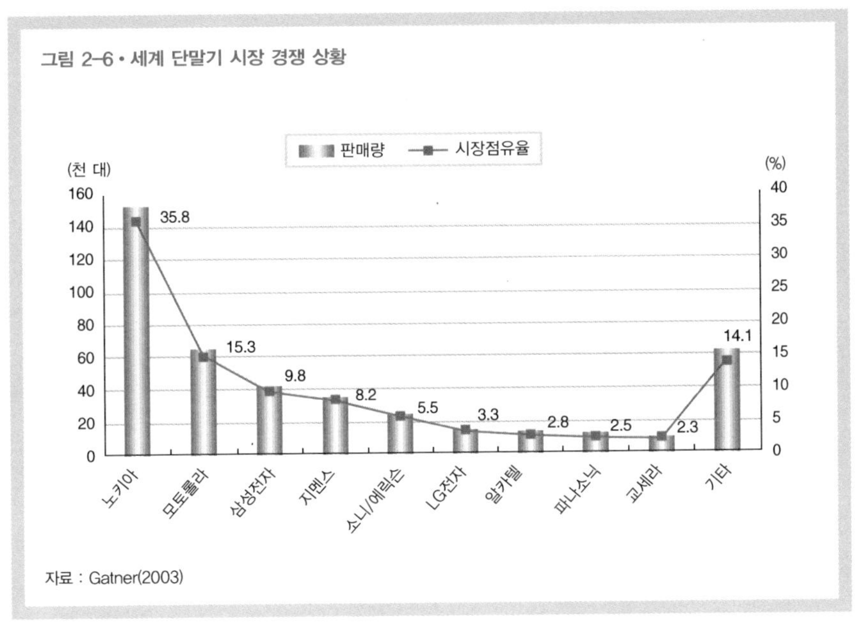

공급자 요인의 변화

SK텔레콤 입장에서 볼 때 주요한 공급자는 시스템 공급자, 단말기 사업자, 유통 대리점, 그리고 유지보수업체 등이다. 이 중 가장 주요한 공급자는 단말기 사업자라 할 수 있다.

우리 나라의 이동통신 단말기 시장은 아날로그 서비스를 제공하던 1995년까지는 모토롤라 등 외국 사업자가 시장흐름을 주도하였다. 그러나 CDMA 디지털 서비스가 제공되면서, 국내 단말기 사업자들도 제품경쟁력을 확보하기 시작하였다.

특히 삼성전자는 '우리 지형에 잘 맞는 단말기'라는 이미지로 외국 사업

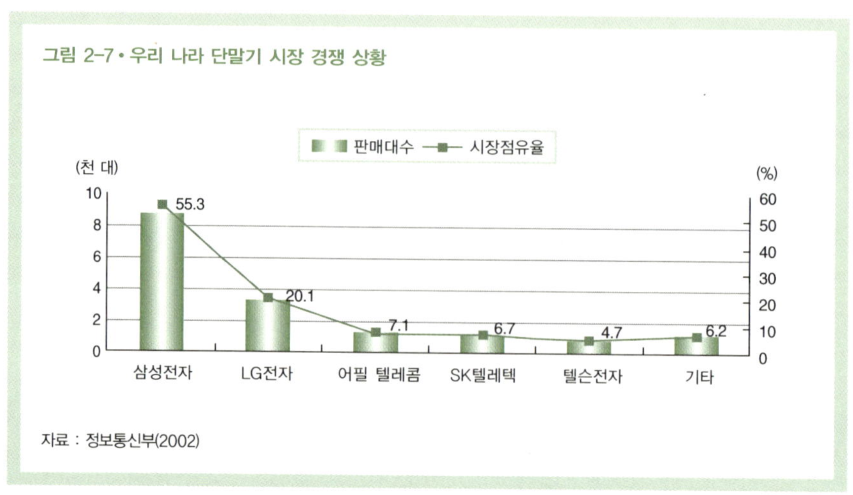

자와의 차별화에 성공하여 우리 나라 단말기 시장을 장악하였다. 그리고 1999년 이후 국내 단말기 사업자들이 빠르게 진화하는 우리 나라 이동통신 서비스 시장 상황에 맞춘 새로운 단말기 디자인과 기능을 바탕으로 유럽 시장을 겨냥한 GSM 단말기를 양산하면서 우리 나라 단말기 제조업체들은 세계적인 단말기 제조업체로 급성장하였다. 현재 세계 시장에서 삼성전자와 LG전자가 각각 3위와 6위 사업자로 성장함으로써 우리 나라는 이동전화 단말기 강국으로 부상하였다.

이처럼 우리 나라 단말기 사업자들이 세계적인 사업자로 성장할 수 있었던 주요 요인 중 하나로, 이동통신 서비스 사업자들이 세계 시장을 선도하는 첨단 서비스를 국내 시장에 제공함으로써 제품 진화를 촉진한 사실을 들 수 있겠다.

환경 변화에 대한 적극적 대응을 위한 장기 비전 설정

지난 10년 동안의 급격한 환경변화 속에서 SK텔레콤은 마케팅, 네트워크, 기술개발 활동 등을 통해 주어진 상황에 맞춰 적절한 전략을 구사해왔다. 그리고 장기적 관점에서는 조직의 성장목표와 방향을 명확히 설정하고 관련 핵심역량을 창출하기 위해 지속적으로 노력함으로써 성장잠재력을 극대화하고 있다. 이러한 SK텔레콤의 장기 성장전략 방향을 구체적으로 살펴보면 다음과 같다.

- 세계 수준의 경쟁력 : 이동전화 사업에서의 경쟁력을 유지하고 지속적으로 성장하는 것을 가장 중요한 전략적 과제로 인식한다. 따라서 다양한 마케팅, 네트워크, 기술개발 활동을 통해 국내 최고 수준의 경쟁력을 세계 선도 수준으로 높이기 위하여 노력한다.
- 차세대 비즈니스 모델 개발 : 신규 사업영역을 추가로 개발함으로써 지속적 성장기반을 창출하며, 이를 위해 차세대 비즈니스 모델 개발을 다각도로 추구한다.
- 핵심역량 개발 · 유지 : 조직혁신과 학습활동을 지속적으로 강화해 핵심역량을 개발하고 유지한다. 특히 비즈니스 컨버전스와 유비쿼터스 네트워크 경쟁에 필요한 다양한 자원과 역량을 확보하며, 성장목표와 주변 관계자들과의 이해를 조화시키기 위한 新가치경영 New Value Management 체계를 구현하는 데 모든 조직역량을 집중한다.
- 전략적 제휴 강화 : 인수합병과 전략적 제휴를 새로운 경쟁방식으로 채택하여 빠르게 변하는 사업환경 속에서 지속적 협력기반을 구축하고 여기에 필요한 핵심역량을 신속하게 확보한다. 21세기 진입과 함께 신세기

통신을 인수하였고, 라이코스, 팍스넷, 싸이월드 등의 인수를 통해 비즈니스 컨버전스 시장을 주도하기 위한 제도적 기반을 마련하였다. 그리고 하나로텔레콤과의 유무선 복합협력, 도시바 등 해외 사업자와의 제휴를 통한 위성 디지털 방송 진출 등 전략적 제휴를 강화하고 있다.

이와 같이 SK텔레콤은 모든 사업 활동과 조직 및 구성원이 공통적으로 지향하는 목표와 가치체계를 기업 비전으로 구체화하여 공유함으로써 조직 전체가 일관된 방향으로 나아가고자 노력해왔다. 그 결과 1995년 2월 11일에는 'Move 21'이라는 비전을 정립하였으며, 2001년에는 신세기통신과의 합병을 계기로 그 동안의 환경변화를 감안하여 'Vision 2010'이라는 새로운 비전을 설정하였다.

Move 21, 새로운 이정표를 제시하다

'Move 21'은 SK텔레콤 최초의 기업 비전으로, 1994년 민영화 이후 조직과 구성원에게 공통의 사업목표와 성장 방향성을 제시해주었다. Move 21에 따라 SK텔레콤은 2005년까지 통신사업 매출액 15조원의 세계 20위 종합정보통신사업자로 성장하기 위해 중심 사업인 이동통신서비스 사업 외에 단말기 제조, 국제전화, 정보 및 멀티미디어 통신, 콘텐츠, 차세대 방송서비스 사업에 신규 진입하기 위해 노력을 기울여왔다. 2005년에 통신사업 7.2조원, 정보 및 멀티미디어 사업 4.8조원의 매출을 목표로 연계 다각화된 사업구조를 갖추고자 하였으며, 국내에서 축적된 이동통신 관련 사업역량을 해외에서 그 가치를 구현하기 위해 세계 시장에 적극 진출하여 2005년 기준 3조원의 매출을 달성함으로써 사업 지역 다변화를 이루고자 하였다.

이를 위해 Move 21에서는 다음 네 가지 성장 방향을 제시하였다.

- Mobile & Multimedia(무선통신과 멀티미디어) : 사업구성의 중심축을 이동통신에서 멀티미디어로 확장하여 이원화한다.
- Operation without Defects(무결점 운용 · 경영) : 정보통신시스템의 완벽한 운용을 통해 최고의 통신 품질과 서비스를 고객에게 제공하며, 이를 경영시스템 전반으로 확대하여 무결점 경영으로 발전시킨다.
- Value Creation for the Customers(고객가치 창조) : 고객을 위한 가치를 창출하고 선도해나감으로써 기업의 목표를 달성한다.
- Employee Growth and Satisfaction(구성원 성장 · 만족) : 조직의 중심축인 구성원의 성장과 만족을 통해서만 지속적인 성장을 이루어낸다.

이러한 조직 비전과 목표를 바탕으로 별도의 구성원 비전과 10대 추진과제

〈MOVE 21 성공적 달성을 위한 10대 추진 과제〉

1. 교환망, 전송망, 위성망, 지능망 등을 포괄한 통신망 구축
2. 기존 이동통신 서비스의 확대 및 보편화, 각 서비스의 고도화를 통한 차세대 통신 서비스의 실현
3. 국제사업, Network-SI, 멀티미디어 등 신규 사업에의 적극적 진출
4. 국제 정보통신 투자, 각국 현지법인 설립 및 글로벌 인력 육성 등 국제화 추진
5. 사업범위 확대 및 차세대 정보통신서비스를 위한 기술 개발
6. 고객 밀착 및 통합마케팅 능력 확보
7. 기능별 시스템 통합, 종합데이터베이스 구축을 통한 전사적 전략정보시스템 구축
8. CDP정착, 창조적 인력관리 시스템을 통한 인력개발
9. 비전, 공유, 리더십 프로그램, 의식 및 의례 체계화를 통한 창조적 기업문화 정착
10. 사업자 간 전략적 제휴 및 해외기관 협상력 제고를 위한 대외협력 강화

장기비전	세계 일류 종합정보통신기업 (세계 20위) 종합 통신사업자		
매출액	~ 1998년	~ 2001년	~2005년
	4조원	8조원	15조원
구성원 비전	1. Global Man 2. 최적의 근무환경 3. 전 생애적 복리후생 4. 세계 최고 생산성과 임금		

추진 전략	구분	~1998년 M&A기반구축	1999~2001년 M&A성장	2002~2005년 M&A완성
	통신	• ACS/DCS • 고도/Paper • LEO/국제전화	• 무선화상전화 • 글로벌 Paging • VOD/CATV	• 차세대 통신
	정보	• DB, 음성정보 • VOD	• 멀티미디어 소프트 • CATV PP	• 차세대 방송 서비스 • 멀티미디어 서비스
	해외/ Utility	• Venture Capital • VPN	• Financing Company	• Hi-Tech H/W • 제조/판매 • 국제통신 서비스

MOVE 21

자료 : SK텔레콤(1995)

가 구성되어 실행을 위한 체계적 구조를 갖추었다. 1995년 이후부터는 'SKMS/SUPEX'와 'Move 21'을 장기 경영전략의 양대 중심축으로 운영하며, 전략적 의사결정에 있어 규범적 기준으로 운영하였다.

또한 총체적 고객만족체제TCS : Total Customer Satisfaction 구축을 통해 유통망과 통화품질 체계를 개선하는 등 마케팅과 네트워크 기본 역량을 제고시키기 위해 노력하였다. 1998년 이후에는 텔레텍, 텔링크, 네츠고 등 신규 자회사를 설립하여 사업 다각화를 위한 조직적 기반을 마련하였다. 또한 구성원의 역량 향상을 위하여 교육훈련 활동을 강화하고 MF Management Forum과 JMF Junior Management Forum* 등 학습조직을 구축하였으며, 발전적 조직문화와 경영시스템 선진화를 위하여 많은 노력을 기울였다.

Vision 2010, 세계 일류 종합통신기업을 향하여

1997년 이후의 IMF 외환위기와 2000년 신세기통신과의 합병을 거치면서 SK텔레콤을 둘러싼 사업환경이 급변하였다. 기업경영의 중심 방향이 종전의 매출 중심의 양적 성장에서 가치 중심의 질적 성장으로 전환하였고, 글로벌 스탠더드에 맞춘 기업경영 시스템과 체제 구축이 요구되었다. 또한 중심 사업인 이동통신 서비스 시장이 실질적으로 성숙기에 진입하면서 추가적인 고도 성장과 가치 창출이 위협받게 되었다. 그리고 인터넷과 디지털화가 폭 넓게 진행되면서 비즈니스 컨버전스와 유비쿼터스 네트워크에 대한 기대감이 커졌으며, 관련 시장에 대한 새로운 사업기회와 위협이 동시에 대두되었다. 뿐

* MF는 임원급, JMF는 대리, 과장급을 대상으로 한 교육 프로그램으로, 경영활동에서 제기되는 이슈 등에 대해 학습자가 주도적으로 해결 방안을 찾아가고 제언하는 과정을 통해 학습하고 경영활동에 필요한 아이디어 등을 함께 얻을 수 있도록 함.

만 아니라 21세기에 진입하면서 모든 구성원과 조직이 새로운 목표와 성장 방향성 정립을 통해 SK텔레콤이 새로운 세기를 선도하기를 암묵적으로 요구하고 있었다.

이러한 환경변화에 따라 2001년 5월 29일, 그 동안의 사업환경 변화와 미래에 대한 새로운 의지를 반영하여 'Vision 2010'이라는 새로운 비전을 설정하였다. 2010년까지 '혁신을 통해 최고가치를 창출하는 기업Most Valuable Company with Innovation'이 되기 위해 2005년까지 세계 15위의 종합정보통신 기업으로 성장하는 것을 장기 성장 목표로 설정하였다.

장기 사업 방향은 네트워크 사업, 플랫폼 사업, 터미널 사업, 그리고 인에이블러Enabler 사업 등으로 다원화하였다. 이를 가능하게 하는 핵심역량으로 Speed, Flexibility, Talent를 설정하였다. 그리고 비전 달성과 핵심역량 확보를 위해 다원적 파트너 관계 구축Ubiquitous Partnerships, 가치 창출을 위한 지속적 혁신Value Creating Innovation, 고객 지향적 운영Customer oriented Operation, 글로벌 시장 선도력 확보Global Leadership 등을 4대 기업 단위 장기적 미션으로 삼았다. 이와 함께 자율과 책임경영이 동시에 가능한 지주회사Holding Company* 형 조직을 추구하고자 하였으며, 부문 단위의 분산된 사업단위 조직체제와 이를 통합조정하기 위한 전사 기획 총괄 기능을 갖는 'Corporate Center'를 구축하였다.

사업방향과 조직구조 못지않게 조직역량 강화와 구성원의 경쟁력을 제고하는 일도 중요했다. 우선 구성원의 비전을 'Most Valuable biz PersonMVP'

* 다른 회사의 주식을 소유함으로써, 사업활동을 지배하는 것을 주된 사업으로 하는 회사를 지주회사라고 하는데 SK텔레콤은 이를 각 부문별 책임과 권한을 극대화하기 위한 방안으로 활용하였다. 각 부문을 개별 회사로 독립시킨 것은 아니었다.

로 설정하고, 구성원 스스로가 회사 내의 업무와 학습 과정을 통해 다양한 성장 기회를 갖고 개개인의 시장가치가 증가할 수 있도록 하였다. 또한 주어진 범위 내에서 최대한 권한과 자율이 보장되는 업무환경을 제공하여 일하고 싶은 회사 만들기 등이 구체적인 실천전략으로 제시되었다. 구성원 비전을 달성하기 위해 회사는 Knowledge Investment, Opportunity Investment, Motivation Investment, Speed, Flexibility, Talent 영역에 대한 투자와 지원을 집중하기로 하였다.

이처럼 'Vision 2010'은 유비쿼터스와 컨버전스로 대표되는 새로운 정보통신 시장에서 SK텔레콤이 세계 시장을 선도할 종합 서비스 리더로서 성장하는 데 필요한 핵심역량을 창출하고 가치를 구현해내는 종합 마스터플랜의 역할을 담당하였다.

리더십 유지를 위한 SK텔레콤의 사업 전략은 무엇이었는가

정책, 경쟁, 기술, 고객 등 다양한 시장 여건이 '거의 매일 변하는' 환경 속에서 SK텔레콤은 사업내역을 고도화시키고 시장 리더십을 유지하기 위해 부단한 노력을 계속해왔다.

우선, 창사 이래 민영화 당시까지 지속되어온 판매와 네트워크 관리 위주의 '공기업적 기업' 체질을 고객가치와 시장지향 중심의 '마케팅 기업'으로 전환시키기 위하여 다음과 같은 노력을 기울여왔다.

첫째, 끊임없는 시장조사와 과학적 분석을 통해 남보다 먼저 고객과 시장의 변화를 인지하고자 노력하였다.

둘째, 인지된 변화에 따른 여러 가지 장애요인과 현실적 문제점을 극복하기 위해 마케팅 이론과 창의적 발상으로 새로운 사업방식을 개발하여 경쟁패턴을 선도하였다.

셋째, 마케팅 전략 변화에 맞추어 네트워크나 지원활동 등 다른 부문 전략을 유기적으로 연계시킴으로써 일관되게 고객과 시장중심의 기업활동이 가능하도록 하였다.

이러한 시장변화 대응활동과 병행하여 장기적 관점에서 마케팅 및 네트워크 관련 역량을 확보하고 유지하기 위해 SK텔레콤은 매년 핵심 인재에 대한 다양한 역량개발 교육과 리더십 훈련을 실시하고 있으며, 고객정보시스템과 CRM Customer Relationship Management 등 다양한 마케팅 인프라와 디지털 네트워크의 고도화 및 다양화를 위한 대규모 투자를 지속해오고 있다.

이러한 SK텔레콤의 이동통신사업 고도화 전략을 마케팅 전략과 네트워크 전략, 그리고 이를 뒷받침하는 매니지먼트 전략으로 나누어 구체적으로 살펴보고자 한다.

경쟁 패턴을 선도하는 마케팅 전략

일반적인 마케팅 이론체계에 따라 SK텔레콤의 이동통신사업 마케팅 전략은 STP Segmentation, Targeting, Positioning 전략을 포함한 기본전략, 4P Mix 전략, 고객 서비스와 마케팅 인프라 구축 전략 등으로 구분할 수 있다.

기본 전략

SK텔레콤의 마케팅 기본전략은 독점 시장이었던 민영화를 기점으로 3단계 과정을 거쳐서 진화하고 있다.

1994년 민영화 시점부터 1998년까지 시장 방어적 입장에서 '매스 마케팅 Mass Marketing' 중심 전략을 펼쳐왔다. 이 시기는 이동통신 산업 성장기로 매년 연평균 40% 이상 급성장하였고, 신규 진입이 가속화되면서 경쟁구도가 재구성되는 과정이었다. 또한 이동통신 산업이 여전히 공공 서비스로서의 성격을

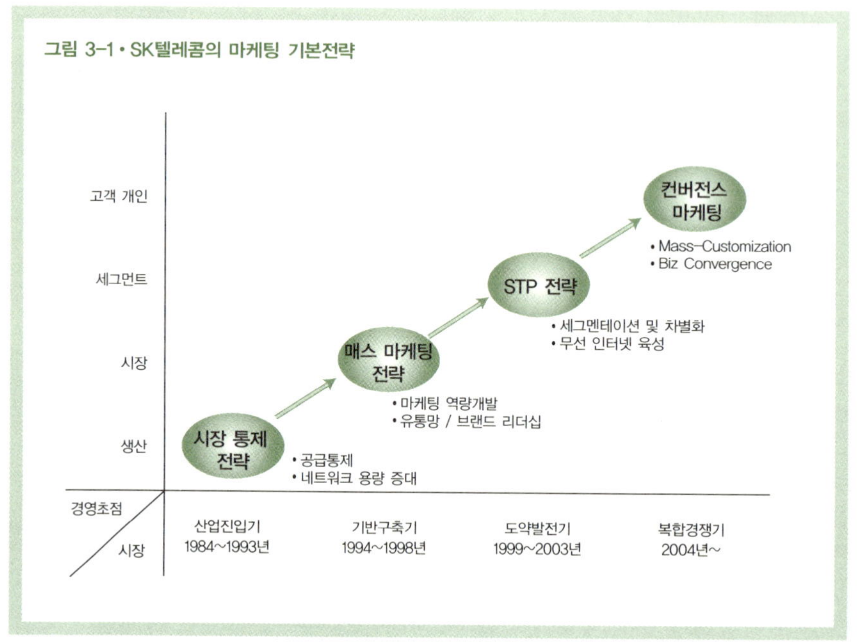

가지고 있었기 때문에, 경쟁을 위한 마케팅 전략적 접근은 제한적일 수밖에 없었다. 특히 SK텔레콤은 시장지배적 사업자로서 요금이나 서비스 약관 결정 과정에서 정보통신부의 허가를 받아야만 했으므로 수비적 입장에서 시장점유율을 유지하기 위해 통신 품질과 고객 서비스 제고, 브랜드 리더십 개발, 유통망 강화 및 정비 등을 통해 본원적 마케팅 경쟁력과 경영 역량을 높이는 데 주력하였다.

1999년부터 2003년까지 SK텔레콤은 도약발전기를 맞게 된다. 시장 방어적 입장에서 펼쳐왔던 '매스 마케팅 전략'을 'STP 전략'으로 전환함에 따라 시장 리더십을 확고히 한 것이다.

1999년 초 PCS 3사와 신세기통신과의 경쟁이 치열해지면서 SK텔레콤은 비싼 요금과 시장에 대한 수비적 대응 등의 이유로 시장점유율이 급격하게 하락하였다. 1998년 한 해 동안 점유율이 5% 이상 떨어져 점유율 하락 추세를 반전시키지 못하면 시장 리더십을 영구히 잃을 수도 있는 상황이었다. 그리고 장기적 관점에서의 경쟁우위 결정에 중요한 영향을 미치는 고객구성과 기업 이미지 면에서도 열세를 면치 못하고 있었다. SK텔레콤은 30대 이상의 기존 고객 위주로 되어 있는 데 반해 경쟁사들은 통화사용량이 많고 성장 가능성이 높은 젊은 고객층을 집중적으로 공략하고 있었다. 이에 따라 SK텔레콤은 '늙은 회사', PCS 3사는 '젊은 회사' 라는 이미지가 고착화하면서 포지셔닝과 이미지 경쟁에서 구조적으로 불리해지고 있었다. 또한 매스 마케팅 전략에 따라 지속적으로 시장방어적인 입장을 견지하고 있었기 때문에 전략적 리더십을 잃고 시장경쟁 패턴을 주도할 수가 없었다.

이러한 구조적 어려움을 극복하기 위해 STP 마케팅 전략을 도입하여 20대 전후의 젊은 세대를 대상으로 TTL이라는 신상품 서비스를 출시하고 타깃 마케팅을 시작하였다. TTL 상품을 구성하기 위해 기존 요금제의 창의적 변형을 통하여 새로운 복합요금제를 제시하였고, TTL Zone 등 오프라인 서비스 체제를 가미하여 온라인과 오프라인 복합서비스를 제공하였다. 그리고 TTL 카드를 통해 다양한 할인혜택 서비스를 제공함으로써 이동전화 서비스가 생활 필수 서비스로 자리 잡도록 유도하였다.

새로운 마케팅 전략 방향에 따라 2001년 이후 30대를 위한 유토UTO, 여성 고객을 위한 카라CARA, 10대를 위한 팅ting 등 다양한 표적 서비스 상품을 지속적으로 출시하면서 SK텔레콤은 이동전화 시장에서의 전략적 리더십을 확보하였다. SK텔레콤의 새로운 전략 방향은 KTF와 LG텔레콤에 의해 모방되었고, 그에 따라 이동전화 시장의 주요 경쟁 패턴이 매스 마케팅 경쟁에서 세그멘테이션에 의거한 상품 마케팅 경쟁으로 바뀌었다.

그러나 21세기 진입과 함께 이동전화 경쟁환경이 다시 한 번 급변하고 있다. 이동전화 기술의 광대역화가 진행되고 무선 인터넷 보급이 활성화되면서 디지털 컨버전스와 유비쿼터스 네트워크에 대한 기대감이 높아지고 있다. 또한 이동전화 음성 서비스 시장은 성숙기에 들어섰고, 경쟁자들 사이의 세그멘테이션과 타깃 상품개발도 포화상태에 이르러 더 이상의 시장 창출 효과를 기대하기 어렵게 되었다.

반면 무선 인터넷과 비즈니스 컨버전스를 중심으로 새로운 성장과 사업기회가 제공되고 있으며, 통화연결음 서비스, 위치기반 서비스LBS*, 텔레매틱스Telematics** 등 다양한 콘텐츠와 융합 서비스에 대한 수요가 점차 증가하고 있다. 유선 인터넷 서비스에 익숙한 젊은 고객층을 중심으로 개인별로 차별화된 맞춤 서비스에 대한 요구가 강하게 나타나고 있는데, 이를 충족시키기 위해 이동전화 기술의 광대역화와 플랫폼 기술의 고도화가 추진되고 유무선 연계를 통해 대용량 정보를 고객 맞춤형으로 제공할 수 있도록 하는 통합적 네트워크 기반이 요구되고 있다.

이러한 새로운 환경변화를 고려하여 SK텔레콤은 2004년부터 마케팅 기본 전략을 STP 전략에서 다양한 콘텐츠 개발과 고객별로 개인화된 맞춤 서비스를 제공하는 'One to One' 컨버전스 마케팅 전략으로 바꾸어나가는 과정에 있다. 더 이상 가입자 규모 경쟁이나 점유율 경쟁에 매달리지 않고 보다 다양

* Location Based Serviced의 약자. 이동통신망을 기반으로 사람이나 사물의 위치를 정확하게 파악하고 이를 활용하는 응용시스템 및 서비스를 통칭하는 것으로 개인의 위치를 알려주거나, 개인의 위치와 관련한 유용한 정보를 알려주는 등의 서비스를 구현할 수 있다.

** 운송 수단의 이동 중에 데이터가 제공되는 서비스이다. 특히 자동차에 위치측정 시스템과 지리정보 시스템을 장착할 경우 운전자와 탑승자에게 교통 정보, 응급 상황 대처, 원격 차량 진단, 인터넷 이용 등 각종 모바일 서비스를 제공한다.

한 정보를 다양한 고객의 요구에 맞추어 제공함으로써 고객가치를 높이고 증가된 고객가치를 바탕으로 가치창출도 극대화시키고자 하는 것이다. 이를 위해 대규모 CRM Customer Relationship Management 시스템과 이의 효과적 지원을 위한 '차세대 마케팅 정보시스템 NGM : Next Generation Marketing Information System' 구축을 서두르고 있다. 이러한 시스템에서 확보된 고객의 요구와 취향들을 분석하여 다양한 신규 콘텐츠 및 융합서비스 개발하며, 마케팅 활동에도 활용하고 있다.

4P Mix 전략

전략적인 마케팅 활동을 위해 일반적으로 4P Mix 전략을 구사하게 되는데 이는 눈에 보이지 않는 서비스 상품의 경우에도 예외가 아니다. 규제 산업의 특성상 SK텔레콤이 원하는 대로 4P Mix 전략을 활용하지 못했다 하더라도 SK텔레콤은 각 시기별로 필요한 부분에 집중적으로 역량을 투입함으로써 가장 효과적이고 효율적으로 이동통신 시장을 이끌어왔다.

서비스 상품 전략 – Product

1999년 이전까지 SK텔레콤은 지배적 사업자로서 정부의 규제를 받았으므로 서비스 상품 전략은 초보적 수준에 머물 수밖에 없었다. 하지만 1999년도 TTL 출시 이후 상품 전략에 일대 혁신을 가져왔다. 현재 SK텔레콤의 서비스 상품은 크게 보아 두 가지 유형으로 구분할 수 있다.

첫째, SK텔레콤의 STP 전략에 따른 세그먼트 상품군이다. 1999년 처음 시도된 20대 위주의 TTL을 선두로, 2001년 출시된 10대 위주의 팅 ting, 30대 남자 고객 중심의 유토 UTO, 그리고 여성고객을 위한 카라 CARA 등이 있다.

구분	내용	예시
Product(상품)	서비스	음성통화 서비스, 부가 서비스(퍼펙트 콜, 소리샘) 데이터 서비스(네이트, 네이트 드라이브, 준) 컨버전스 서비스(멜론)
Price(가격)	요금	일반요금, TTL 요금, Ting 요금 부가서비스 요금 데이터 요금, 네이트 드라이브 요금 멜론 프리클럽 요금, 멜론 캐시
Promotion(판촉)	광고 · 브랜드	브랜드 : SPEED 011, 010, TTL, ting 광고 : SK텔레콤을 쓴다는 것, 사람과 사람 그리고 커뮤니케이션
Place(유통)	판매 경로	스피드샵, 대리점, 판매점

둘째, 신기술이나 신기능을 기반으로 상품화한 것이다. 1999년에 시도된 엔탑n.Top과 이후 유무선 연계 서비스로 제시된 통합인터넷 서비스인 네이트 닷컴Nate.com과 이스테이션e–Station 서비스, 싸이월드를 통해서 제공되고 있는 미니홈피, 블로그 서비스, 그리고 3세대 CDMA 서비스를 바탕으로 한 준June 서비스 등이 있다. 또한 최근에는 컬러링, 마이벨, 보이스 콜, 퍼펙트 콜 등 다양한 부가통신 서비스 상품과 모네타MONETA, 네이트 드라이브Nate Drive 등 컨버전스 상품들이 활발하게 개발되었다.

이러한 두 가지 유형을 바탕으로, 현재 SK텔레콤의 서비스 상품 전략은 다음 세 가지 방향으로 정리할 수 있다.

• 리더십과 로열티 유지 : 보다 세분화되고 새로운 기준에 의거한 다양한 서브 세그멘트 상품을 개발하고 재구성하여 음성 시장의 리더십과 고객 충성도를 지속적으로 유지한다.

- 컨버전스 사업 기반 마련 : 새로운 고객가치를 제공할 수 있는 신기능 서비스 및 부가가치 서비스를 개발하여 새로운 성장동력과 컨버전스 사업 기반을 확보한다. 이를 위해 다양한 콘텐츠 제공자와의 협력을 강화하고, 공동 마케팅Co-marketing 체제를 구축하여 공생적 사업기반을 마련한다.

- 전략적 리더십 선점 : 확보된 고객기반과 다양한 서비스 제공능력을 바탕으로 체계화된 CRM(고객관계관리) 시스템을 구축하고, 이를 바탕으로 고객 개개인에게 차별화된 고객 가치와 서비스를 제공함으로써 차세대 마케팅 경쟁에서의 전략적 리더십을 선점하고자 한다.

가격 및 요금전략–Price

SK텔레콤은 요금결정이나 서비스 약관 변경시 정보통신부의 규제와 허가를 받아야 하므로 타경쟁사에 비해 소극적인 가격전략을 펼칠 수밖에 없다. 또한 국민생활에서 이동전화가 차지하는 비중이 높아지면서 시민단체를 중심으로 지속적으로 이동전화 요금 인하에 대한 직·간접적 압력이 가중되었고, 그에 따라 기본료 및 통화요금 인하와 조정이 거의 매년 반복적으로 이루어지고 있다. 이처럼 제한적 환경 속에서 SK텔레콤이 세운 요금전략은 다음과 같다.

- 명품 서비스 추구 : 타경쟁사 대비 비싼 요금구조를 역으로 활용하여 브랜드 및 포지셔닝 전략과 연계하여 운영함으로써 전략적 레버리지 효과를 추구한다. 'Value to Customers', 즉 비싼 요금을 상쇄할 수 있는 고품질 서비스와 높은 고객가치를 제공하고자 총력을 기울여왔으며, 이를 바탕으로 고객들이 가지고 싶은 명품 서비스화를 추구하고 있다.

- 저가형 요금제 운영 : 저가형 요금제도를 TTL과 팅 등 특정 세그멘트 상품과 연계하여 선택적으로 운영함으로써 요금전략 효과를 집중화한다.
- 새로운 요금제 도입 : 제한된 범위이기는 하지만 프리Free 요금제, 정액 요금제, 변형 요금제 등 새로운 요금제도를 도입하여 요금경쟁력 강화와 수익성 확보를 조화롭게 추구한다. 특히 무선 인터넷이나 콘텐츠 서비스, 그리고 준 등과 같은 신규 서비스 제공과 관련하여 가치 기준 가격산정 전략과 번들형 패키지 요금제를 추진함으로써 요금운영의 경직성에 따른 제한을 보완할 수 있는 창의적인 방안을 모색한다.

브랜드 및 미디어 전략–Promotion

SK텔레콤은 복합 브랜드 구조를 가지고 있다. 'SK텔레콤' 이라는 기업 브랜드, 'Speed 011'과 '네이트' 등 대표(서비스) 브랜드, 그리고 TTL, 팅과 같은 세그멘트 브랜드, 네이트 에어Nate Air, 네이트닷컴, 싸이월드, 준 등의 데이터 상품이나 서비스별 상품 브랜드가 있다. 이 가운데 중심을 이루는 것은 기업 브랜드와 대표 브랜드다. 이들의 시장 내 리더십은 SK텔레콤이 민영화 이후 현재까지 지속적으로 브랜드를 기업의 가장 중요한 무형자산 중 하나로 인식하여 적극적으로 브랜드 이미지 창출활동과 대규모 투자를 함으로써 장기간에 걸쳐서 축적된 것이다.

지난 10년 동안 SK텔레콤의 브랜드 전략은 중심 브랜드 리더십 확보 단계, 상품과 연계를 통한 리더십 확산 단계, 그리고 차세대 경쟁을 위한 브랜드 리더십 재구축 단계로 발전하였다.

1994년부터 1998년까지의 기반구축기는 중심 브랜드 리더십 확보 단계이다. 이 단계에서 SK텔레콤은 시장 선발자의 이점을 적극 활용하면서 기업 브랜드와 대표 브랜드 자산을 체계적으로 관리 · 구축하였다. 시기별로 적절하

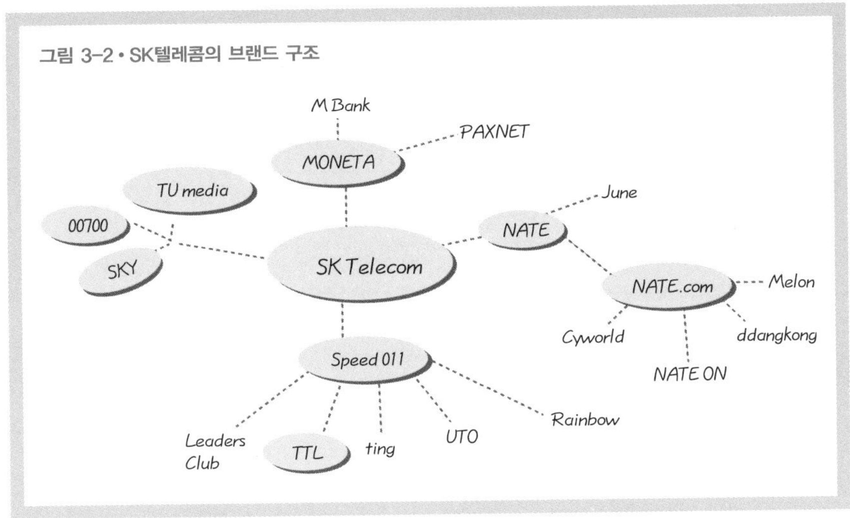

게 자사의 경쟁우위를 브랜드 이미지와 연계하였고, 광고에서 제시한 자사의
경쟁우위를 고객들이 확실히 체감할 수 있도록 관련 활동을 집중하여 고객들
의 뇌리에 자사의 브랜드를 뚜렷하게 각인시켰다.

　그리고 시기별로 진화된 경쟁우위 요인을 제시함으로써, 고객들의 기대감
을 충족시키고 장기적 연대의식을 가지도록 유도하였다. 이러한 장기적 연대
감이 ‘SK텔레콤’이라는 기업 브랜드와 ‘011’이라는 넘버 브랜드에 대한 리
더십으로 축적되었다. 예를 들어 1996년 신세기통신과의 경쟁이 시작되면서
SK텔레콤은 서비스 브랜드를 ‘Digital 011’로 정하고, 본격적인 브랜드 구축
과정에 들어갔다. 당시 신세기통신이 먼저 SK텔레콤을 겨냥하여 ‘무통무전’
이라는 경쟁 광고를 시작했는데, SK텔레콤(당시 한국이동통신)은 ‘반용지물’
이라는 광고 메시지를 통해 전국 단위 커버리지 우위를 알리게 되었다. 그리
고 지속적으로 통화품질 경쟁 우위를 강조하였다.

　1999년 이후 도약발전기에는 이미 확보된 대표 브랜드 리더십을 고급화하

구분		기반 구축기 (1994~1998년)	도약기 (1999~2003년)	재도약기 (2004년~)
추진방향		중심 브랜드 리더십 확보	상품과 연계된 리더십 확산	브랜드 리더십 재구축
기업광고		통화 품질 등 경쟁우위 요소 강조	브랜드 가치의 고급화 및 대표성 확보	변화 주도 및 미래 선도 이미지 확산
		• 직접적 : 기지국이 몇 개에요 • 간접적 : 때와 장소를 가리지 않습니다 • 은유적 : 잠시 꺼두셔도 좋습니다	• 번호의 자부심 : 말하지 않아도 통하는 번호가 있습니다 • 정보통신업의 본질감과 가치 : 사람과 사람 그리고 커뮤니케이션 • 대표 이동통신 : 대한민국을 이야기 합시다	• 변화 주도 : 대한민국을 새롭게 하는 힘 • 정보통신을 통한 미래세계의 즐거운 체감 : Tomorrow Factory
상품광고		Digital 011, 012 Speed 011, 012	세그먼테이션 상품 신규 데이터 상품	번호 이동성 제도 컨버전스 상품
		• 서비스 지역의 한계를 극복했습니다 • 간첩신고도 Digital 011	TTL, UTO, Nate Drive, June	• 번호의 자부심 그대로 Speed 011, Speed 010 • SK텔레콤을 쓴다는 것 • Melon

고, 다양한 세그먼트 상품이나 서비스 상품 브랜드와 효과적으로 연계시켜 전사적 브랜드 리더십 체계를 확보하였다. 이 과정에서 SK텔레콤은 새로운 광고 형식과 메시지 개발을 통해 선도적 이미지를 구축하고자 노력하였다. TTL과 팅과 같은 상품 광고 비중을 높이면서 차별화된 광고 화면에 참신한 메시지를 담아냄으로써 우리 나라 광고 시장에 새로운 패턴을 지속적으로 제시하였다. 한편 월드컵 이후에는 기업의 사회 참여 등을 요구하는 변화된 사회 분위기를 반영하여 국가대표 기업으로서 SK텔레콤의 사회적 역할을 강조함으로써 SK텔레콤의 기업 이미지를 강화시켰다. 이러한 SK텔레콤의 기업 브랜드 활동은 국내외에서 각종 광고대상을 수상하여 그 우수성과 가치를 시

장에서 인정받았다.

그러나 2004년 들어 SK텔레콤의 브랜드 리더십은 기업 안팎으로 다양한 위협에 직면하게 되었다. 번호이동제의 시행으로 종전의 011 넘버 브랜드 우위가 흔들리고 있으며, 금융과 방송 등 다양한 영역에서 컨버전스 상품과 그에 따른 다양한 브랜드가 제시되기 시작하면서 SK텔레콤이 가지고 있는 통신 위주의 브랜드 리더십이 약화되고 있다. 그리고 앞으로 CDMA 1X EV-DO와 W-CDMA와 같은 3G 이동통신 서비스 보급이 활성화되면서 새로운 세대 경쟁을 선도하기 위한 경쟁자들의 대규모 공세가 예상된다. 이에 SK텔레콤은 현재의 통신과 서비스별 브랜드 체계의 해체 및 재구성 과정을 통해 새로운 패러다임에 맞추어 SK텔레콤에서 제공하는 서비스 전반을 아우르는 브랜드 체계를 확보하고자 노력하고 있다.

유통망 및 채널 전략-Place

SK텔레콤은 지배적 사업자로서 가격 결정에 제한을 받기 때문에 강력한 유통망과 채널 확보가 영업력 유지를 위한 핵심적 전략 수단일 수밖에 없다. 따라서 SK텔레콤은 그 동안 유통망 강화와 유지를 위해 전사적인 노력을 집중했다. 유통망 전략의 기본 방향은 다음과 같이 정리할 수 있다.

- 양적 기반 확대 : 대리점 수나 규모 등 양적 기반 확대를 통하여 업계 선두는 지키되, 전체적으로 대리점 운영 효율성을 감안하여 관련 비용과의 균형을 추구한다.
- 선택과 집중 : 핵심 상권과 주요 경쟁지역에서는 절대적 우위를 지키기 위해 시장선점 전략을 적절히 구사한다.
- 질적 경쟁력 확보를 위한 지원 강화 : 고객 서비스 강화 등 본원적 대응

능력을 제고시켜 장기적 관점에서 질적 경쟁력을 유지할 수 있도록 대리
점들에 대한 지원을 강화한다.

• 국내 최고 수준의 협력관계 구축 : 대리점 및 관련 채널 사업자들을 공생
적 협력자로 인식하여 주기적으로 협의하고 의견을 수렴하는 등 좋은 기
업관계를 구축한다.

SK텔레콤의 유통망 전략은 이러한 기본 방향을 바탕으로 시장 및 경쟁 상
황, 정부의 정책방향과 연계되어 3단계로 진화하였다.

1994년부터 1998년까지 기반구축기에는 양적 기반 확대와 대리점 기본 역
량 제고에 초점을 맞추어 '양적 성장'을 추구하였다. 또한 핵심상권 위주로
투자대리점을 신설하여 시장을 선점하고자 하였으며, 고객 정보시스템 등을
대리점까지 확장함으로써 효율적 정보 인프라를 제공하고자 노력하였다. 특
히 PCS 3사와의 경쟁이 가속화되었던 1997년 이후 대리점 수를 대폭 증가시
키고 전국 유통망을 강화하였다. 그리고 당시 진행된 기업 이미지 변경에 맞
추어 대리점들이 차별적인 디자인과 편안하고 고급스런 실내 분위기를 연출
할 수 있도록 실내 인테리어 지원도 아끼지 않았다.

1999년 이후에는 효율성 증대와 질적 경쟁력 강화에 초점을 맞추었다. '직
접 유통망'을 도입하였고, 우수 대리점 위주로 다점포화를 추진하여 고객접
점 확대 과정에서도 질적 역량 수준을 유지시키고자 노력하였다. 대리점 간
의 경쟁을 확대하고 인센티브를 제공하여 대리점들의 자발적인 노력을 통한
역량 극대화를 촉진시켰다. 그리고 2000년에는 지점이 담당하고 있던 다양한
고객 서비스 관련 업무를 대리점에 이전함으로써 실질적으로 대리점의 보상
이 확대되도록 지원하였다. 또한 대리점과의 조직적 유대를 강화하고 여러
가지 애로점을 해소하기 위해 대리점 인력 채용을 집중적으로 지원하였다.

하지만 2004년에 접어들면서 유통망 전략에 대한 근본적인 변화가 요구되고 있다. 전체 서비스 매출 중에서 데이터와 멀티미디어 상품의 매출 비중이 커짐에 따라 대리점의 기능이 단순 가입과 고객 서비스 지원에서 소프트 제품 판매와 관련 교육 서비스 등으로 확대되었다. 그리고 향후 예상되는 Biz 컨버전스Convergence*와 유비쿼터스 네트워크 관련 영업 수요 증가에 대비하여 유통망과 채널의 다원화가 시급해졌다. 특히 인터넷의 보급과 다양한 온라인 채널의 확대로 인해 온라인과 오프라인 채널 확보와 두 채널 간의 유기적 연계가 필요하다.

이러한 유통 기반 재조정과는 별도로 번호이동성제도와 SK텔레콤에 대한 영업제한 등 정부에 의한 규제로 인해 수익성이 악화될 우려가 있는 기존 대리점들의 반발도 예상된다. 따라서 중기적으로 유통기반의 다기능화와 다원화 전략 추구와 함께 여러 형태의 대리점들과의 발전적 협력관계 구축이라는 어려운 전략과제를 동시에 균형적으로 해결해야 할 것이다.

고객 서비스와 마케팅 인프라 구축 전략

4P Mix 전략과 병행하여 SK텔레콤은 마케팅 역량 강화와 효율적 인프라 구

* 방송과 통신의 통합을 의미한다. 융합 현상은 흔히 망의 융합, 서비스의 융합, 기업의 융합 등 세 가지 분야에서 볼 수 있다. 망(network)의 융합이란 방송은 통신망을, 통신은 방송망을 통해 행해지는 현상으로 자원의 공유, 망의 경쟁, 망 통합 효과가 있다. 서비스의 융합은 방송이 통신처럼 불특정 다수가 아닌 특정인을 대상으로 양방향 서비스를 제공하며, 통신은 다수의 수신자에게 일방향성 서비스나 영상 서비스를 제공하는 것으로 양자의 서비스가 혼재된 현상이다. 기업의 융합은 방송 사업자와 통신 사업자가 연합이나 합병 등에 의해 다른 분야로 진출하는 것으로, 케이블 TV 방송 사업자가 통신 사업에 진출하거나 통신 사업자를 합병하여 두 사업을 겸하거나, 방송 주파수의 여분 대역을 통신 사업자에게 임대하여 간접적으로 통신 서비스를 제공하는 경우 등을 들 수 있다.

축을 위해서도 지속적인 노력을 기울이고 있는데, 이러한 노력은 고객 서비스와 새로운 고객 가치 창출 능력 제고에 초점이 맞추어져 있다.

지난 10년 동안 SK텔레콤은 고객 서비스 제고를 위한 다양한 물적 기반을 구축하였다. 전국 단위의 고객서비스센터를 24시간 운영함으로써 고객 요구에 즉시 대응할 수 있는 체제를 갖추었으며, 고객정보시스템을 고객 접점까지 확장하고 고객 서비스 업무를 대리점에 위임함으로써 언제 어디서나 고객들이 원하는 서비스를 받을 수 있도록 하였다. 그리고 고객 서비스 업무에 대한 ISO 9002 인증을 확보하고 관련 프로세스를 표준화하였으며, 본사 구성원뿐만 아니라 대리점 인력에 대한 지속적 교육과 훈련을 통해 고객 서비스 역량 향상과 전문화를 촉진하였다. 이러한 기본적 통신 서비스 대응력 제고 외에도 공항 라운지 이용, 다양한 관련 상품 가격 할인 등 다양한 부대서비스를 고객들에게 제공하고자 노력하고 있다. 특히 2003년 7월 1일 Rainbow 서비스*를 선보임으로써 다양한 서비스를 7가지 유형으로 집약하여 종합적으로 제공하고 있다.

그리고 중기적으로는 고객 서비스 대응 체제를 획기적으로 개선하기 위해 CRM Customer Relationship management을 포함한 '차세대 마케팅 시스템NGM : Next Generation Marketing' 을 구축하였다. NGM 프로젝트는 현재 음성통신과 데이터 서비스의 고객 대응 능력을 획기적으로 높이고자 하는 목적도 있으나, 장기적으로는 통신 중심의 사업구조를 Biz 컨버전스와 유비쿼터스 네트워크 출현에 맞추어 다원화하려는 장기 사업 전략을 시스템적으로 지원하기 위한 것으

---

* 고객 중심 프로젝트인 Rainbow 서비스를 통해 무지개 색깔로 대표되는 7가지 특별한 서비스를 제공. 고객의 사용 패턴을 분석하여 최적의 서비스를 제안하는 모바일 플래너, 휴대전화를 이용하여 간편하게 기부할 수 있는 아름다운 통화, 휴대폰 기종과 제조회사에 상관없이 24시간 휴대폰 A/S를 해주고 대체폰을 무료로 대여해주는 Rainbow A/S 등 차별적인 고객만족 서비스 내용을 포함하고 있다.

로 이해할 수 있다.

현재 진행 중인 NGM 프로젝트가 추구하는 목표는 다음과 같다.

- 고객 가치 창출 : 모든 고객 채널에서 획득되는 정보를 통합·공유함으로써 고객의 요구와 Insight를 정확하게 판단하고, 이를 새로운 서비스와 콘텐츠 개발에 연계하여 고객 가치를 창출하고자 한다.
- 일관된 고객 서비스 제공 : 다원화된 채널과 고객 접점을 통합·관리하여 언제 어디서나 어떤 채널을 통해서나 일관된 고객 서비스를 제공하고자 한다.
- 개별 서비스 체제 구축 : 통합 고객 정보를 바탕으로 개별화된 서비스 체제를 갖춤으로써 각 개인에 맞춘 차별적 서비스와 One to One 마케팅 시스템을 제공할 수 있게 한다.
- 공동 마케팅 활동 촉진 : 통합 고객 정보를 관련 콘텐츠 제공업자 및 협력 파트너와 공유함으로써 관련 콘텐츠 및 서비스 개발능력을 제고시키고 이를 바탕으로 다양한 공동 마케팅 활동을 촉진하고자 한다.

보다 나은 서비스 제공을 위한 네트워크 전략

망 고도화 전략

SK텔레콤의 이동전화 네트워크는 다양한 과정을 거쳐서 진화하고 있으나, 장기적으로는 시장 지향과 역량 개발을 양축으로 일관되게 발전하고 있다. 고객들의 요구를 즉시 충족시키기 위해 네트워크 수요와 패턴 조사에 근거하여 연도별 네트워크 구축과 운영 계획을 세우고 또한 고객들에게 새로운 가치를 제공하기 위해 1996년 CDMA 디지털 네트워크를 세계 최초로 구현한 이후 여러 차례에 걸쳐서 세계 최첨단 네트워크 시스템으로 진화를 거듭함으로써 고객의 서비스 패턴과 정보 소비활동을 이끌고 있다.

이러한 SK텔레콤의 네트워크 역시 3단계 과정을 거쳐서 발전하고 있다.

첫 단계인 1994년부터 1998년까지의 기반구축기에는 전국 단위의 네트워크 커버리지 확대와 통화 음영지역 해소를 위해, 최적 망 설계와 구축을 위해 노력하고 꾸준히 개선하였다. 특히 기존의 QCELP 방식*보다 잡음 제거 기능 및 용량 면에서 우수한 EVRC 방식**을 세계 최초로 상용화하여 음성 품질을 획기적으로 개선하였으며, '자동제어기능Auto Gain Control'이 탑재된 첨단 초소형 중계기를 개발하여 도시공간에 집중적으로 설치하였고, 세계 최초로 디지털 광 중계기를 개발하여 적용하였다. 또한 서울과 전국 주요 도시를 연계하는 1,020km의 디지털 광전송로 망을 자체 구축하여 통화 품질의 병목 현상을 제거하였으며 향후 고속 데이터 서비스의 제공 기반을 마련하였다. 통화 음영지역과 사각지대를 없애기 위해 전국의 지하철과 지하 공간에 중계기를 집중 설치함으로써 언제 어디서나 통화가 가능한 이동전화 네트워크를 구

* Qualcomm Code Exited Predition의 약자. CDMA 방식 디지털 이동통신 시스템에서의 음성 부호화 방식을 말한다. 미국 퀄컴의 제안으로 CDMA 음성 부호화기는 음성 속도와 음량에 따라 전송 속도가 가변된다. 빨리 말할 때는 높은 음성 부호화율, 말이 없을 때는 낮은 음성 부호화율을 적용하여 개인의 채널 사용량을 절약할 수 있고 비교적 낮은 전송률에서도 우수한 음질을 내는 반면에 복잡한 계산량이 요구된다.

** Enhanced Variable Rate Codec의 약자. 음성의 정보량에 따라 가변적으로 음성 정보를 부호화하는 방식을 말한다. 통화자가 말을 하지 않는 무음 구간에는 정보량이 낮은 비율로 음성 부호화를 하고, 정보량이 많은 경우에는 높은 속도로 부호화한다. 따라서 항상 일정한 속도로 부호화를 하는 이전 방식에 비해 효율적인 방식이다. 이렇게 함으로써 부호 분할 다중 접속(CDMA) 이동통신 시스템의 시스템 용량을 증가시키는 동시에 소비 전력도 절약할 수 있다. 동기식 CDMA 방식의 휴대전화 서비스에 사용된다.

축하고자 노력하였다.

1998년 이후 도약발전기에는 디지털 망 고도화 전략을 내세웠다. 고속 무선 데이터 통신 서비스를 제공하기 위해 3세대 이동통신 기술개발과 네트워크 구현 등 다각도에서 노력을 기울였다. 1998년에 이미 384Kbps급 시험 시스템 개발에 성공하여 2월 18일 김대중 대통령 취임 행사에서 3세대 이동전화 서비스로 알려진 IMT 2000 시연회를 가짐으로써 고속 동영상 정보통신을 위한 기술개발에 성공하였고, 이어 2Mbps까지 화상 및 동영상 전송이 가능한 단말기와 시스템 기술을 개발하였다.

또한 1999년에 수도권의 IS-95A망을 IS-95B망으로 전환함으로써 무선 데이터 통신 서비스 시대를 열었으며, 2000년 9월 1일 CDMA 2000 1X, 그리고 2002년 1월에는 CDMA 2000 1X EV-DO망을 구축하여 상업적 서비스 제공에 들어감으로써 2Mbps를 지원하는 실질적인 초고속 무선 인터넷 서비스와 동기식 3세대 이동통신 네트워크를 구축하는 데 성공하였다. 아울러 호 분산 기법 등 한정된 주파수 자원의 효율을 극대화하는 다양한 방법들을 개발하여 상용망에 적용함으로써 급격하게 증가하는 CDMA 가입자들을 효율적으로 수용할 수 있었다.

2000년도에 들어서는 신세기통신과의 망 통합으로 IS-95A망 시설을 재활용하고 CDMA 2000 1X EV-DO를 단일망으로 구축하여 중복 투자를 방지함으로써 당초 예상을 넘어 3조 2,000억원(2000~2005년 누적)의 통합 시너지 효과를 거두었으며, 이 과정에서 특성이 다른 네트워크의 통합을 성공적으로 이루어내는 탁월한 역량을 발휘하였다. 그리고 보다 안정적인 통신 서비스 제공과 능동적인 망 구성 기반을 확보하기 위해 기존의 광통신망을 26개 중소도시로 확대 구축하였고, IS-95A/B, CDMA 2000 1X EV-DO 등 다양한 망 투자 및 운영에 따른 투자 부담과 데이터 트래픽 증가에 대한 예측의 불확

표 3-3 • 동기식과 비동기식의 차이점

구분		동기식	비동기식
기지국 간 동기		미국이 지구 상공에 쏘아올린 GPS위성을 이용해 기지국 간의 기준시간을 획득하며, 송신자와 수신자는 이 시간대에 맞추어 데이터를 전송한다(기지국 간 같은 PN코드* 사용).	위성을 거치지 않고 기지국과 중계국만 거쳐 데이터를 주고받는다(기지국 간 상이한 PN코드를 부여함).
주요 발전과정	1세대	AMPS(아날로그, FDMA)	
	2세대	IS-95A(CDMA) IS-95B(CDMA)	GSM(TDMA)
	2.5세대	CDMA 2000 1X	GPRS
	3세대	CDMA 2000 1X EV-DO CDMA 2000 1X EV-DV	W-CDMA**
지역		북미	유럽
주요 제조사		퀄컴, 삼성, LG, 모토롤라, 루센트	에릭슨, 노키아, 지멘스, 알카텔, 루센트
역사		퀄컴에서 개발, 한국에서 세계 최초로 상용화	1991년 유럽에서 상용화

실성을 해소하기 위하여 네트워크 간 리소스Resource를 상호 교환하는 엔지니어링 기법을 자체 개발하여 적용하였다.

이러한 세계 최초의 첨단 이동통신 서비스 관련 기술개발과 네트워크 구현은 SK텔레콤이 국내에서 확보된 네트워크 리더십을 세계 시장으로 확장하고자 하는 전략적인 노력에 기인한 것이다. 2001년 6월 세계 CDMA 사업자 그룹CDG에서 '국제적 리더십상International Leadership Award'을 수상함으로써 전략

---

* Pseudo Noise Code의 약자. 자기 기지국에 있는 가입자의 신호와 다른 기지국에서 오는 가입자의 신호를 구분하기 위한 것.

** WideBand CDMA의 약자. 단말기와 기지국 간의 구간은 CDMA 기술을 이용함.

적 가치와 우수성을 인정받았다.

이와는 별도로 2000년 10월에 정보통신부의 IMT 2000 사업자 선정과정에서 다른 사업자들과의 경쟁을 거쳐 비동기식 사업자로 공식 지정받음으로써 글로벌 로밍이 가능한 W-CDMA 관련 기술과 네트워크를 확보할 수 있는 기반을 마련하였다. 비동기식 사업자로서의 공식 지정은 SK텔레콤이 3세대 이동통신 서비스 시장에서 동기식과 비동기식 등 관련 기술을 모두 확보한 실질적 글로벌 리더로 성장할 수 있는 발판을 만들어주었다.

그리고 2004년 이후에는 고도화된 이동통신 네트워크와 연계하여 유비쿼터스 네트워크를 구축하려는 목적으로 다원화된 멀티액세스 네트워크를 확보하기 위하여 노력하고 있다. 이것은 SK텔레콤이 최근 들어 가시화되고 있는 유비쿼터스 네트워크와 비즈니스 컨버전스에 대한 시장 기회를 선점하고자 하는 전략적 의도로 이해될 수 있으나, 보다 장기적으로는 현재 정보통신부가 전략적으로 추진하고 있는 'IT 839' 전략의 실질적 구현 주체로 성장하여 국가대표 기업이 되고자 하는 사회적 책임 인식의 결과로 해석할 수 있다. 현재 SK텔레콤은 TU Media*를 통하여 위성방송망을 확보하고 있으며, Wibro**사업권을 확보하여 휴대인터넷 서비스망을 구축하고자 하는 등 관련 사업 추진을 위해 다각도로 노력하고 있다.

* 인공위성을 통해 방송전파를 송출하고 이동단말기로 방송 전파를 수신하는 위성이동방송 서비스를 제공하기 위해 2003년 설립된 회사. SK텔레콤(28.9%), 일본의 Mbco(9.8%), 그외 MBC 등의 미디어와 삼성전자 등 단말기 제조 회사들이 주주로 참여하고 있다.

** 핸드셋, 노트북, PDA 또는 스마트폰 등 다양한 휴대인터넷 단말기를 이용하여, 정지 및 이동 중에서도 언제 어디서나 고속으로 무선 인터넷 접속이 가능한 서비스. OFDMA/TDD(Orthogonal Frequency Division Multiple Access/Time Division Duplex) 방식의 광대역 무선전송기술을 사용하여 상하향 비대칭 전송특성을 갖는 IP 기반 무선 데이터 시스템이다. 2.3GHz 주파수 대역의 고속 휴대용 인터넷 서비스이다.

연도	교환시설	RF시설	기지국
1994년	1,775,000개	44,638개	948개
1995년	2,150,000개	73,475개	1,314개
1996년	4,005,000개	122,991개	2,002개

자료 : SK텔레콤(2004)

통화불량률 제로를 위하여

SK텔레콤은 최상의 통화품질 유지가 고객에 대한 최고의 서비스라 생각하여
통화불량 200의 달성과 전국 단위 네트워크 커버리지 확대, 그리고 지하공간
등 통화 음영지역 해소를 위하여 다양한 품질개선활동을 지속적으로 추구하

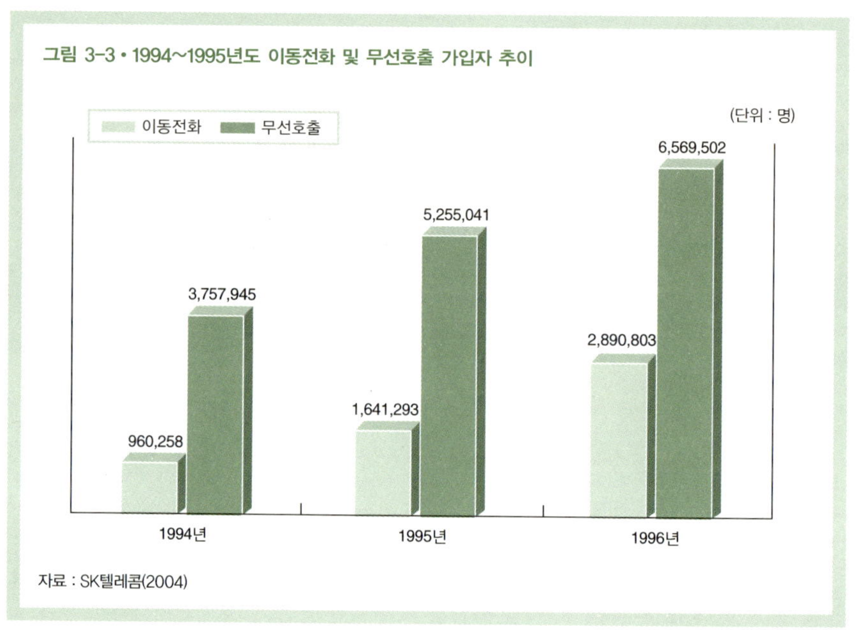

그림 3-3 • 1994~1995년도 이동전화 및 무선호출 가입자 추이

자료 : SK텔레콤(2004)

였다. 수요 급증으로 77%대로 낮아진 전국 평균 소통률을 90%대로 회복하기 위해 1994년 9월에는 '시설공급 및 통화품질대책위원회'를 구성하였다.

1995년에는 1994년 이동전화 매출액보다 많은 1조 1,400억원의 예산을 투입하기로 한 가운데 교환기, 기지국, 통화채널 등을 대폭 증설하였으며 투자비 약 4,000억원과 연인원 1만 5,000명의 인력을 투입하여 기지국 전송로의 디지털화 등 시설 운용 능력을 향상시켰다. 과학적인 통화품질 분석을 위해 실제 가입자가 체감하는 통화품질을 측정하는 첨단장비 버자드Buzzard를 도입하여 현장에 배치하여 통화완료율뿐만 아니라 음질과 불량지역을 종합적으로 분석하여 이를 해결하였다.

1996년에는 기지국 1,200개소를 대상으로 대대적 기지국 환경개선 시행하고, 기지국 문제 발생시 해당 국소의 경보에 의해 출동할 수 있도록 하는 기지국 무인감시시스템RMS : Remote Monitoring System을 구축·운용하여 통신장비의 최적 환경을 제공하는 등 기지국을 효율적으로 운용함으로써 기지국 장비의 고장률을 감소시켰다.

1997년에는 지하 음영지역 품질 해소를 위해 지하 통신망 구축작업을 추진하였다. 기존의 지하 중계기를 간이기지국BTS : Base Transceiver Station*으로 교체 후 1~8호선 지하철에 집중 설치하여 수도권 지하철 전 구간에서 이동전화 서비스를 제공하였다. 1998년 이후 도약발전기에는 이동전화 서비스 사용자들에게 보다 깨끗한 통화 품질을 제공하기 위해 세계 최초로 EVRC를 적용하였다. 나아가 '고객 체감 품질 감시단'을 자체 설치·운용하여 고객 입장에서 느끼는 실질적인 통화 품질을 강화하고자 하였다. 또한 CDMA 시스템의

* Base Transceiver Station의 약자. 무선 송수신 장치와 안테나 등으로 구성되어 있다.

기지국 관련 소프트웨어를 지속적으로 개발하고 성능을 개선시키기 위해 노력하였다. 기지국에서 가입자를 찾는 페이징 채널Paging Channel*의 용량을 증대하였고, 서로 다른 시스템 간 하드 핸드오프** 소프트 핸드오프로 전환하는 프로젝트를 성공적으로 완료하여 고객들의 체감 품질을 한층 높여나갔다.

2000년 10월에는 세계 최초로 CDMA 2000 1X를 상용화하여 망 품질을 높였다. 기존의 IS-95A/B망과 새로 적용될 CDMA 2000 1X망이 서로 최적화될 수 있도록 노력하였고, 전국 무선 용량 증설 등을 통해 품질 개선작업을 꾸준히 진행하였다.

2004년 1월부터는 통화품질 관련 고객불만 발생시 즉시 현장을 방문하여 고객의 통화품질 관련 애로사항을 해소해주는 한정 방문 중심의 스피드 패트롤Speed Patrol을 운영하고 있다. 2004년 8월에는 고객불만 처리 시간을 단축하고 신속하고 정확한 정보를 제공해주기 위해 원스톱 고객 상담 시스템인 NISNIS : Network Information System를 구축하였다.

이러한 네트워크 개선 노력은 통화품질 리더십으로 고객들에게 인식되었고, 1999년부터 수차례 시행된 이동전화 사업자 대상 통화품질 조사뿐만 아니라 국내 각종 조사기관KCSI, NCSI, KS-SQI***의 조사에서도 부동의 1위를 달성하고 있다.

---

* CDMA 채널 중 하나로 트래픽이 할당되지 않은 기지국에 간단한 제어 정보를 전송하는 데 사용되어왔음. 이를 통해 증권이나 날씨 및 위치 정보 확인 등 데이터 전송에 활용할 수 있다.

** 한 기지국에서 다른 기지국으로 이동시 채널이 바뀌는 것을 핸드오프(hand off)라고 하는데, 이동시 양쪽 무선채널을 동시에 유지한 상태에서 채널만 교체되는 것을 소프트 핸드오프라고 하고, 순간적으로 전 채널이 끊기고 다음 채널로 연결되는 것을 하드 핸드오프라고 한다. 소프트 핸드오프가 이루어질 경우 이동 중에도 통화 단절 없이 안정된 통화를 할 수 있다.

*** Korea Customer Satisfaction Index(한국능률협회컨설팅), National Customer Satisfaction Index(한국생산성본부), Korean Standard-Service Quality Index(한국능률협회컨설팅)

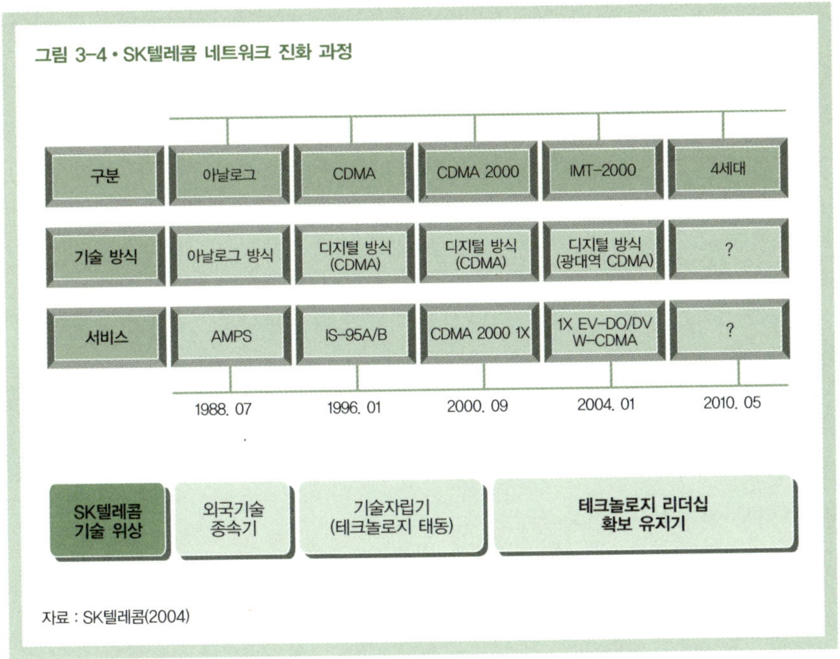

R&D 전략

1990년 기술개발실로 시작된 R&D 조직은 1992년 중앙연구소로 발족, 1995년 중앙연구원으로 승격한 이래 CDMA 세계 최초 상용화 등 탁월한 성과를 거두었다. 또한 2001년에 플랫폼·인터넷 분야에 대한 연구개발 및 사업을 강화하기 위하여 플랫폼 연구원을 신설하여 지속적으로 연구개발을 강화해여왔다.

SK텔레콤의 R&D 단계는 크게 외국기술 종속기, 기술자립기, 테크놀리지 리더십 유지기로 분류할 수 있다. 이동전화 서비스 개시 이후 1990년까지를 외국기술 종속기로, 1991년부터 2000년 9월까지는 기술자립기로 분류된다.

기술자립기에는 초기 아날로그 방식의 외국기술 종속환경을 극복하기 위해 매출액 대비 평균 9%대의 비용을 R&D에 투자하여, 1996년 1월에 세계 최초로 CDMA 상용화에 성공하였다. 그 이후 테크놀리지 리더십 유지기에는 2000년 10월 CDMA 2000 1X 상용 서비스를 세계 최초로 제공한 이후 지속적인 연구개발을 통하여 제3세대 이동통신 기술과 서비스 경쟁을 선도할 수 있는 글로벌 테크놀리지 리더십을 확보하였다.

이러한 글로벌 테크놀리지 리더십을 바탕으로 OMA* 등 국내외 표준화 기구의 총 38개 포럼 104개 분과에 주도적으로 참여하여 국제 표준을 선도하는 한편, SK텔레콤이 자체 연구 개발한 무선인터넷 플랫폼 솔루션WITS**, 무선망 최적화 솔루션CellPlan, 컬러링 솔루션CRBT***은 해외 시장에 보급되어 상품 가치를 인정받고 있다.

한편 SK텔레콤은 산학 연구활동과 지원을 통해 국내 정보통신 발전에도 기여하고 있다. 우수한 정보통신 연구 인력을 확보하기 위하여 국내 주요 대학에 장학금 및 실험기자재를 지원하고, 1995년 이후 중소ㆍ벤처기업, 학계 및 연구기관들과 산ㆍ학ㆍ연 공조체제를 구축하여 이동통신 기초기술 연구 분야, 시스템 개발, 서비스 개발 등 5개 분야에 5,206억원을 투입하여 1,713건의 연구개발 과제를 수행하였다.

이렇게 축적된 R&D 역량을 바탕으로 컬러링, 엠뱅크M Bank, 네이트 드라

---

* Open Mobile Alliance의 약자. 2002년 6월 노키아, NTT, IBM 등 200여 개 업체가 개별 모바일 솔루션의 상호 연동을 위해 만든 민간단체. 최근 전 세계 무선인터넷 시장이 급격한 변화와 성장을 맞이하면서 가장 활발한 활동을 전개하며 흐름을 이끌어가고 있다. 기술 트렌드를 주도하기 위해 연간 4번의 총회와 4번의 상호 연동시험 회의, 2번의 워킹 그룹 회의 등 총 10번의 회의가 개최된다.

** Wireless Internet Total Solution의 약자.

*** Color Ring Back Tone의 약자. 통화 대기음.

표 3-5 • SK텔레콤의 산 · 학 · 연 공동 및 위탁개발 실적(1995~2003년)

구분	주요 연구개발 실적	투자비(백만원)	과제 수(건)
기초 기반 기술 분야	• 1X EV-DO QoS 보장방안 연구 • 홈네트워크 테스트 베드 구축을 위한 연구 • 미래 개인 이동적응망 학술연구 등	33,091	152
핵심부품 · 모듈 분야	• 초고속 무선링크 테스트 서비스 방안 연구 • 5GHz Wireless LAN에서의 용량과 커버리지 분석 연구 • RF 전파 측정용 안테나 개발 연구 • WIPI 단말 플랫폼 개발 • 차세대 단말 플랫폼 개발 공동 연구 등	66,165	176
시스템 개발 분야	• 3세대 이동통신망에서의 효과적인 IPv6 • W-CDMA 데이터 착신서버 추가개발 용역 • PDA 유무선 포털 플랫폼 개발 • 통합 보안 솔루션 개발 • 번호이동성 관련 인프라 고도화 등	255,675	493
서비스 개발 분야	• 모바일 그룹 커뮤니티 서비스 개발 • 멀티미디어 정보서비스 콘텐츠 개발 • 멀티미디어 및 메세징 서비스 콘텐츠 개발 • LBS / 텔레매틱스 서비스 플랫폼 개발	66,264	281
설계 · 구축 · 운용 기술	• CDMA 2000 1X 망의 무선자원 할당 방식에 따른 영향 연구 • W-CDMA 무선망의 성능최적화를 위한 무선자원 관리 기법 • 1X EV-DO 수신다이버시티의 망 영향 분석 연구 • 무선망 엔지니어링 시스템 개발 등	99,455	281
합계		520,650	1,713

자료 : SK텔레콤(2003)

이브, 무선인터넷 등 다양한 신규 서비스를 개발하고, 서비스 제공 인프라에 대한 연구개발로 새로운 시장을 창출하였다. 그리고 경쟁사보다 한발 앞선 서비스를 고객에게 제공하고 있다.

기술	SKT	KTF	LGT
기술 격차	D	D+10개월	D+17개월
서비스	CDMA 자동로밍(2000. 10) GVM(2000. 10) CNIP(2001. 4) VOD(2001. 6) 컬러링(2002. 3) NATE Drive(2002. 4) MMS(2002. 7) 콜키퍼(2002. 10) LBS(2002. 10) M Bank(2004. 3)	GSM 반자동로밍(2001. 11) Multi Pack(2002. 7) CNIP(2001. 4) VOD(2003. 5) TwoRing(2002. 10) K Ways(2004. 6) MMS(2002. 9) 캐치콜(2002. 8) LBS(2003. 10) K Bank(2004. 3)	N/A Java 다운로드(2001. 9) CNIP(2001. 4) N/A FeelRing(2002. 7) N/A MMS(2002. 10) 매너콜(2003. 1) LBS(2004. 1) Bank On(2003. 9)
단말기	WIPI 1.1(2003. 6) WAP 2.0(2002. 10) JUNE(2002. 7)	WIPI 1.1(2003. 10) KUN(2003. 9) FIMM(2003. 5)	WIPI 1.1(2004. 3) WAP 2.0(2003. 12) N/A
인프라	1X(2000. 9) EV-DO(2002. 1) W-CDMA(2003. 12)	1X(2001. 5) EV-DO(2002. 5) W-CDMA(2003. 12)	1X(2001. 5) N/A N/A

자료 : SK텔레콤(2004)

체질 개선과 역량 개발을 위한 매니지먼트 전략

지금까지 SK텔레콤은 이동통신 사업의 고도화를 위해 때로는 환경을 선도하며 때로는 환경에 대응하며 이에 적절한 마케팅 전략과 네트워크 전략을 구사해왔다. 그리고 이를 가능하게 하기 위해서는 장기적 관점에서 기업 체질을 혁신하고 관련 역량을 개발하기 위한 지속적인 노력이 뒤따라야만 했다. 따라서 SK텔레콤의 이와 같은 성장을 이해하기 위해서는 사업 전략 외에도 사람과 문화, 기업의 내적인 매니지먼트Management 전략을 어떻게 구사해왔는지 살펴볼 필요가 있다 .

새로운 패러다임에 발맞춘 경영 혁신

1994년 말 '민영화 TFTTask Force Team'가 활동을 시작한 이후 SK텔레콤은 거의 매년 새로운 관점에서 기업역량과 경쟁력을 향상시키기 위한 대규모 프로젝트 활동을 벌여왔다.

1994년부터 1997년까지는 민영화 프로젝트를 통해 SKMS와 SUPEX를 바탕으로 새로운 경영시스템과 학습조직 체계를 구축하였다. 1998년부터 2000년까지는 '기업 혁신ET : Enterprise Transformation' 프로젝트를 통해 마케팅 관련 활동 중 요금 수미납 관리와 고객 서비스 등 지점 업무와 네트워크 관련 활동 중 네트워크 유지 보수 업무를 외부로 아웃소싱함으로써 효율적 인력과 조직 기반을 창출하기 위한 경영 효율화를 단행하였다.

또한 2002년부터 2003년까지는 '변화관리CM : Change Management' 프로젝트를 통해 유비쿼터스 네트워크와 비즈니스 컨버전스에 대응하기 위한 종합적 대응방안을 강구하였고, 미래경영연구원을 통하여 '리더십 강화 프로그램LIP : Leadership Intensive Program', 변화관리프로그램 등 다양한 관련 역량 강화 활동을 진행하였다.

이러한 경영 혁신 활동의 연장선상에서 2004년 김신배 사장 취임과 함께 경제, 사회, 정치, 문화 등 주변 환경의 패러다임 변화에 적극적으로 대응하고자 하였다. 특히 기업의 경영 주체와 주변 관계자와의 새로운 관계 모색이 앞으로 '국가대표 기업'으로 성장하는 데 가장 중요한 요인이 될 것으로 판단하고 향후 10년간의 성장과 도약을 위한 '新가치경영' 프로젝트를 추진하고 있다.

미래지향적 인력 운영과 육성

SK텔레콤은 2004년 말 현재 4,800명의 인력 규모로 우리 나라 정보통신 서비스 산업에서는 KT에 이어 두 번째로 많은 인력을 보유하고 있다. 또한 이동통신 서비스 산업 내 다른 경쟁자들과 비교할 때 절대규모 면에서는 2위 사업자인 KTF보다 23% 정도 많으나 양사 간의 매출액 차이를 감안하면 훨씬 효율적으로 운영되고 있음을 알 수 있다.

이러한 인력 운영 효율화 노력은 SK텔레콤의 현 인원이 신세기통신을 인수하였음에도 불구하고 1996년 한국이동통신 인수 초기보다 전체적 인력 규

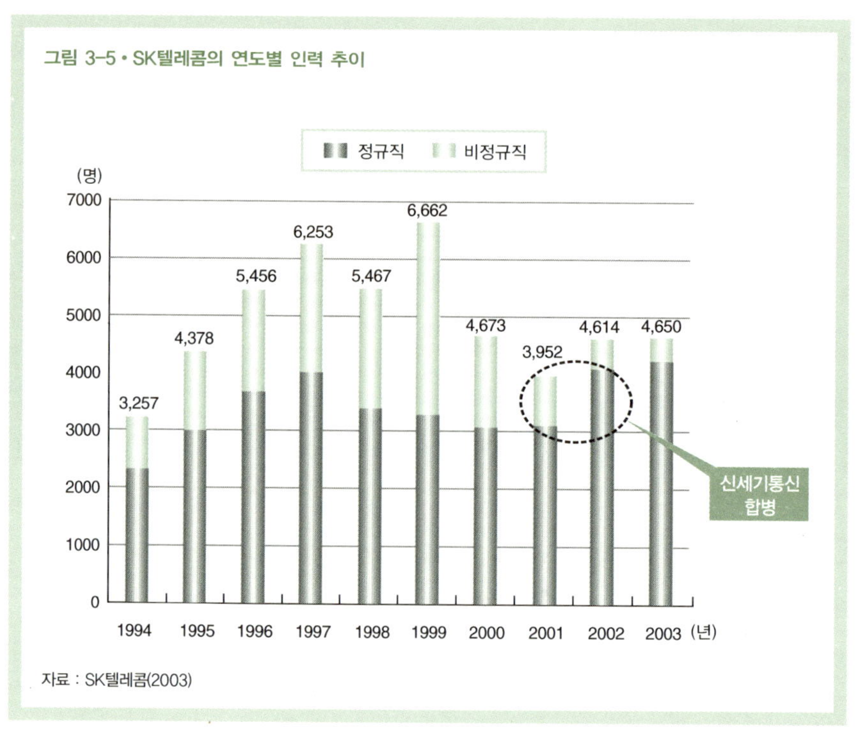

표 3-7 • SK텔레콤의 연도별 아웃소싱 현황

구분	시행일	인원(명)		
		정규	비정규	계
고객센터	2000. 8. 1	–	1,450	1,450
Netsgo	2000. 10	91	280	371
지점	2000. 11. 1	42	360	402
기지국 유지 · 보수	2001. 2. 16	49	365	414
미납관리	2001. 3. 31	24	568	592
단말기 A/S	2001. 12. 31	17	15	32
TTL Zone	2002. 3. 1	–	105	105
합계		223	2,575	2,798

자료 : SK텔레콤(2003)

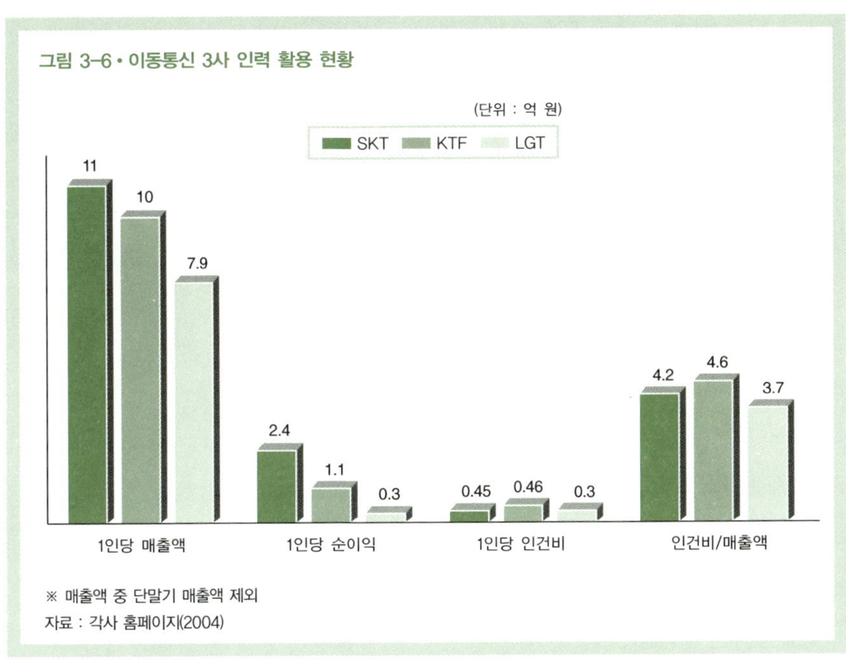

그림 3-6 • 이동통신 3사 인력 활용 현황

※ 매출액 중 단말기 매출액 제외
자료 : 각사 홈페이지(2004)

모가 20% 이상 줄었다는 점에서 쉽게 확인할 수 있다. 특히 이러한 절대 규모 증가 억제는 요금 수미납 관리, 기지국 유지 보수 등의 일상적 업무를 관련 중소기업이나 하청업체에게 지속적으로 아웃소싱하여 전문화시킨 결과이며, 이를 통해 협력적 기업관계를 구축하고 비정규직 활용을 효율화한 것으로 이해할 수 있다.

SK텔레콤의 인력 운영 효율성을 1인당 매출과 가치 창출 능력을 기준으로 경쟁사들과 비교해보면 2003년 말 현재 1인당 매출과 순이익은 각각 11억원과 2억 4,000만원으로 높게 나타나고 있다. 이에 반해 매출액 중 인건비 비중과 1인당 인건비 비중은 경쟁사들보다 높지 않다(《그림 3-6》 참조).

그리고 인력 정예화 전략에 따라 인력에 대한 교육과 훈련을 지속적으로 해오고 있다. 경쟁력 향상을 위한 최우선 순위 전략 과제의 하나로 인력 교육과 리더십 개발을 택하고 있다는 점에서도 인력 개발 노력을 간접적으로 확인할 수 있다. 특히 구성원들이 세계 수준의 경영 역량을 확보하도록 다각도로 지원하고 있다. 국내에서는 성균관대, 한양대 등과 협력하여 MBA 과정을 개설하였으며, 미국과 유럽 등 해외에서도 다수의 인재를 전략적으로 육성하고 있다.

조직 운용 효율성 제고

SK텔레콤은 1994년 이후 거의 매년 조직구조를 변화시켜 경영효율성을 제고시키고자 노력하고 있다. 잦은 조직구조 변경은 지난 10년 동안 빠르고 다양한 환경변화를 겪어왔음을 보여주는 것이지만, 다른 한편으로는 급변하는 사업환경에 전향적으로 대응해왔음을 보여준다.

1984년 한국이동통신서비스 창사 후 지속적으로 1994년 민영화 시점까지

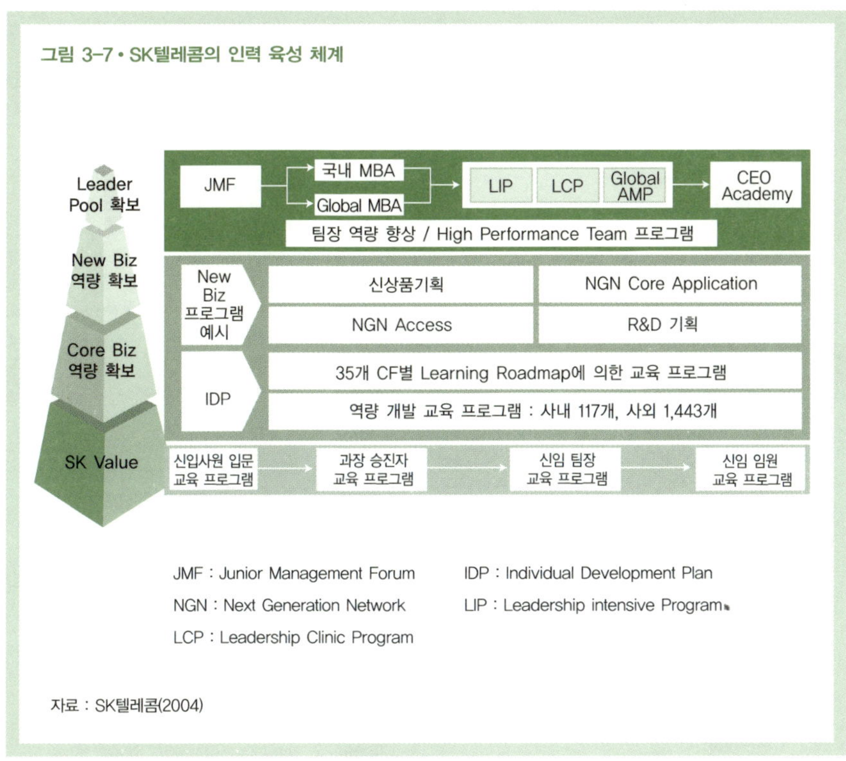

사업부제를 통해 책임경영을 지향하였고, 행정지역 단위별로 마케팅과 네트워크 업무를 통합한 지사체제를 유지해왔다. 그러나 이러한 초기의 사업부제와 지사 체제는 여러 가지 관련 기능이나 제도적 기반이 미비한 상태에서 시행되었기 때문에 책임경영체제로서의 순기능보다는 사업부 간 반목과 그에 따른 분할 등으로 역기능이 더 많았다.

또한 시장 경쟁에 대비하여 효율적 경영체제를 구축하고 이를 통해 핵심기능을 강화하는 것이 민영화 당시 가장 시급한 과제였다. 그로 인해 1995년부터 1998년까지 조직의 기본구조를 SKMS에 따른 MPRS/T Marketing/Production/

그림 3-8 • SK텔레콤의 조직구조 변화

기능 고도화

사업부제 심화

• 1984~1994년 : 사업부제

1984년
KT자회사
– 70 / 12만*

1990년
사업
독점기
– 사업부제
800 / 172

1993년
무선호출
경쟁진입
– 사업부제
– 1,900 / 471만*

• 1995~1997년 : MPRS 기능형 조직

1994년
KMT
민영화
– 3,530 / 842만*

1995년
무선호출
경쟁심화
– 기능제/팀제 전환   – 해외사업조직 강화
– CDMA/PCS 준비   – 3,500 / 1,020만*
– TCS, 재무 강화

1996년
이동전화
경쟁시작
– CDMA 경쟁(017)

1997년
이동전화
경쟁격화
– PCS사업자 경쟁   – 해외사업 추진
– Pager Fade   – 4,100 / 1,020만*
– 신규사업 추진
– TCS, 재무 강화

• 1998~2001년 : New Biz 조직 강화 / 의사사업부제

1998년
IMF
외환위기
– 리스트럭처링
– New Biz : Netsgo, SK Teletech,
  SK Telink

1999년
New Biz
강화
– R/S에 따른 조직   ② Cash Cow 강화
  변혁   ③ New Biz 강화
① Planning/   – 3,300 / 1,000만*
  Tech, 강화

2000년
New Biz
강화
– N사업단(무선인터넷 신규사업 발굴)

2001년
Market
Leader
– 무선 인터넷 강화
– R&D 전진 배치
– 스태프, Supporting 일원화
– 3,000 / 1,200만*

• 2002년~ : 전략과 실행 분리 / 책임경영 강화

2002년
STI
통합에
따른
조직화
– 전사전략 강화를 위해 CC 확대 개편
– 전략과 실행조직 분리
– CR부문/경영지원부문/마케팅 연구원
  신설
– 미래역량 강화를 위해 FMI 설립

2003년
컨버전스/
유비쿼터스
– CC내 전략기술부문 신설
– MKT와 인터넷 사업부문 통합 → Biz
  부문
– Sales & CS 기능은 Customer 부문
  신설
– SV3R 담당 조직 명확화
– 4,242명 / 1,830만*

* 직원수 / 고객수(단위 : 명)

R&D/Support/Top 기능형으로 바꾸어 관련 기반 정비와 능력 개발에 노력을 집중하였다. 그리고 전략적으로 중요한 서비스 품질 향상과 CDMA 사업의 효과적 추진을 위해 TCS Total Customer Service 본부와 디지털 이동전화본부를 별도로 설립하였다. 그리고 행정구역 단위로 단일화되어 있던 지역 관리 체계를 마케팅을 담당하는 지사와 기지국 운영을 담당하는 지역생산본부로 이원화하고, 전국을 4~5개의 사업단위로 광역화하여 마케팅 역량 개발과 조직 운영 효율성을 조화시키고자 노력하였다. 이러한 역량 개발과 기반 정비 노력은 1998년까지 지속되었는데, 이 과정을 통해 효과적 경쟁 대응체제와 효율적 경영시스템이 구축되었다.

1999년도 이후에는 효율적으로 정비된 기능형 조직 기반과 사업부제 요인의 혼합적 운용을 통해 의사사업부제를 채택함으로써 책임경영체제로의 점진적 이행을 추진하였다. 이를 위해 1999년도에는 사업 부문과 지원 부문의 조직분리 원칙하에 이동전화 시장에서의 효율적 경쟁 대응을 위해 사업 부문 중 마케팅과 네트워크 부문은 무선통신사업 부문으로 통합하였고, 다양한 조직에 분산되었던 신규 사업 및 글로벌 관련 기능을 신규 사업 부문으로 통합하였다. 기타 조직들은 전략기술 부문과 전략지원 부문으로 이원화하여 전문화하였다. 2001년에는 정보통신 산업의 가치사슬에 따라 기존의 무선통신사업 부문을 더욱 세분화하여 무선인터넷 사업 부문을 분리ㆍ신설하였고, 무선인터넷 관련 연구기능 강화를 위해 중앙연구원을 네트워크연구원과 플랫폼연구원으로 이원화하였다.

의사사업부제를 통한 사업부제 도입은 2002년 신세기통신과의 합병을 기점으로 새로운 방향을 모색하게 되었다. 이동전화 시장이 성숙기에 들어갔지만 새로운 신규 사업 모델을 찾기란 쉬운 일이 아니었다. 이 과정에서 SK텔레콤을 둘러싼 주변 환경과의 관계 구축에 있어 전략적 대응이 요구되었다. 이에 따라 2002년 이후 현재까지 전략과 실행기능을 분리하고 전략대응 활동을 통합하여 환경대응능력을 극대화시키고 미래경영연구원, 마케팅연구원, 그리고 CR Corporate Relations 부문을 신설하여 유비쿼터스 · 컨버전스 패러다임을 선도하기 위한 조직체계를 갖추었다.

전사적인 경영시스템 구축

SK텔레콤은 효율적 경영시스템을 구축하여 글로벌 스탠더드를 충족시키기 위해서 많은 노력을 기울여왔다. 1998년 타이거 펀드 등 외국계 주주와 참여연대 등 시민단체와의 지배구조 이슈 이후 사외이사제도를 전향적으로 도입하였고, 관련 이사회 제도를 전면 재구축하였다. 1998년부터 보다 적극적으로 주주들에게 사업 관련 정보를 제공하기 위해 주주관계 IR : Investor Relations 활동을 정례화하여 국내외 주주에 대한 지속적 관계 구축 및 유지를 위해 노력해오고 있다.

<주주관계 활동 관련 수상내역>

• 수상내역

한국 기업 지배 구조 개선 지원 센터 선정 2003년 기업 지배 구조 우수기업상 수상

『Asiamoney』지 2003 CG Poll 'Asia Telecom 부문 3위'(전년 대비 2계단 상승)

• 주요 평가 항목

주주의 권리 보호, 공시 및 투명성, 이사회(구성 및 운영, 평가, 보상 체계)

또한 책임경영체제를 강화하기 위해 스톡옵션을 제공하기 시작하였고, 임직원들의 성과 측정과 보상을 연계시키기 위해 2001년 KPI Key Performance

	내용	연도
IT Development (1995~1999년)	• Customer Data System(CDS) 재구축	1995
	• 실시간 Billing Data Collection System(BDS)	1997
	• Customer Orientation Information System(COIS) 구축	1998
	• Internet & Intranet 구축	1999
	• Data Billing System 구축	1999
	• 인터넷을 통한 Customer Service System 구축 (e-Station)	1999
IT Plan / Service Mgt. (2000~2002년)	• Data Billing System 구축(Nate)	2000
	• Call Settlement & Analysis System 구축	2001
	• Enterprise Resource Planning	
	Phase 1 : Financial & Accounting	2000
	Phase 2 : Supply Chain Management	2001
	Phase 3 : HR 등	2002
	• Knowledge Management	2000
	• e-Procurment	2002
Biz Innovator with IT(2003년~)	• Next Generation Marketing IT Infra 개발	2003

자료 : SK텔레콤(2004)

Indicator 시스템을 전면 도입하였으며, 관련 사업부 및 구성원 간의 원활한 정보 및 지식 공유를 위해 지식관리 시스템KMS : Knowledge Management System을 구축하였다. 그리고 이러한 제도적 기반의 효율적 경영시스템을 지원하기 위해 다양한 정보 인프라의 구축과 운영에도 많은 노력을 기울이고 있다. 1999년부터 전사적 자원관리ERP : Enterprise Resource System 시스템을 구축하여 운영함으로써 투명하면서도 효율적인 정보관리 능력을 제고시켜오고 있다.

SK텔레콤,
어떻게 성장해왔나

기업들은 항상 정확한 환경인식과 그에 맞춘 적절한 전략방향을 설정하기 위해 최선을 다한다. 그럼에도 불구하고 모두가 빠른 성장과 좋은 성과를 이루어내지는 못한다. 이동통신 서비스 산업 역시 예외는 아니다. 그 동안 경쟁자들은 SK텔레콤의 전략방향을 모방하여 경쟁열위를 극복하거나 사업위험을 줄이고자 하였다. 그 일례로 SK텔레콤의 TTL을 모방하여 KTF는 Na, LG텔레콤은 Khai를 내놓았으나 성과 면에서는 큰 차이가 났다. 결국 타사가 섣불리 흉내낼 수 없는 SK텔레콤만의 차별적인 성장요인이 있었다는 얘기다. 이 장에서는 SK텔레콤의 성과 달성에 보다 근본적으로 영향을 준 결정요인들을 실증적으로 살펴보고자 한다.

성장요인 분석에 대한 다양한 접근

SK텔레콤의 성장에 영향을 미친 요인들은 매우 다양하며 서로 연계되어 있기 때문에 각각을 따로 떼어 그 효과를 측정하기는 힘들다. 또한 관점에 따라 동일한 요소가 다양하게 표현될 수도 있으며 객관적으로 정의하기 어려울 수도 있다. 이에 따라 우선 가능한 접근방법을 모두 동원하여 잠정적 결정요인을 나열한 다음, 나열된 요인들 사이의 상관관계를 고려하여 종합, 재구성함으로써 성장요인을 도출하고자 한다.

그리고 잠정적 결정요인 도출을 위해 다음 두 가지 방법으로 접근하였다.

첫째, 다양한 정책 및 사회적 이슈와 관련하여 SK텔레콤을 둘러싼 주변 관계자들이 SK텔레콤의 성장요인이라 주장했던 것들을 종합하여 잠정적 성장요인을 찾아보는 귀납적 방법이다.

둘째, 전략 경영이론과 기존 기업연구결과와 같은 각종 패러다임을 분석하여 SK텔레콤의 전략 운영과정에 적용해봄으로써 연역적으로 도출하는 방법이다. 여기에는 환경-전략-성과 패러다임, 산업 분석 패러다임, 자원-역량 패러다임이 있다.

관계자 이슈 분석

첫 번째 방법에서 주변 관계자란 정부, 시민단체, 경쟁기업, 그리고 주요 애널리스트 등 기업 분석기관들을 말한다. 시민단체들은 주로 요금이나 고객 서비스 불만에 초점을 맞추어, SK텔레콤이 정부의 특혜나 정책적 배려 때문에 좋은 성과를 내고 있다고 주장한다. 그리고 경쟁기업과 정부는 SK텔레콤의 빠른 성장 요인을 시장지배력에서 찾는다. 지난 수년간 지속된 정보통신부의 SK텔레콤에 대한 집중적 규제와 경쟁기업의 비판들은 한결같이 이러한 관점을 따르고 있다. 반면 SK텔레콤이 가진 리더십과 창의성 등 다양한 핵심 역량과 자원 등을 요인으로 보는 애널리스트나 분석기관도 있다.

두 번째 방법으로 접근하더라도 비슷한 결과가 나온다. 한 기업의 좋은 성과는 그 기업이 주어진 환경에 어떻게 전략적 대응을 하는가에 달려 있다고 보는 '환경-전략-성과 패러다임'에 의하면 SK텔레콤이 주파수 허가를 바탕으로 이동통신사업에 진입하였고 이동통신 시장의 폭발적 성장이라는 산업 여건이 좋은 성과를 결정했다고 본다. 그리고 관련 시장구조와 그 기업이 가진 시장지배력의 상호작용에 의해 기업의 성과가 결정된다고 보는 산업 분석 패러다임에 의하면 SK텔레콤이 가진 유통망이나 브랜드 파워 등 시장지배력이 영향을 미쳤다고 본다. 반면 자원-역량 패러다임에 의하면 산업이나 시장 지배력과 같은 기업 외부요인이 아니라 기업 내부에 축적된 다양한 경쟁 역량과 자원이 성장요인이 된다.

잠정적 성장 요인

위에서 살펴본 두 가지 접근방법을 종합해볼 때 SK텔레콤의 성장 요인은 '산업특성 및 정책 요인', '시장구조 및 지배력 요인', '기업 핵심역량과 자원 요인'으로 정리할 수 있다. 이 세 가지 요인의 효과성과 상대적 중요도 등을 관련 통계와 분석을 통해 점검해보았다. 이러한 실증적 연구결과는 정부의 관련 정책이나 기업들의 전략 수립에 현실적 시사점을 줄 수 있을 것이다. 특히 주요 요인 간의 상대적 중요도 분석은 국가 신성장동력 확보와 관련하여 정보통신부나 관련 부처들이 정책을 수립하는 과정에서 구체적 판단 기준이 될 수 있다.

만약 '산업특성 및 정책'이 가장 중요한 요인이라면 정부는 국가 신성장

표 4-1 • SK텔레콤의 잠정적 성장 요인 내역과 비교

구분	산업특성 및 정책	시장구조 및 지배력	핵심역량 및 자원
내역	• 이동통신산업의 빠른 성장과 역동적 산업구조 • 요금과 주파수 면에서의 정책적 특혜 및 배려	• 독과점 시장구조 • SK텔레콤의 시장지배력	• 기업이 보유한 다양한 역량과 자원
구성	• 이동통신 산업 특성요인 • 요금 및 통신시장 정책 • 주파수 및 사업권 허가 정책	• 시장 집중도 • 요소지배력(유통망/브랜드/재력) • 대기업 집단 소속	• 변화주도력 • 창의성 구성력 • 집단적 효율성
관점	기업 외부 환경 요인	외부와 내부 상호작용	기업 내부 요인
주요 관계자	• 시민단체(참여연대/경실련/YMCA 등)	• 정부(정보통신부/공정거래위원회) • 경쟁업체(KTF/LG텔레콤)	• 주요 애널리스트 • 국내외 분석기관
관련 경영 패러다임	환경-전략-성과 패러다임	산업 분석 패러다임	자원-역량 패러다임
정책 시사점	SK텔레콤에 대한 신사업 기회 제공과 정책적 배려 제한	SK텔레콤에 대한 시장지배력 제한과 타산업의 지배력 확산 차단	SK텔레콤의 우수한 역량과 자원의 선활용 극대화와 사후 분배를 통한 국가 신성장 잠재력 제고

동력의 구현과정에서 더 이상 한 기업이 정책 효과를 독점하지 않도록 여러 기업에게 사업 기회를 분산시켜야 할 것이다.

둘째 요인인 '시장구조 및 지배력'이 가장 중요한 요인이라면 정보통신부와 관련 부처는 다양한 정책을 동원하여 SK텔레콤의 시장지배력을 통제하고 다른 사업과 시장으로 확산되지 않도록 해야 할 것이다.

마지막으로 SK텔레콤이 내부적으로 가진 '핵심역량 및 자원'이 가장 중요한 요인이라면 정보통신부와 관련 부처는 현재 규제 중심적인 정책 방향을 수정하여 SK텔레콤이 가진 역량과 자원을 범국가적으로 적극 활용하여 먼저

사회적 총부가가치를 극대화한 다음, 축적된 부가가치를 분배정책 관점에서
사회에 환원시킬 수 있는 방안을 찾는 것이 더욱 효율적일 것이다.

정책적 배려인가

산업특성 및 정책 관점에서 SK텔레콤 성장에 영향을 미쳤다고 분류되는 잠
정적 성장 요인을 보다 세분화해서 산업특성 요인, 요금 및 시장운영 정책 요
인, 그리고 주파수 및 라이센스 요인으로 나누어서 살펴보도록 하겠다.

이동통신산업의 빠른 성장세

SK텔레콤의 급격한 성장 요인을 이동통신 산업의 폭발적 성장과 그에 따른
산업 파급 효과를 근거로 하는 주장은, 이동통신 시장에 경쟁이 도입된 1996
년부터 2003년까지의 평균성장률(35.7%)이 우리 나라 전체 산업 평균성장률
(7.3%)보다 4배 이상 높다는 점에서 설득력이 있다. 그러나 산업특성 요인만
으로는 왜 이동통신 산업 내에서도 유독 SK텔레콤이 다른 경쟁업체에 비해
빠른 성장을 이루어냈는지 설명하기 어렵다.

표 4-2 • 이동통신 산업 평균성장률과 주요 기업 성장률 사이의 상관관계

구분	1996년	1997년	1998년	1999년	2000년	2001년	2002년	상관계수
시장 전체	93.8%	114.6%	104.9%	67.6%	14.4%	8.3%	11.4%	–
SKT	102.3%	31.2%	0.9%	20.9%	34.6%	7.9%	38.7%	0.117
KTF	–	–	–	57.8%	22.5%	61.5%	19.8%	0.455
LGT	–	–	–	31.7%	28.7%	14.7%	6.8%	0.679

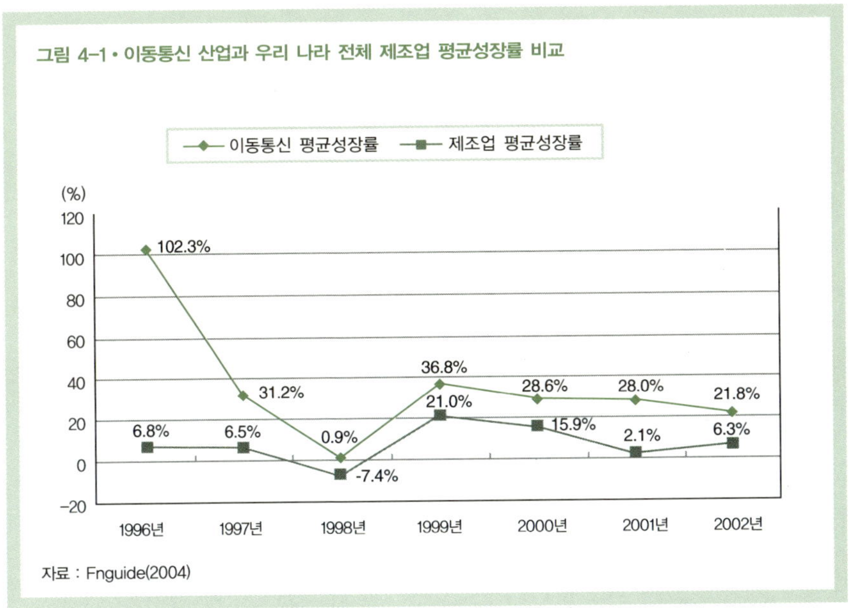

이는 지난 10년간의 기간별 성장 추세를 살펴보면 더욱 명확하게 알 수 있다. 이동통신 산업의 성장기, 즉 연 100% 가까이 성장했던 1990년대 후반 SK텔레콤의 성장률은 급격하게 하락하여 1998년에는 연 0.9%에 그쳤다. 하지만 이동통신 산업이 성숙기에 들어간 1999년 이후 SK텔레콤은 상대적으로 빠른 성장을 이룩하였으며, 특히 2002년에는 이동통신 산업 평균성장률보다 3배 이상 빠르게 성장하였다.

또한 이러한 이동통신 산업 성장과 SK텔레콤 기업 성장과의 관계를 통계적으로 살펴보면 양 요소 사이의 '상관계수Spearman Rank Correlation'*가 0.177

---

* 모집단이 정규분포 곡선을 따르지 않을 때 상관관계를 분석하는 방법으로, 두 변수 X, Y 간에 직선적 관계가 있는지 여부를 확인하는 방법이다.

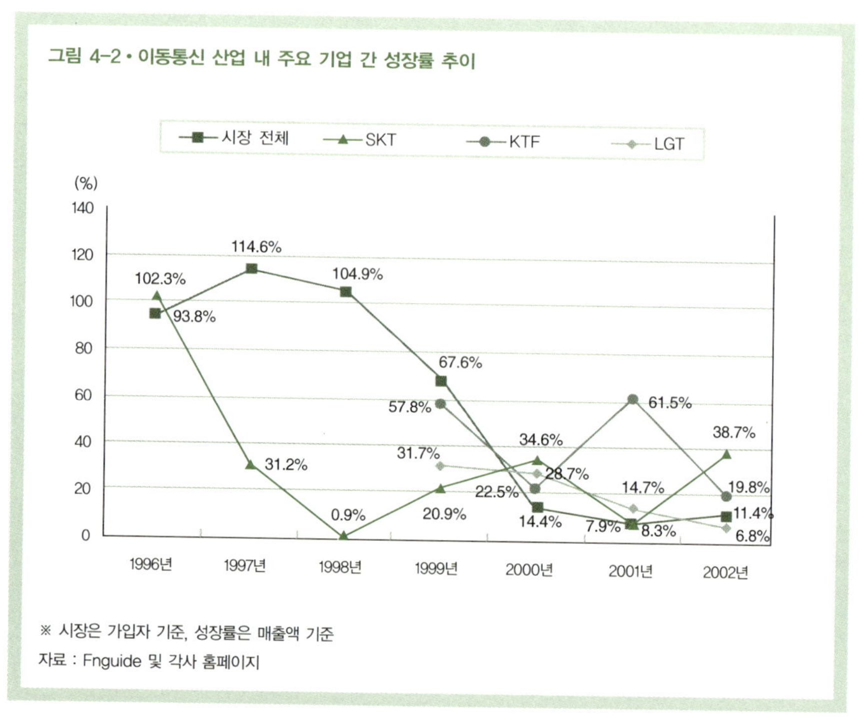

에 불과함을 알 수 있다. 일반적으로 이 계수는 0.6을 넘어야 통계적으로 유의성을 갖는 점을 감안할 때, SK텔레콤의 성장이 이동통신 산업 성장 추세에만 전적으로 의존하고 있다는 주장은 설득력을 가지기 어렵다. 따라서 SK텔레콤의 빠른 성장이 이동통신 산업의 빠른 성장세에 기인한 것은 사실이지만 전적으로 여기에만 의존했다고 볼 수는 없다.

반사효과를 가져다준 규제와 경쟁

시민단체 및 일부 관련 학계에서는 SK텔레콤의 빠른 성장이 정보통신부의 다양한 정책적 특혜 때문이라고 주장한다. 과연 정보통신부의 정책은 어떠하였으며 그러한 정책이 성장에 얼마나 기여했을까?

결론적으로 말한다면 정보통신부는 1996년 CDMA 상용화가 성공하고 이동통신 시장에 경쟁체제가 도입된 이후 SK텔레콤의 성장을 직접 촉진하기 위한 어떠한 정책도 추진한 적이 없다. 오히려 SK텔레콤은 시장 지배적 사업자로서 요금 및 서비스 약관 변경시 정보통신부로부터 일일이 허가를 받아야만 했다. 지난 10년간 정보통신부는 이동통신 시장에 신규 진입한 경쟁자들을 보호하고 공정한 시장질서 확립을 위해 SK텔레콤에 대한 규제 강도를 높이고 있다. 〈그림 4-3〉과 〈표 4-3〉에서 보는 것처럼, SK텔레콤에 대한 정책 규제는 2000년 이후 가속적으로 강화되고 있음을 알 수 있는데 같은 기간 동안 SK텔레콤은 1990년 대 후반보다 더욱 빠른 성장세를 나타냈다.

왜 이러한 현상이 나타나는 것일까? 이에 대한 답은 두 가지 관점에서 해석할 수 있다.

첫째, 정부의 특혜나 산업 관련 요인은 SK텔레콤의 주요한 성공요소가 아니라는 것이다. 다시 말해서 정부가 지속적으로 규제의 강도를 높여가더라도 SK텔레콤의 다른 성장 요인에 따른 효과가 정부의 규제 효과보다 더욱 크다

표 4-3 · 2004년 SK텔레콤에 대한 주요 규제 일정

구분	1월	2월	3월	4월	5월	6월	7월	8월	9월	10월	11월	12월
번호이동성 시차제												
접속료 조정												
보조금 지급 사유 영업정지												
단말기 보조금 과징금 부여												
합병 이행 조건 심사												
요금 인하												

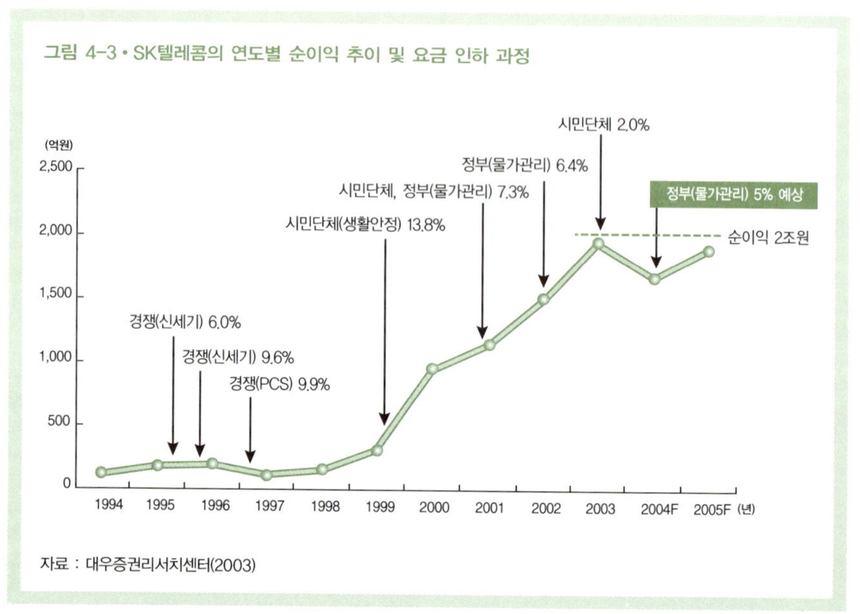

면 정부의 규제와 강도 강화 추세 속에서도 지속적으로 성장할 수 있다. 이에 대한 논리적 판단은 앞으로 다른 주요 성장 요인들의 효과를 구체적으로 분석해보아야만 가능할 것이다.

둘째, SK텔레콤에 대한 규제와 동시에 진행된 정부의 신규 사업자 보호정책과 공정질서 확립 정책들이 SK텔레콤에게 반사적 이익을 가져다주었을 수도 있다는 것이다. 이 경우 직접 규제에 대한 효과보다 반사적 효과가 크다면 지속된 규제환경 하에서도 지속적으로 성장할 수 있다. 예를 들어 정보통신부가 LG텔레콤 등 후발 사업자들의 수익성과 경쟁력을 보전해주기 위해 SK텔레콤의 요금 수준을 경쟁사보다 높이도록 결정한 것이 오히려 SK텔레콤에게 안정적인 수익 기반을 제공했을 수 있다(이명호, 2002). 또한 공정경쟁 질서 확립을 위한 단말기 보조금 지급 금지가 SK텔레콤의 마케팅 비용을 강제적으로 줄여줌으로써 지속적으로 높은 수익을 유지할 수 있는 근거가 되었다(대신증권, 2004).

이와 같은 분석을 바탕으로 할 때, 정부의 규제와 공정경쟁 관련 정책이 SK텔레콤 성장에 직접적인 효과를 주지는 않았으나 오히려 SK텔레콤에게 다양한 간접적 반사효과를 제공해왔다고 볼 수 있다.

많은 주파수 보유는 성장의 결과

주파수 및 라이센스 요인 주장에 따르면 SK텔레콤이 다른 경쟁자들에 비해 상대적으로 효율적인 주파수를 많이 부여받았기 때문에 빠른 성장이 가능했다고 주장한다. 특히 일부에서는 800메가 대의 주파수의 효율성으로 인해 경쟁사들은 SK텔레콤 대비 2.4배의 기지국이 추가로 소요된다고 주장하고 있다. 그러나 이는 이론적인 특성일 뿐이며 실제 기지국은 이론적 전파 특성에 의해 구축되는 것이 아니라 가입자수(용량), 통화량 분포, 지형·지물 등이 종합적으로 고려되어야 한다. 실제로 동일한 주파수대(1.8Ghz)를 사용하는 두 경쟁사의 서울 기지국 수는 1대 1.5배로 기지국 구축이 이론적 전파 특성에 의존하지 않음을 입증하고 있다.

또한 신세기통신의 합병으로 과도하게 많은 주파수를 보유하고 있다는 일부 주장도 있으나 이는 주파수 효율성을 살펴보면 사실이 아니라는 것을 알 수 있다. 실제 SK텔레콤은 합병한 신세기통신용 주파수와 IMT 2000 사업용 2기가 대 주파수를 포함하여 총 90메가 대역에서 사용 가능한 22FA를 확보하고 있다. 반면 KTF는 합병한 한솔엠닷컴용 주파수와 IMT 2000 사업용 주파수를 포함하여 80메가 대역에서 18FA를 가지고 있으며, LG텔레콤은 동일한 기준으로 60메가 대역에 11FA를 가지고 있다. 따라서 외형적인 주파수 보유

구분	주파수 대역	고객수(명)
KTF	• 1.75Ghz~1.77Ghz(20) • 1.84Ghz~1.86Ghz(20) • 1.96Ghz~1.98Ghz(20) • 2.15Ghz~2.17Ghz(20) → 사용 가능 FA : 18FA	• 전체 : 10,44,768 • 주파수당 : 580,098
LGT	• 1.77Ghz~1.78Ghz(10) • 1.86Ghz~1.87Ghz(10) • 1.92Ghz~1.94Ghz(20) • 2.11Ghz~2.13Ghz(20) → 사용 가능 FA : 11FA(미정)	• 전체 : 4,836,857 • 주파수당 : 439,714 → 효율성 가장 낮음
SKT	• 824Mhz~849Mhz(25) • 869Mhz~894Mhz(25) • 1.94Ghz~1.96Ghz(20) • 2.13Ghz~2.15Ghz(20) → 사용 가능 FA : 22FA	• 전체 : 18,313,135 • 주파수당 : 832,415 → 효율성 가장 높음

자료 : 정보통신부(2004)

현황만을 살펴보면 SK텔레콤의 빠른 성장이 경쟁사 대비 상대적으로 많은 주파수를 보유한 것과 관련이 있다고 이해될 수도 있다.

그러나 많은 주파수 보유는 SK텔레콤 성장의 결과이지 원인이라고 볼 수는 없다. 외국의 경우에도 일반적으로 빠르게 늘어나는 가입자를 수용하기 위해 정부가 선도사업자에게 경쟁사에 비해 많은 주파수를 부여해준다. 국가 소유로 되어 있는 주파수 배분의 가장 큰 원칙 중 하나는 사용 효율성인데, 현재 SK텔레콤의 보유 주파수 활용 효율성은 단위 메가당 83만 명으로 경쟁사인 KTF나 LG텔레콤보다 2배 가까이 높다. 또한 SK텔레콤이 상대적으로 많은 주파수를 보유한 것은 엄청난 대가를 지불하고 얻어낸 신세기통신 등의 인수합병 결과이기도 하다. 따라서 한 기업의 성장 과정과 그에 따른 주파수

표 4-5 • 주요 통신사업자 사업 라이센스 보유 현황

구분	전화	회선설비 임대	주파수 할당	폐지 사업
KT	• 시내전화(KT) • 시외전화(KT) • 국제전화(KT)	• 국내/국제(KT)	• 주파수공용통신(KT 파워텔) • PCS(KTF) • IMT2000(KTF)	• CT2(KT) • GMPCS
LG	• 시내전화 부가서비스(데이콤) • 국제전화 부가서비스(데이콤)	• 국내/국제(데이콤) • 국내(파워콤) • 국제(데이콤 크로싱)	• PCS(LGT) • GMPCS(데이콤) • 초고속 무선 인터넷(데이콤) • IMT2000(LGT)	
SK	• 국제전화(SK텔링크)	• 국내(SK네트웍스) • 시외/국제(SKT)	• 이동전화(SKT) • IMT2000(SKT)	• GMPCS(SKT)

자료 : 정보통신부(2004)

추가 확보 상황을 고려하지 않은 채 현재의 주파수 보유 현황만을 기준으로 성장 결정 요인을 평가하는 것은 공정성 면에서 문제점이 있다고 볼 수 있다.

현재 정보통신 산업에서의 경쟁은 특정 시장 단위의 경쟁 패턴에서 관련 산업의 기업들을 포함한 산업 간 융합 경쟁으로 변하고 있다. 이와 관련해 SK텔레콤을 비롯한 국내 주요 통신사업자들의 사업허가 라이센스 보유 현황을 살펴보면 〈표 4-5〉와 같다.

KT는 이동통신 사업을 포함하여 11개 사업에서 통신사업 라이센스를 받았고, LG그룹도 데이콤과 LG텔레콤을 포함하여 9개의 신규 사업 라이센스를 받았다. 그러나 SK텔레콤을 포함한 SK그룹은 이동전화를 포함하여 5개의 라이센스만을 받았다. 결국 지난 10년간 SK텔레콤이 빠르게 성장한 이유를 주파수 및 라이센스 확보에 따른 정부정책의 결과로만 이해하는 데에는 많은 논리적 한계가 있는 것이다.

시장지배력이 성과를 보장하지는 않는다

지난 10년 동안 정보통신부 산업정책 결정과정에서 이동통신 시장구조 및 지배력 관점은 매우 중요한 판단기준이 되어왔다. 오래된 관행과 막강한 이론적 배경에도 불구하고 이러한 관점이 얼마나 실제 시장 상황을 제대로 반영하고 있는지, 그리고 그에 따른 경제적 효과를 실증적으로 측정하거나 분석하려는 노력은 매우 제한적이었다. 그러므로 이동통신 시장의 독과점 정도와 SK텔레콤이 가지는 시장지배력이 과연 SK텔레콤 성장에 얼마나 직접적인 영향을 주었는지 실증적으로 살펴볼 필요가 있다. 이를 위해 세 가지 요소, 즉 시장집중도와 요소지배력, 대기업 집단 시너지를 통해 SK텔레콤의 성장에 결정적인 영향을 미친 요인을 찾아보고자 한다.

시장집중도가 낮을 때 일구어낸 기업도약의 발판

시장집중도, 즉 시장의 독과점 정도를 측정하는 데는 다양한 지표가 이용되지만 그 중 허핀달 지수HHI : Hirshman Herfindahl Index*가 가장 일반적이다. 〈그림 4-4〉와 〈표 4-6〉에서 알 수 있듯이 우리 나라 이동통신 시장에 경쟁이 도입된 1996년부터 최근까지의 허핀달 지수, SK텔레콤의 시장점유율 Market Share, 매출 및 기업가치EBITDA 수준은 증감률을 보이고 있다. 이는 다음과 같은 점을 시사한다.

첫째, 우리 나라의 시장집중도가 국내 다른 산업이나 외국의 이동통신산업

* 특정 산업의 집중도를 나타내는 지수. 개별 기관(사업자)의 시장점유율을 제곱한 뒤 합산한다. 미국 법무부의 경우 이 지수가 1,800 이상이면 '집중', 1,000~1,800이면 '다소 집중', 1,000 미만이면 '경쟁' 으로 분류한다.

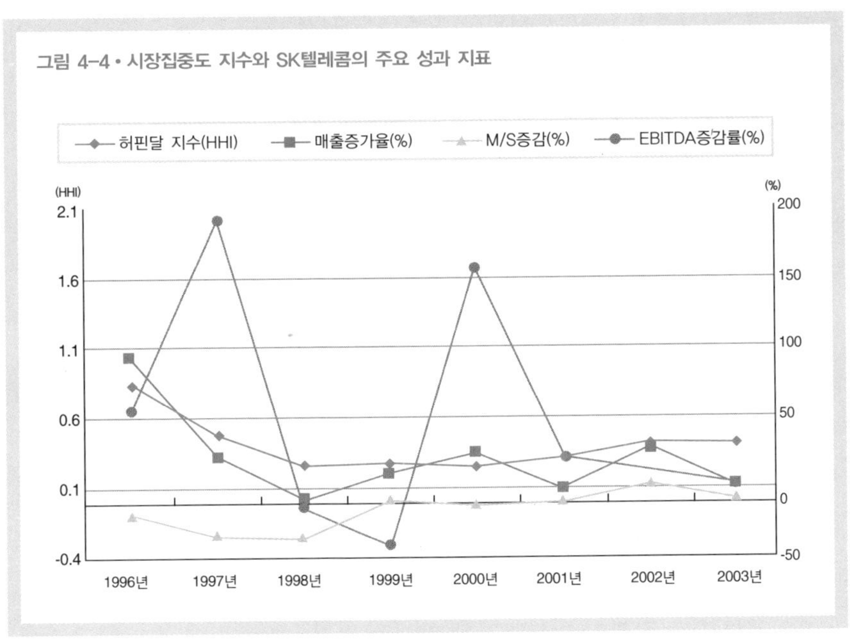

표 4-6 • SK텔레콤의 주요 기간대별 시장집중도 및 성과 추이

구분	기반구축(1994~1998년)	도약기(1999~2003년)	비고
HHI	0.72	0.33	시장집중도는 2.1배 감소
M/S 증감	−11.5%	2.4%	M/S는 증가
매출증가율	57.3%	22.5%	시장성장률 둔화에도 불구하고 상대적으로 지속적인 성장세 유지
EBITDA증감률	66.3%	39.8%	
전체 시장성장률	97.6%	21.1%	

평균치보다 높지 않다는 것이다. 2003년 기준으로 우리 나라 이동통신 산업의 허핀달 지수가 0.410인 데 반하여 OECD국가 이동통신 산업 평균치는 0.413이며, 일본은 0.459를 보이고 있다.

둘째, 기간 대 별로 비교할 때 1995년부터 1998년까지의 성장기에 우리 나라 이동통신 시장의 연평균 허핀달 지수는 0.72로서 아주 높은 수준을 보이지만 1999년 이후 2003년까지의 평균 지수는 0.33에 불과하다. 만약 시장집중도가 성장의 주요 요인이라면 허핀달 지수가 상대적으로 높았던 1995년부터 1998년까지 빠른 성장세를 보였어야 한다. 그런데 SK텔레콤이 리더십을 회복하여 빠르게 성장한 기간은 1999년 이후로, 같은 기간 중에는 시장집중도가 매우 낮고 시장지배력은 1990년대 중반 대비 약화되었다.

셋째, 1996년 이후 현재까지 허핀달 지수와 SK텔레콤의 주요 성과와의 상관계수Spearman Rank Correlation를 살펴보면, 매출증가율 및 EBITDA증감률과 허핀달 지수와의 상관계수는 0.88과 0.19로서 정의 관계를 보이고 있지만, 허핀달 지수와 SK텔레콤의 시장점유율과의 상관계수는 0.12로서 놀랍게도 부의 관계를 보이고 있다. 상관계수가 0.6 이상일 때만 통계적 유의성을 갖는 것을 감안할 때, 이동통신산업의 시장집중도와 SK텔레콤의 주요 경영성과(매출 제외)가 직접적인 인과관계를 가지고 있지 않다.

이러한 다양한 실증적 결과를 바탕으로 할 때 SK텔레콤이 가지는 시장집중도 자체가 빠른 성장과 높은 성과에 직접적 영향을 주지는 않은 것으로 분석된다.

요소지배력은 전략적 자산의 결과

일반적으로 요소지배력은 한 기업이 높은 시장지배력을 가지도록 영향을 주는 다양한 경쟁우위 구성요소의 보유 정도를 나타낸다. SK텔레콤은 유통망, 브랜드 파워, 그리고 재무능력 면에서 경쟁사 대비 우월한 지위를 가지고 있다고 알려져 있다. 과연 SK텔레콤은 경쟁사 대비 얼마나 우위를 점하고 있으며, 이러한 우위가 성장에 얼마나 영향을 주었을까?

구분		SKT	KTF	LGT
1998	자산	40,608억원	13,080억원	26,935억원
	브랜드	Speed 011	ⓝ016	Internet 019
	대리점	1,405개	1,156개	4,578개(소규모/Open 대리점 전략)
2003	자산	133,760억원	80,332억원	33,580억원
	브랜드	• SPEED 011, 010 : 70% • Ting : 54.9% • TTL : 71.7% • UTO : 83.7% • CARA : 43.4% • NATE : 68.7%	• KTF : 22.6% • BIGI : 37% • NA : 21.7% • MAIN : 16.3% • Drama : 56.6% • MagicN : 24.2%	• LGT : 7.4% • Holman : 8.3% • Khai : 6.6% • 해당 없음 • 해당 없음 • Ez-I : 7.1%
	대리점	1,549개	1,450개	920개

자료 : SK텔레콤(2004)

〈표 4-7〉은 이동통신 시장에서 경쟁체제가 완성된 원년이라 할 수 있는 1998년과 2003년을 기준으로 이동통신 3사의 요소 지배력을 보여준다. 우선 2003년 기준으로 볼 때 SK텔레콤은 유통망 수, 재무능력 브랜드 파워 면에서 경쟁사들보다 절대적 우위를 보인다. 재무능력을 나타내는 총자산 규모는 SK텔레콤 13조 4,000억원, KTF 8조원, LG텔레콤 3조 4,000억원이다. 브랜드 파워 면에서도 브랜드 종류나 인지도에서 경쟁사들을 압도하고 있다. 또한 대리점 수나 능력 면에서 경쟁사 대비 우월한 지위를 확보하고 있다.

그러나 SK텔레콤이 본격적으로 도약하기 직전 시점인 1998년의 경우를 비교해보면 경쟁사 대비 우위를 보이고는 있으나 그 정도가 상대적으로 미약함을 알 수 있다. 총자산 규모 면에서 2004년 현재의 4분의 1 수준에 불과하며, 경쟁사들과의 격차도 그다지 크지 않았다. 또한 브랜드 파워와 유통망에서도 경쟁사 대비 압도적 우위를 보이는 것은 아니었다. 한 가지 특이한 점은 총자산 규모나 대리점 수를 기준으로 볼 때, LG텔레콤이 KTF보다 더 높은 요소 우위를 가지고 있었음에도 불구하고 1999년 이후 KTF보다 낮은 경영성과를 보이고 있다는 점이다.

이러한 자료를 바탕으로 본다면 현재 시점에서 SK텔레콤의 우위는 선발 사업자로서의 이점에 의한 것이라기보다는 1999년 이후 다양한 투자와 지속적 노력을 통해 축적된 '전략적 자산'으로 이해되어야 할 것이다. 또한 이러한 요소지배력이 성장의 주요 성장 요소 중 하나일 수는 있으나 가장 결정적 이유는 아니라는 점을 잘 보여준다.

이동통신 3사의 대기업 집단 시너지는 대동소이

대기업 집단을 통한 시너지 요인은 시장집중도와 더불어 공정경쟁 관점에서 늘 언급이 되는 이슈다. 이동통신 3사 모두 관련 대기업 집단을 가지고 있음에도 불구하고 다수의 시민단체나 경쟁업체들은 SK텔레콤이 속한 대기업 집단이 이동통신 시장의 경쟁구도에 직·간접적인 영향을 주어왔다고 주장한다. 이에 대한 실증적 점검을 위해 구체적으로 이동통신 3사가 속한 대기업 집단의 속성과 관계사 간의 실질적 거래관계를 살펴보자. 우선 이동통신 3사의 관련 대기업 집단 모두 국내 10위권 내에 들어 있으므로 대기업 집단의 규모가 이동통신 시장의 경쟁판도에 영향을 줄 정도로 차이가 나지는 않는다.

SK텔레콤이 속한 SK그룹은 에너지와 정보 통신을 바탕으로 국내 3위의 그룹이며, LG텔레콤이 속한 LG그룹도 최근에 GS그룹이 분리되어나갔지만 전자와 화학 외에 데이콤, 파워콤 등 다양한 통신 관련 회사를 거느린 국내 2위의 대기업 집단이다. 그리고 KT그룹은 통신사업 전문 집단으로 자본금 기준 국내 6위의 대기업 집단이다.

구분	SKT	KTF	LGT
소속	SK그룹	KT그룹	LG그룹
주요 업종	정보통신, 석유화학	정보통신 서비스	전자, 화학, 정보통신, 유통, 서비스
주요 계열사	SK주식회사, SK C&C, SKC, SK네트웍스 등	KT, KT하이텔, KT파워텔, KT커머스 등	LG전자, LG상사, LG건설, 데이콤, 파워콤 등
활용 사례	• SK 네트웍스 : 단말기 공급 대행 • SK C&C : 시스템 유지 · 보수	• KT의 이동전화 재판매 사업 : KT 구성원 약 4만 명 활용 • KT 회선 재판매 사업 • KT회선 임대	• LG칼텍스 : 주유소 판매 거점 활용 • LG전자 : 교환기 공급 • 파워콤 : 회선 임대
평가	그룹 소속으로 인한 직접적인 혜택 없음	유무선 번들링을 통한 시장 지배력 강화 시도	그룹 지원을 통한 사업 추진 강화

한편 관계사 간의 실질적 거래관계를 살펴보아도 경쟁사 대비 SK텔레콤이 관련 대기업 집단으로부터 경쟁우위를 지원받았다는 증거를 찾아보기 힘들다. SK텔레콤은 SK네트웍스를 통하여 단말기를 공급받고 있으며, 기간망 일부를 임차하여 쓰고 있다. 또한 SK C&C가 SK텔레콤의 정보시스템 유지보수 업무를 위탁받아 지원하고 있다. LG텔레콤은 LG전자를 통해 교환기 및 시스템을 공급받고 있으며, LG칼텍스의 주유소를 일부 개방 유통망으로 활용하고 있다. 반면 KTF는 KT의 재판매사업을 통하여 직접적인 영업력 지원을 받고 있으며, 다양한 기간통신망을 임대받아 활용하고 있다. 또한 최근 KT와 KTF는 One Phone* 서비스를 통해 강력한 유무선 번들링 서비스를 공동으로

* 가정 내에서는 유선전화망을 이용한 무선 전화(Cordless Phone)로 밖에서는 무선망(기지국)을 이용한 셀룰러 폰(Cellular Phone)으로 사용할 수 있도록 하는 서비스.

출시하였다.

이러한 상황을 종합하여 보면 SK텔레콤의 대기업 집단을 통한 경쟁우위 이월 효과는 아주 미미하며, 오히려 KTF의 경우 이러한 대기업 집단 시너지 요인이 최근 성장과정에서 아주 중요한 역할을 하였음을 알 수 있다.

핵심역량이 경쟁력의 원천

산업특성 및 정책과 시장구조 및 지배력이 SK텔레콤이 지난 10년간 빠른 성장을 가져올 수 있었던 주요 원인이 아니었다면 과연 원인은 어디에 있는 것일까. 원인은 외부가 아닌 기업 내부에서 찾을 수 있다. 최근 전략경영학자들이나 애널리스트 등은 한 기업의 성장잠재력을 해당 기업이 가진 다양한 핵심역량과 자원에서 찾아내기도 한다. 원래 핵심역량이란 개념은 GE나 IBM 같은 글로벌 초우량 기업이 시대와 산업을 초월하여 지속적으로 성장하는 이유를 차별적으로 규명하기 위해 도입되었다(Prahalad & Hamel, 1990).

일반적으로 핵심역량은 보유 기업에게 분명하게 차별화된 가치 창출의 원천을 제공해야 하며 다른 기업들에 대한 경쟁우위를 지속적으로 제공할 수 있어야 한다. 그리고 산업이나 시대를 초월하여 이전이 가능해야 하며 다양한 형태로 가치를 구현할 수 있어야 한다. 이러한 핵심역량은 조직과 구성원에 내재되어 있기 때문에 객관적으로 그 존재와 성격을 구체화하기 어렵지만 다양한 사업추진 과정이나 상황 분석을 통해서 파악될 수 있다. 따라서 대부분의 경우 핵심역량은 사후 주관적 평가에 의해 설명될 수도 있다(Pettts, 1997).

그렇다면 과연 SK텔레콤이 핵심역량을 가지고 있는가? 그리고 가지고 있

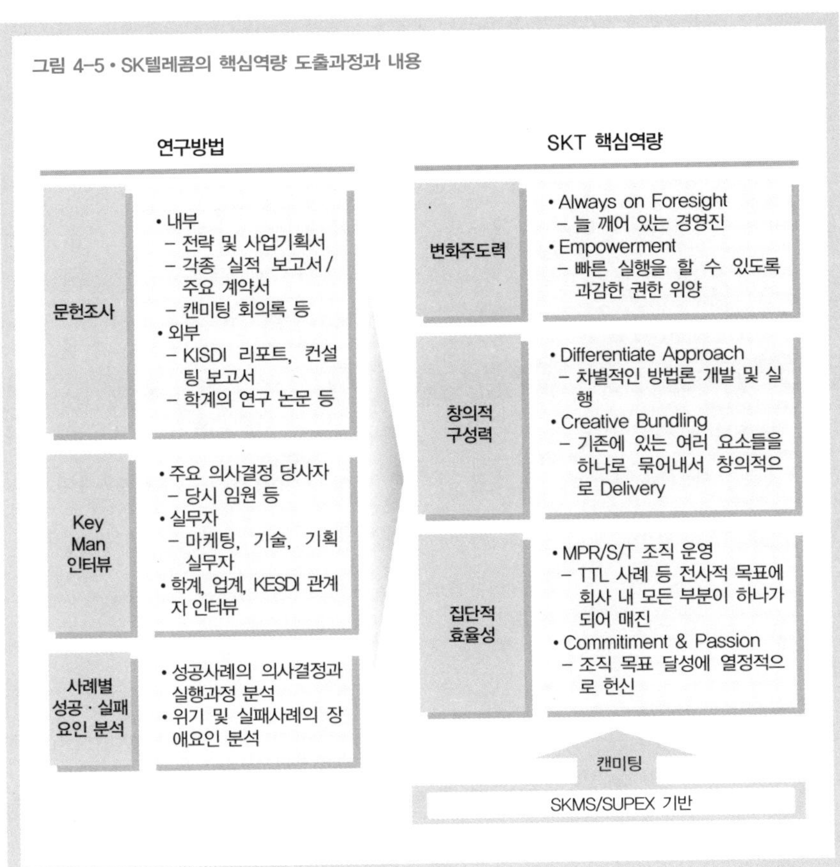

그림 4-5 • SK텔레콤의 핵심역량 도출과정과 내용

다면 무엇이 SK텔레콤의 핵심역량인가?

이러한 의문점을 해결하기 위해 먼저 KISDI와 같은 전문 연구기관의 보고서와 매킨지Mckensie 등 글로벌 컨설팅 기관의 관련 보고서, 학계의 연구논문에 대한 문헌조사와 분석을 살펴보았다. 또한 지난 10년간의 SK텔레콤 내부전략 및 사업기획서와 연도별 사업보고서들을 살펴보았으며, 수십 명에 이르는 내부 임원들과 외부 통신 분야 전문가들과의 심층적 인터뷰를 통해 구체적 핵심역량을 도출하기 위해 노력하였다. 그리고 마지막으로 지난 10년간 성장의 주요 분기점이 되었던 주요 상황들과 SK텔레콤의 대응과정을 사례분석 방법을 통해 구체적이고 체계적으로 성공과 실패 요인을 분석하였다.

이러한 다양한 접근 결과 SK텔레콤이 민영화 이후 현재와 같은 성장을 이루어내기까지 수많은 위기를 겪어왔음을 알 수 있었다. 그리고 위기를 기회로 반전시킬 수 있게 만든 근본 원인은 조직 내부의 치밀한 위기 대응력과 상황 관리 능력, 유연한 조직 문화임을 확인할 수 있었다. 물론 이동통신 산업 특성과 시장지배력 같은 조직 외부 요인의 역할 또한 간과할 수 없다. 그 결과를 바탕으로 지난 10년간의 성공과 실패의 원인을 요소별로 재구성하여 변화 주도력, 창의적 구성력, 그리고 집단적 효율성이라는 세 가지 핵심역량을 도출해낼 수 있었다.

새로운 환경을 선도하는 변화 주도력

변화 주도력은 기업 리더들의 'Always on Foresight' 와 'Empowerment' 에서 찾아볼 수 있다. 즉 SK텔레콤의 경영진들은 늘 장기적인 관점에서 환경을 예측하여 경쟁력을 키우고 조직을 혁신시키기 위해 지속적인 노력을 기울였다.

민영화 이후 거의 매년 새로운 환경을 선도하기 위해 SUPEX를 새로운 변화 과제로 선정하여 구현함으로써 늘 경쟁기업들보다 한발 앞서 준비된 입장에서 환경변화에 대응하였다. 또한 복잡한 사업환경 변화 속에서 미래의 핵심 변화요인들을 잘 파악하여 집중적으로 준비함으로써 시장의 리더십을 유지하였다. 예를 들어 1999년에는 TTL이라는 세그먼트 상품을 출시하여 새로운 경쟁 패턴을 선도하였고, 2000년에는 신세기통신과의 합병을 통해 새로운 경쟁 구도를 유도하였다. 2001년에는 시장점유율을 50% 이하로 조정해야 하

는 부담 속에서도 미래를 위한 다양한 마케팅 역량과 신기술 개발에 집중함
으로써 2002년부터 다시 시장점유율을 회복하였다.

그리고 결정된 전략을 구현하는 과정에서 과감한 권한 이양과 탄력적 운영
으로 환경변화에 대해 빠르고도 효과적인 대응을 할 수 있었다.

가치를 창출하는 창의적 구성력

창의적 구성력은 SK텔레콤의 보편적인 일 처리 방법을 나타낸다. SK텔레콤
은 늘 환경 대응 과정에서 경쟁사와 차별화된 방법으로 해결 방안을 찾고, 그
러한 방안의 구현 과정에서 보유한 다양한 자원과 우위 요소들을 고객의 요
구에 맞추어 창의적으로 재구성함으로써 성장의 전기를 마련해왔다.

2002년 월드컵 마케팅의 경우, '응원'이라는 새로운 컨셉으로 공식 후원업
체인 KTF를 압도하는 성과를 이루어낼 수 있었다. 또한 TTL의 경우, PCS 사
업자의 마케팅 강화로 시장점유율이 40%대로 떨어지자 온라인과 오프라인
모두를 상품요소에 포함시킨 'On & Off Merchandising'에 의한 세분화 마케
팅을 통신 시장에서 처음으로 도입함으로써, 시장점유율 하락세를 반전시켰
다. 그리고 2001년 시장점유율을 의무적으로 50% 이하로 낮춰야 하는 신세
기통신 합병 과정에서도, 자사 대리점을 통하여 경쟁사인 LG텔레콤의 서비
스 가입자를 모집하는 발상의 전환으로 경쟁사의 시장점유율을 높임으로써
관련 브랜드를 약화시키거나 대리점과의 관계를 악화시키지 않고서도 문제
를 해결하는 능력을 발휘하였다.

이 외에도 수많은 위기를 극복하는 과정에서 주어진 조직 내 외부 여건을
잘 활용하여 고객 중심적으로 재구성함으로써 새로운 가치를 창출하여 시장
에서 성공을 이루어냈다.

　　이러한 SK텔레콤의 창의적 구성력은 조직 내의 개방된 조직문화와 탄력적인 조직운영에서 비롯된 것으로 볼 수 있다. 아무리 경영진이 새로운 변화방향을 잘 제시해도 관련 조직과 구성원이 주어진 과제와 업무를 효율적으로 잘 추진하지 못해 시장에서 구체적 성과를 내지 못하면 지속적 성장은 불가능했을 것이다.

월등한 집단적 효율성

SK텔레콤이 빠른 시장변화에 맞추어 고객 중심의 전략을 성공적으로 구현할 수 있었던 것은 마케팅과 기술개발, 네트워크 부문 사이의 유기적 공조체제가 있었기 때문이다. 이 과정에서 구성원과 단위 조직들이 전사 최적화를 위해 열정과 공동체 의식을 가지고 집단적 효율성을 추구하였다. 예를 들어 TTL을 추진하는 과정에서 20대를 중심으로 한 고객 구조의 변화와 그에 따른 트래픽 변동, 그리고 지역적 편중 현상을 미리 예측하여 과감한 통신망 투자와 효율적 운영시스템으로 네트워크 부문이 대응하지 못했다면 전체적으로 고객 불만만 높이는 결과로 이어졌을 것이다. 또한 신세기통신과의 합병 과정에서 양사 노동조합들의 효과적 협의와 그에 따른 원만한 조직통합이 없었다면 2002년부터 지속적으로 시장점유율을 높일 수 없었을 것이다.

　　SK텔레콤의 조직과 구성원들은 개인과 단위 조직으로서도 경쟁사나 다른 관련 기업들보다 경쟁력을 가지고 있다. 특히 기업에게 중요한 위기 상황하에서 집단적으로 문제를 해결해가는 집단적 효율성은 다른 기업들보다 월등하다. 이러한 경쟁력은 구성원들의 경쟁력을 높이기 위해 지속적으로 다양한 교육 기회를 제공하였고, 캔미팅이나 다양한 학습조직 활동을 통해 집단으로서의 지식 창출과 단합을 추구해온 결과로 볼 수 있다.

	변화 주도력	창의적 구성력	집단적 효율성	비고
한국이동통신 민영화	●	○	◐	대표적인 공기업 민영화 사례로 단기간 내에 조직 안정과 문화 혁신 및 본원적 경쟁력 확보를 위한 기반 구축
CDMA 개발	●	◐	●	정부와의 유기적인 협조를 통해 세계 최초로 CDMA 상용화 성공 및 MPR/S/T 조직운영 정착
TTL 마케팅	●	●	◐	창의적 접근으로 경쟁 Paradigm의 전략 주도(보조금 경쟁 → 상품력 경쟁)
신세기통신 합병	◐	●	◐	환경변화에 대해 Proactive한 대응을 통하여 회사 수익성과 시장 리더십이 획기적으로 증대되는 기반 구축
월드컵 마케팅	◐	●	◐	창의적 발상과 탄력적 상황 대응으로 기업 브랜드 가치 제고

● 높음 ◐ 중간 ○ 낮음

물론 SK텔레콤이 모든 과정에서 성공적으로 상황 대응을 해온 것은 아니다. 1997년 이후 도래한 세계 시장 질서를 제대로 인지하지 못해, 시민단체들로부터 지배구조를 포함한 다양한 이슈와 관련하여 많은 비판을 받았다. 또한 민영화 이후 최초의 글로벌 합작사업인 이리듐 프로젝트는 신규 투자자 유치에 실패하여 변화 대응력을 확보하지 못한 채 결국 사업정리를 단행하였다. 이러한 결과를 초래한 이유는 핵심역량인 변화 주도력, 창의적 구성력, 집단적 효율성이 제대로 발휘되지 못했기 때문이다. 이는 결국 지난 10년간 SK텔레콤의 빠른 성장과 높은 성과가 기업 외부적인 요소뿐만 아니라 조직 내부의 다양한 핵심역량과 자원이 결정적인 요소라는 사실을 반증하는 것이라 할 수 있겠다.

대한민국에는 SK텔레콤이 있다

PART 2에서는 SK텔레콤의 중요한 사례들을 통해 PART 1에서 제시한 내부적 핵심역량이
구체적으로 어떻게 발휘되었는가를 살펴보고자 한다. 오늘날 SK텔레콤의 경쟁우위를
가능하게 한 민영화 성공, CDMA 상용화, TTL 개발, 월드컵 마케팅, 신세기통신 합병 등의
사례를 통해 SK텔레콤의 일하는 방식이 다른 기업들과 어떻게 차별화되는지 분석하였다.
특히 SK텔레콤의 핵심역량인 변화 주도력, 창의적 구성력, 집단적 효율성이 서로 다른
상황에서 어떻게 적용되었는지 살펴봄으로써 SK텔레콤의 성장요인을 보다 생생하게
전달하고자 하였다.

PART 2

대한민국 통신 역사를 바꾼 성공사례 5

한국이동통신,
성공적인 **민영화**로 경쟁력을 높이다*

1990년대 들어서 글로벌 추세와 시장 개방 압력이 강화되고 새로운 통신기술 혁신이 일어났다. 이동통신 서비스에 대한 고객의 요구 또한 다양화되고 고도화되었다. 이에 정부는 통신 산업의 효율성 및 국가 경쟁력 제고를 위해 통신 산업의 구조조정을 추진하였다. 통신 산업을 민영화하고, 사업영역을 세분화하여 각 영역에 경쟁체제를 도입한 것이다. 이는 이동전화사업권 획득을 향한 국내 대기업의 치열한 경쟁을 알리는 신호탄이 되었다.

통신 산업에 뛰어들다

1982년경부터 신규 사업 진출을 구상하기 시작한 선경그룹은 기존 업체와의 불필요한 경쟁 회피, 국가 산업발전에 기여할 수 있는 분야, 글로벌 시대에 맞는 성장 가능성 등을 신규 사업 선정기준으로 삼았다. 그리고 1984년 1월 통신 서비스 및 소프트웨어 부문을 2000년대 그룹 중점 추진 사업으로 하는 새로운 경영전략을 제시하였다.

당시 국내 정보통신 분야는 법적 제도적 여건이 매우 취약한 상황이었으므로 정보통신 분야의 선진국인 미국을 본거지로 삼아 사업 진출 준비 작업을 본격적으로 착수하기에 이르렀다. 1984년 그룹의 미래 사업 준비를 위해 미주 경영기획실을 설립했고, 1986년 5월 미주 경영기획실에 텔레커뮤니케이

* 본 사례는 김영수(숭실대 벤처중소기업학부), 이병철의 「한국이동통신 민영화」를 바탕으로 작성되었음.

션팀을 발족시켜 미국이 보유한 정보통신 관련 정보와 기술을 발 빠르게 습득하기 시작하였다.

1988년 미국의 소규모 이동통신사인 '테네시RSA'에 투자하면서 이동통신 경영을 학습했고, 1989년 10월 미국 뉴저지 주에 투자회사 유크로닉스 Yukronics를 설립해 미국 내 이동통신 관련 기술 벤처기업에 투자했다. 또한 시카고 지역 이동통신업체인 'US셀룰러'에 직원들을 파견해 실무 경험을 쌓게 했다. 1989년 6월 유공에 정보사업추진팀을 구성했고, 1990년 5월에는 선경정보시스템을 설립했다.

1990년 7월 정부가 통신사업 구조조정 계획을 발표하자 선경그룹은 (주)선경과 유공이 독자적으로 추진해오던 정보통신 관련 사업팀을 그룹 차원에서 통합하고 경영기획실 산하에 사업개발팀을 구성하면서 이동통신사업 진출의 원동력으로 삼았다. 같은 해 10월에는 YC&C를 설립하면서 체계적인 정보통신사업 진출의 토대를 다져나갔다.

1991년 4월에는 제2이동통신사업권 획득 준비를 위해 선경텔레콤(舊 대한텔레콤)을 설립했고, 1991년 말부터 관계사 전문가 그룹을 발탁했으며, 최종현 선대 회장은 장기 경영목표를 정보통신사업으로 정하고 '2000년대 세계 일류의 정보통신기업'을 그룹의 새로운 비전으로 제시하였다.

1992년 신년사를 통해 최 회장은 다음과 같이 정보통신사업 진출배경과 정보통신사업 진출에 대한 의지를 공식적으로 천명했다.

"'석유에서 섬유까지'의 수직계열화 완성이 가시화될 즈음인 10여 년 전부터 앞으로 어떤 사업을 해야 할 것인가에 대해 심사숙고해왔습니다. 새로운 사업이라고 해서 아무 업종에나 진출할 수는 없었습니다. 더구나 남들이 하니까 한다는 식은 곤란합니다. 당시 각광을 받던 가전업계나 자동차업계의 진출도 고려한 적이 없지는 않지

1992년 4월 14일, 이동통신사업 허가신청 공고가 나면서 시작된 이동전화
사업자 선정은 삼성, 현대, 금성, 대우 등 설비제조업체의 참여가 배제되면서
선경을 비롯하여 포항제철, 코오롱, 동양, 쌍용, 동부 등 6개 그룹이 경합을
벌였다.

재계의 치열한 각축 양상을 띠며 진행되던 이동전화 사업자 선정에서 선경
그룹의 대한텔레콤 컨소시엄을 비롯해, 포철의 신세기이동통신, 코오롱의 제
2이동통신 등 3개 그룹이 1차 관문을 통과했다. 1992년 8월 20일, 마침내 대
한텔레콤이 이동통신 제2사업자로 선정되어 일단락되는 듯했으나 선정 과정
상의 특혜의혹 등 정치적 시비가 불거지자 국민 정서에 맞지 않는다는 이유
로 1992년 8월 27일, 선경그룹이 선정 일주일 만에 사업권을 반납하게 되면
서 사업자 선정은 차기 정권으로 이양되었다.

1993년 이동통신 제2사업자 선정의 각축전이 재개되었고, 당시 선경그룹
은 1992년의 특혜 시비와 무관함을 보여주겠다는 각오 아래 이동통신 전담반
을 가동하여 사업계획서를 면밀히 재검토해나갔다. 동시에 외국 컨소시엄 업
체로서 사업권 포기에 심한 반발을 보여온 미국의 GTE를 설득시켜 재입찰에
참여하도록 하였으며, US셀룰러에 연구 인력을 파견하여 연수를 진행시키는

등 통신사업자에게 필요한 역량을 키워나갔다.

이동통신사업권 획득을 위한 기업들의 물밑작업이 진행되던 1993년 12월 10일, 체신부는 두 가지 핵심내용을 포함한 사업자 선정방식을 발표하였다. 사업자 자율에 의한 단일 컨소시엄 방식으로 확정하고 컨소시엄 구성을 두 달의 시한을 두고 전경련과 심사하는 것과, 한국통신 보유의 한국이동통신 주식지분(64%) 가운데 민간업체가 경영권을 획득할 수 있는 충분한 규모의 주식 54%를 매각하도록 함으로써 이동전화사업 신규 허가와 한국이동통신 민영화를 연계하여 추진한다는 것이었다.

1994년 1월 17일, 당시 전경련 회장직을 맡고 있던 최종현 선대 회장은 제 2이동통신사업자 선정 과정에서 제2이동통신사업자 선정 참여를 포기하고, 막대한 인수자금이 예상되었던 한국이동통신 매각에 참여한다는 예상치 못한 발표를 했다. 한국이동통신 매각 참여에 대해서 당시 선경 내부에서는 기업문화가 다른 공기업 인수에 따르는 위험과 막대한 자금소요 등을 이유로 반대의 목소리가 있었지만, 최 회장은 재계의 불필요한 경쟁을 피하고 장기적 관점에서 선경의 기업문화와 한국이동통신의 사업 역량이 합쳐지면 충분히 가능성이 있다는 전략적인 판단하에 내부의 반대에도 불구하고 과감한 결단을 내렸다.

최 회장의 이러한 결정은 전경련 회장단 대다수의 동의를 얻어 선경그룹은 1994년 1월 24~25일 이틀간 정부가 보유하고 있던 한국이동통신 주식의 경쟁 입찰에 참여하여 총발행주식의 554만 주의 23%에 해당하는 127만 5,000 주(매각 대상 주식의 52.3%)를 4,272억원에 매입하였다.

한편 전경련은 1994년 2월 14일 사업계획서를 제출한 포철, 코오롱, 금호 그룹을 대상으로 합동 면접심사를 거쳐 2월 28일 포철을 1대 주주이자 주도 사업자로, 코오롱을 2대 주주로 결정하여 신세기통신을 제2사업자로 선정하였다. 신세기통신은 사업자로 선정된 후 직제 및 인력 충원 작업을 마무리하고 정부의 허가를 받아 1994년 6월 30일 창립기념식을 갖고 정식으로 출범했다.

이로써 1990년 7월 공표되어 추진되어오던 통신사업 구조조정은 1994년 제2이동전화사업자로 신세기통신이 선정되고 한국이동통신이 민영화되면서 일단락되었고, 국내 이동전화사업은 독점체제에서 본격적인 경쟁체제로 접어들게 되었다.

조직을 정비하고 경쟁력을 강화하라

1994년 6월 2일, 한국통신이 보유하고 있던 한국이동통신 주식의 추가매각이 완료됨에 따라 선경그룹이 한국이동통신의 경영권을 최종적으로 획득하였다. 1994년 7월 7일에는 한국이동통신 임시주주총회가 열렸고 새로운 경영진이 선임되었다. 이날 새로 선임된 선경 출신 임원은 손길승 부회장(대한텔레콤 사장), 목정래 기획조정전무(대한텔레콤 상무), 표문수 기획이사(대한텔레콤 상무)였다. 이들은 공기업이었던 한국이동통신의 새로운 경영진으로서, 다가올 이동통신 경쟁체제에서 회사가 시장 리더십을 발휘할 수 있도록 기업 전반을 혁신하는 임무를 맡았다.

상황에 대한 객관적인 진단

새로운 경영진에게는 무엇보다도 한국이동통신의 당시 상황에 대한 객관적인 진단이 필요했다. 이를 위해 기존 구성원들과 새로운 구성원들이 함께 참여해 조직 진단 작업을 진행하였다. 진단 결과 경쟁 환경에 대응하기 위해 전략, 조직, 인력, 서비스 품질, 고객관리, 업무 프로세스 등 전 분야에서 근본적인 혁신이 필요한 것으로 판단되었다.

전략적으로는 경쟁체제에 대비한 방향성 제시 등 체계적인 준비가 미흡했고, 서비스 측면에서는 고객의 급증과 아날로그 방식의 한계로 인한 주파수 부족과 통화품질 저하 문제가 나타났다. 독점적 사업 환경에 따른 고객서비스 마인드 부족, 느슨한 업무 처리, 원가와 이윤 추구 의식 부족, 경영활동에 대한 책임 모호 등 공기업의 비효율성이 나타났다. 조직 측면에서 한국이동통신은 무선호출과 이동통신이 구분된 사업부형 조직으로 운영되고 있었는데, 고객 서비스 제고와 새로운 영업 채널 확보를 위한 조직 개편이 필요했다. 또한 급속한 성장에 따라 인력 규모가 급증했지만 전사적인 체계적 관리가 이루어지지 않고 있었다.

당시의 상황에 대해 기존 한국이동통신 구성원들도 "사기업에 비해 느슨한 조직 분위기"를 지적하였고 "보다 효율적인 인적 자원의 활용이 필요"하다고 느끼고 있었다. 새롭게 한국이동통신에 합류한 구성원들은 "회의는 많이 하는데 의사결정은 잘 안 되고 배정된 예산을 다 쓰지 못했다고 질책받는 광경"을 목격해야 했다.

한편 고객들의 불만도 지속적으로 증가하는 추세였다. 민영화 이전인 1990년 초부터 한국이동통신은 자체적으로 고객만족도를 높이기 위해 공기업으로서는 획기적인 '24시간 고객센터'를 운영하고 사내의 변화공감대 형성을 위해 홍보책자 발간 및 '하나로 운동'과 같은 통화 품질 혁신활동을 전개하였지만 근본적인 고객 중심 경영으로 이어지지 못하는 상황이었다. 당시의 상황을 체계적으로 분석한 후 새로운 경영진은 경쟁력 강화를 위해 조직 변화를 빠른 시일 내에 혁신적으로 추진할 것인지, 조직 안정성을 유지하면서 점진적으로 이룰 것인지에 대한 심각한 고민에 빠졌다.

느리지만 빠른 조직변화

1994년 7월 한국이동통신에 새로운 경영진이 취임하자 노조에서는 출근 저지 투쟁을 시작하였다. 민영화 이후 기존 구성원들의 고용에 대한 불안감이 주요 원인이었고, 아울러 회사 성과에 비해 낮은 처우를 받고 있는 것에 대한 불만도 한 원인이었다.

일반적으로 선진국에서의 M&A 후 통합 과정 사례들을 살펴보면 단시일 내에 많은 것들을 바꿔버리는 혁신적인 충격요법들이 주로 사용된다. 특히 두 기업 간의 조직문화 격차가 큰 경우에는 통합 후 빠른 시일 내에 새로운 가치관을 정립하는 것을 권장하고 있다. 인원 감축도 필요하다면 초기에 이루어지는 것이 새로운 경쟁력을 확보하는 데 도움이 된다고 본다. 예를 들어 GE는 GE파이낸스와 NBC를 인수했을 때, 핵심인력을 본사에서 파견하고 이들을 중심으로 기존 인력에 대한 대폭적인 구조조정과 조직개혁을 초기에 실시하였다. 그러나 이러한 충격요법은 조직을 불안정하게 만들어 여러 가지 부정적인 결과들을 야기할 가능성이 있다고 판단했기 때문이다.

이런 상황 속에서 새로운 경영진은 인위적 구조조정 대신 '느리지만 빠른 조직변화'를 선택했다. 당시 경영진과 노조와의 대화에서 노조 대표는 다음과 같은 이슈를 제시했다.

"통신 산업은 공익을 추구해야 하므로 사기업의 이윤 추구 방식은 문제가 있다."

"SKMS와 SUPEX는 근로자를 착취하기 위한 수단이 아닌가?"

"기존 구성원들의 고용과 신분을 보장하고 회사 성장에 맞도록 처우를 개선하라.”

이에 대해 새로운 경영진은 “선경은 인간 위주의 경영원칙을 20년간 준수했으며 인위적인 구조조정은 없을 것임”을 분명하게 밝혔다. 그리고 구성원의 급여와 복지 수준을 획기적으로 개선하기로 약속함으로써 조직안정의 실마리를 하나씩 풀어나갔다. 한국이동통신의 모든 상황들을 고려하면서 실현 가능한 대안들에 대한 심도 깊은 고민과 논의 끝에 내려진 결정이었다. 속도는 느리더라도 모든 구성원들이 함께 가는 조직변화의 방향을 선택한 것이었다.

경영진은 노조와의 대화에서 “공익과 사익은 별개가 아니며 기업의 가장 큰 가치는 이윤 추구를 통한 영속 발전임”을 명확히 하였다. 그리고 선경에서 오랫동안 검증된 SKMS/SUPEX를 기본원리로 하여 한국이동통신의 경쟁력을 강화시킬 수 있는 변화 방향을 제시한 뒤 구성원들을 설득해나갔다. 한국이동통신의 새로운 경쟁력은 합리적이고 체계적인 조직문화를 기반으로 한 효율적 경영시스템의 정립으로 도출된다는 점을 강조한 것이다. 구성원들의 고용에 대한 불안감을 초기에 해소함으로써 모든 구성원들이 새로운 조직문화를 구축하는 작업에 적극적으로 참여할 수 있는 환경을 조성할 수 있었다. 그 다음 단계로 한국이동통신에 가장 필요한 변화는 ‘조직문화의 변화’임을 명확히 하고 선경그룹의 SKMS/SUPEX를 기업문화의 방향으로 제시하였다.

인적 구조조정 없이 모든 구성원을 안고 가는 이러한 방법은 조직문화를 변화시켜야 한다는 당위성을 모든 구성원 스스로가 인정하게 만들어 변화에 따르는 여러 가지 어려움을 일소할 수 있었다. 그리고 초기의 느린 변화 속도에도 불구하고 전체적인 변화에 소요되는 시간은 감축되고 성과는 더욱 확대되었다.

경쟁력 강화 특별위원회 출범

한국이동통신은 1994년 9월 모든 구성원들의 의견을 수렴하여 경쟁력 향상을 추진할 새로운 조직, 즉 경쟁력 강화 특별위원회를 출범하였다. '회사의 경쟁력을 세계 일류 수준으로 높이기 위한 전사적 차원의 경영혁신 추구'를 목적으로 설립된 이 조직은 한국이동통신의 모든 조직과 계층에서 선발된 핵심적 인재들로 구성되었다. 경쟁력 강화 특별위원회는 기존 구성원들을 중심으로 소수의 새로운 구성원들이 참가한 태스크포스팀Task Force Team이었다.

그리고 빠른 시일 내에 한국이동통신 전 분야에 필요한 변화과제를 파악하고 모든 구성원들의 적극적 참여를 유도하기 위해 경쟁력 강화 특별위원회는 통화품질팀, 제도개선팀, CS팀, 특수지원팀 네 개의 서브 태스크포스팀으로 세분화되었다.

통화품질팀에는 폭주하는 가입자 수용 및 고객 불만을 최소화하기 위해 이동전화와 무선호출의 통화품질을 획기적으로 개선하여 21세기 종합 통신사업자로서의 기반을 구축하는 목표가 부여되었다. 제도개선팀은 한국이동통신의 조직문화를 진단하고 조직 및 인력관리제도의 개선을 추진하여 민영화와 국제화에 대한 변화를 극복하는 임무를 맡았다. CS팀은 고객만족 경영을 통해 고객가치를 극대화하는 임무가 주어졌는데, 전략과 프로세스 분석반으로 운영되어 신서비스 개발, CS체계, 영업 계획과 관리혁신 추진 업무를 담당하였다. 특수지원팀은 CIS반 R&D반, Training Center반, PR반으로 구성되어 기업 비전에 따른 중장기적 전략 차원의 업무를 중심으로 영업전산망, 교육훈련 체계, 연구개발 체계 혁신, BPR작업의 운영 지원을 맡았다.

변화관리에 대한 중요한 연구들을 수행한 존 코터는 변화과정에 있어 가장 핵심적인 과제로, 변화의 필요성에 대한 공감대를 모든 구성원들에게 확산하고 이를 지속적으로 추진할 수 있도록 해주는 '변화 추진 연합'의 형성을 지적하였다. 경쟁력 강화 특별위원회는 코터가 지적한 '변화 추진 연합'의 정의에 부합되는 역할을 담당하였다. 당시 한국이동통신의 상황을 정확히 이해하고 있는 기존 구성원들을 중심으로 전사적 개혁 과제가 도출되었기 때문에 과제를 체계적으로 파악할 수 있었고 과제 추진에 대한 공감대 역시 효과적으로 형성될 수 있었다. 또한 경쟁력 강화 특별위원회는 이러한 변화 추진이 체계적으로 지속되는 역할을 수행함으로써 'Move 21' 전략을 수립하는 데 결정적인 역할을 담당했다.

새로운 조직문화와 경영시스템 정립

1995년 2월 경쟁력 강화 특별위원회는 그 동안의 수행 결과를 종합하여 한국이동통신의 장기발전 전략이자 비전인 Move 21을 발표하였다. Move 21은 향후 경쟁력 강화를 위해 한국이동통신이 구체적으로 무엇을 어떻게 하여야 할 것인지 보여주는 중요한 이정표가 되었다. 또한 국내 선두 정보통신회사로서의 비전을 천명하고 세계적인 종합정보통신기업으로 발돋움하겠다는 의지를 드러내보인 것이었다.

　Move 21은 '다함께 세계로, 다함께 미래로' 라는 슬로건을 내걸고 '이동통신사업을 통해 새로운 사업을 개척하고, 고객의 마음을 움직이며, 21세기를 움직이기 위해 먼저 움직이고 뛰겠다' 는 의미를 함축적으로 표현한 것이었다. 아울러 '교환망, 전송망, 위성망, 지능망 등을 포괄한 통신망 구축', '국제사업, Network-SI, 멀티미디어 신규 사업에의 적극적 진출' 등 Move 21을 달성하기 위한 중요한 성공 요소들을 종합한 10대 추진과제를 선정하고 이를 강력히 추진해나가기로 하였다.

Move 21은 한국이동통신의 모든 구성원들이 공유할 수 있는 새로운 가치관들을 제시했다. 새로운 조직문화는 경쟁력 강화 특별위원회의 작업을 바탕으로 경영의 질과 경쟁력을 세계 최고 수준으로 향상시키기 위한 인간 위주, 고객 만족, 합리 추구, 창의와 패기 경영으로 정의되었다. 조직 구성원들이 자긍심을 가지고 자발적이고 의욕적으로 자신의 성장과 발전을 도모하는 인간 위주의 경영을 기본으로 하여 경영의 최우선 목표를 고객 만족과 고객을 위한 가치를 창조하는 고객 만족 경영에 둔 것이다.

1995년 2월 15일 개최된 Move 21 선포식. 한국이동통신의 민간기업으로의 재탄생 의지를 대내외에 천명하다.

조직과 인사제도에 혁신을 가져오다

한국이동통신의 사업부형 조직은 민영화 이후 경쟁 환경에 적합한 유연성과 신속성이 강화된 기능형 조직으로 개편되었다. 조직이 SKMS의 취지에 따라 마케팅, 생산, 지원, 연구부문으로 개편되자 부문 내의 전문성이 강화되었고 급격히 변화하는 고객의 욕구에도 능동적으로 대처할 수 있게 되었다. 특히 과거와 비교할 때 본사와 지사 간의 전략과 조직의 연계를 강화함으로써 영업조직의 효율성이 높아졌다.

그리고 장기적인 관점에서 조직변화를 지속적으로 추진할 수 있는 조직의 필요성이 대두되면서 이후 사장실과 SUPEX 추진팀이 신설되었다. 조직 개편과 동시에 인력관리 체계의 혁신도 추진되었다. 인력관리 체계의 혁신은 기존 구성원들의 잠재능력을 활성화시키고 경쟁력 있는 새로운 인적자원을 확보한다는 데 초점이 맞추어졌다.

새로운 인사제도는 기존 구성원들에게 민영화에 따른 고용과 신분의 불안감을 해소하면서 급여와 복지 수준을 획기적으로 향상시키는 내용을 담고 있었다. 최고경영진과 노조, 임원과 일반 구성원 간의 지속적인 대화를 통해 형성된 상호신뢰는 모든 구성원들의 잠재능력을 이끌어낼 수 있는 기반을 마련하였다.

조직은 고용안정과 최고의 대우를 제공하고 이에 걸맞게 구성원들은 능력향상과 몰입 증대를 위해 노력하는 심리적 계약Psychological Contract*이 새롭게 형성되었다. 인사제도의 공정성을 확대하기 위해 인력구조 · 승진 · 이동 제

---

* 조직과 구성원 사이에 체결되는 일종의 묵시적 계약으로 법적인 구속력을 갖는 것은 아니지만 서로에 대한 행동이나 태도를 결정짓는다는 점에서 매우 중요하게 여겨진다.

도의 개선이 함께 이루어졌으며, 노사간담회나 캔미팅과 같은 양방향 커뮤니케이션이 정기적으로 시행되었다.

그리고 이동통신 산업의 폭발적 성장에 따라 새로운 인력에 대한 수요도 증대되었다. 미래 한국이동통신 경쟁력의 근간이 될 수 있는 우수한 인재들을 확보하기 위해 최고의 급여와 복지제도를 내세우며 인재 개발 체계를 정비하였고, 모집 선발은 본사로 일원화하였다.

1995년에는 세계 최고 수준의 인재 양성을 위한 체계적 교육 프로그램의 도입 필요성에 따라 신입사원 패기훈련, 중간관리자 양성과정, 비즈니스 리더 양성과정, EMD Executive Management Development 과정 등이 개설되었다. 다양한 교육 프로그램들을 구성원들에게 체계적으로 실시하여 세계화 시대에 대비한 선진 경영관리기법을 습득하고 글로벌 경쟁 환경에 친숙해질 수 있는 기회를 마련해주었다.

1995년 3월에 처음으로 실시된 신입사원 해외 패기훈련에는 신입사원 435명 전원이 참가하였다. 이 훈련은 국제적인 안목 배양과 패기를 함양하여 글로벌 시대를 주도해나갈 인재를 양성한다는 취지 아래 총 13억원의 예산을 투입하여 미국 등 19개국에서 2차에 걸쳐 9박 10일 일정으로 진행되었다. 당시 단일기업으로는 국내 최대 규모로 치러져 다른 국내기업들과 대학생들로부터 많은 관심을 끌기도 하였다. 또한 1996년에는 사내 경영기술대학원을 설립하였다. 부장과 임원을 대상으로 한 EMD 과정, 대리와 과장 등 중간관리자를 대상으로 하는 GMD Global Management Development 과정으로 구분하여 실시되었다. 그리고 KAIST와의 위탁교육 협정도 맺었다.

이러한 체계적 교육과정은 경쟁력 향상을 위한 인사제도 혁신의 핵심적 내용을 이루고 있는데, 이는 인적자원을 통한 경쟁력 확보 전략에 대한 SK텔레콤의 확고한 의지를 보여주는 것이라 할 수 있겠다.

의사결정의 효율성을 높이다

변화된 경영환경에서 경쟁력을 증대시키기 위해서는 보다 신속한 의사결정과 업무 효율성 및 생산성을 높이는 것이 시급한 문제였다. 이러한 관점에서 전사적 경영시스템을 혁신하는 BPR Business Process Reengineering이 진행되었다. 의사결정의 효율성과 신속성은 기존의 형식적 업무 보고와 결제 과정의 혁신과 함께 영업전산망을 재구축함으로써 증대시킬 수 있었다. 우선 업무 비효율 및 고객 불만 증대의 원인으로 지적되어온 서비스 개발, 시설 관리, 통화 품질 등에서 업무 프로세스 전반에 걸친 체계화와 혁신이 추진되었다.

또한 새로운 서비스 개발시 소요 시일이 오래 걸리고 의사결정 속도가 느려지는 문제점이 주요 이슈로 부각되었다. 이를 개선하기 위해 정보수집 및 발의 과정의 체계화와 효율적인 서비스 개발 체계 구축을 추진하여 서비스 개발 주기를 평균 1,118일에서 465일로 단축했다. 그리고 효율적인 통화 품질관리를 위해 고객 체감 품질의 고급화, 고객 불만의 신속한 처리, 설비 미가동 시간의 최소화 등을 목표로 통화 품질 프로세스를 개선했다. CS부문에서는 산만한 고객 채널 및 고객 접점 직원에 따라 상이한 서비스의 질, 반복되는 동일한 불만, 서비스 처리시간 지연 등의 문제를 해결하기 위해 프로세스 개선이 추진되었다. 이는 곧 한국이동통신의 고객 서비스 종합관리 체계 구축으로 발전되었다.

| 민영화 성공요인 | 지속적인 혁신으로 경쟁력을 강화하다

새롭게 선임된 최고경영진에 대한 출근 저지 투쟁으로 시작되었던 한국이동통신 민영화는 갈등의 확산과 혼란으로 이어질 가능성이 높았음에도 불구하고 최고경영진을 비롯한 모든 구성원들의 결집된 노력으로 새로운 기업문화의 방향성을 정하고 경영시스템을 재편하여 경쟁력을 획기적으로 증대시키는 결과를 낳았다.

1996년부터 시작된 제2이동통신 사업자인 신세기통신과의 경쟁, 1997년 10월부터 시작된 PCS 3사와의 경쟁은 민영화된 한국이동통신의 경쟁력을 가늠할 수 있는 본격적인 시험무대였다. 첫 번째 경쟁사로 등장한 신세기통신은 민간기업으로서의 경쟁력을 갖출 수 있는 유리한 환경을 갖고 출발했으며 새로운 경쟁체제에서 우세가 예견되었다. 그리고 PCS 3사는 새로운 기술 이미지와 저가 공세를 통해 '이동통신 춘추전국시대'에서 앞서 나갈 수 있을 것이라 여겨졌다. 그러나 한국이동통신은 시장 선도자로서의 지위를 확고부동하게 유지했다. 이는 민영화의 성공적 수행을 통해 경쟁력 유지와 강화가 가능했기 때문으로 판단된다.

한국이동통신이 민영화되어 짧은 시간 내에 새로운 조직문화와 경영시스템을 효율적으로 정착시킬 수 있었던 이유는 크게 두 가지로 요약할 수 있다.

첫째, 새로운 조직문화가 단시간 내에 정착할 수 있도록 경영진이 열정적인 노력을 기울였기 때문이다. 조직문화를 단시일 내에 변화시킨다는 것은 매우 어려운 과제다. SKMS/SUPEX의 전파는 모든 경영진의 가장 중요한 임무였으므로 최고경영자부터 솔선수범하여 새로운 조직문화의 방향을 제시하였다. 또한 노조를 비롯한 사내 구성원들 간의 지속적인 캔미팅을 통해 상의하달 식의 일방적인 커뮤니케이션이 아닌 수평적이고 쌍방적인 의사소통에 엄청난 시간과 노력을 투자하였다. 특히 새로운 의사소통 수단으로 전사에 확산된 캔미팅은 새로운 조직문화 정립에 큰 역할을 담당했다. 캔미팅의 확산으로 구성원들의 활발한 참여가 이루어졌으며, 토론과 합의를 중시하는

그림 5-1 • 민영화 성공요인 분석

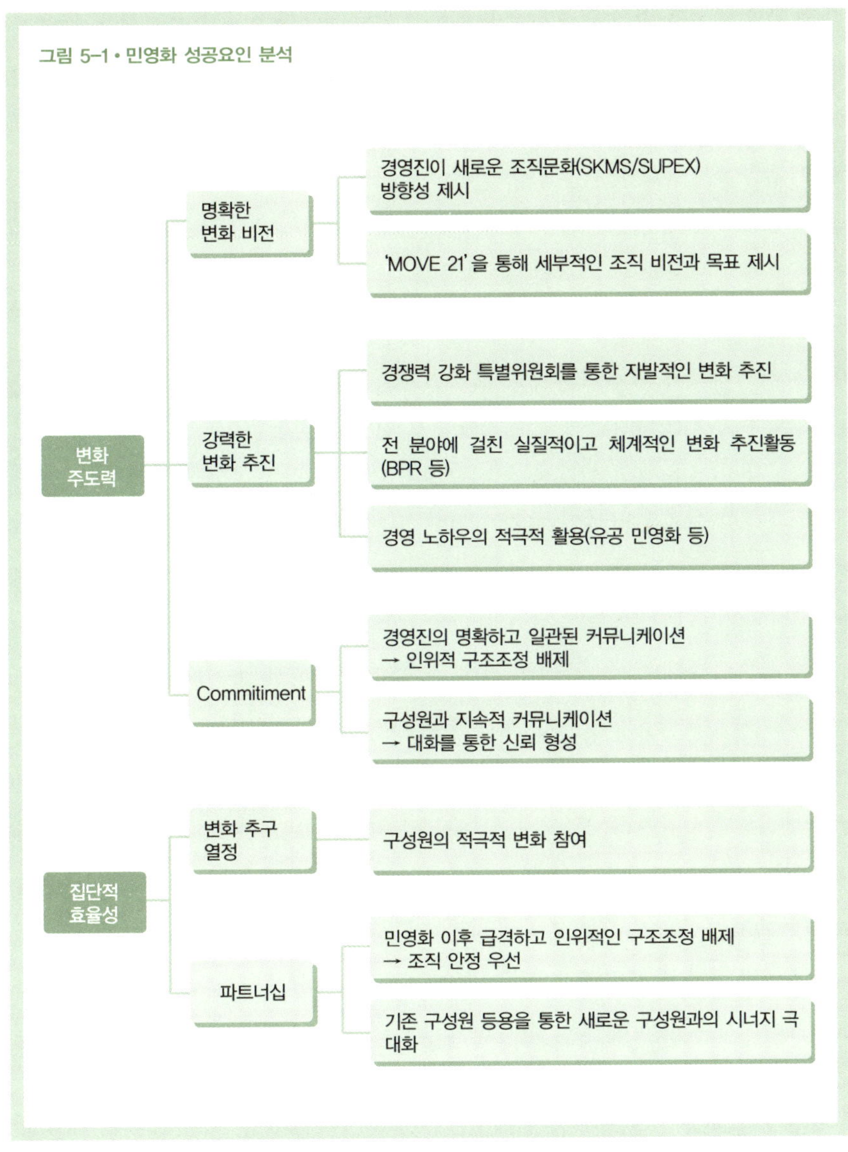
변화
주도력
명확한
변화 비전
경영진이 새로운 조직문화(SKMS/SUPEX)
방향성 제시
'MOVE 21'을 통해 세부적인 조직 비전과 목표 제시
강력한
변화 추진
경쟁력 강화 특별위원회를 통한 자발적인 변화 추진
전 분야에 걸친 실질적이고 체계적인 변화 추진활동
(BPR 등)
경영 노하우의 적극적 활용(유공 민영화 등)
Commitiment
경영진의 명확하고 일관된 커뮤니케이션
→ 인위적 구조조정 배제
구성원과 지속적 커뮤니케이션
→ 대화를 통한 신뢰 형성
집단적
효율성
변화 추구
열정
구성원의 적극적 변화 참여
파트너십
민영화 이후 급격하고 인위적인 구조조정 배제
→ 조직 안정 우선
기존 구성원 등용을 통한 새로운 구성원과의 시너지 극
대화

조직 풍토로 이어져 기존 구성원들의 잠재능력을 활성화시키고 모든 구성원들의 시너지를 창출하는 결과를 가져왔다. 이러한 과정을 통해 구성원들 사이에 신속하게 새로운 조직 가치관이 공유되었으며 새로운 경영시스템이 효율적으로 정착되었다.

둘째, 조직 구성원들 스스로 새롭고 바람직한 조직 가치관을 정립하고 효율적인 경영시스템을 구축할 수 있도록 경영진이 적극적으로 지원해주었기 때문이다. 경영진의 지원하에 경쟁력 강화 특별위원회를 구성하였고 이를 통해 새로운 비전과 경영시스템을 체계적으로 구축할 수 있었던 것이다.

위의 두 가지 이유 외에 한국이동통신 민영화 성공의 또 다른 중요한 측면으로 집단적 효율성의 실행을 들 수 있다. 민영화 과정에서의 노사 간 신뢰구축은 구성원들에게 변화의 과정을 '할 수 없이 따라가는 과정'이 아닌 '적극적이며 능동적인 참여가 필요한 과정'이라는 점을 인식하게 해주어 변화에 대한 열정을 모든 구성원들이 공유할 수 있게 하였다.

이상에서 살펴본 한국이동통신의 성공적인 민영화 과정은 최근 지속적인 변화관리를 가장 효율적으로 수행함으로써 혁신의 대명사로 떠오르고 있는 '도요다 식 혁신'과 유사한 원리를 보여준다. 하버드 경영대학원의 스티븐 스피어 교수는 도요다 식 혁신의 가장 중요한 요소로 도요다 경영진의 역할을 지적한다. 일반적으로 다른 기업 경영진의 경우 경영진이 스스로 문제를 해결하려고 노력하는 데 비해 도요다의 경영진은 구성원이 스스로 문제를 해결할 수 있도록 도와주는 것을 경영진의 임무라고 여긴다. 이러한 차이가 도요다의 지속적인 혁신을 가능하게 하는 가장 중요한 차별화 요인이라는 것이다.

한국이동통신 역시 최고경영진이 명확한 변화의 방향과 구체적인 방법을 제시하였고 지속적인 변화 추진과 몰입을 통해 혁신이 가속화되어 이것이 경쟁력 강화로 연결되었다. 그리고 경영진은 지속적인 양방향 커뮤니케이션과 현장 중심 경영으로 구성원과 확고한 신뢰관계를 구축하였다. 결국 이러한 신뢰관계를 바탕으로 모든 조직 구성원들이 적극적으로 전사적인 개혁과 혁신활동에 참여하였으므로 단기간에 조직 안정화와 경쟁력 강화를 성공적으로 이루어낼 수 있었던 것이다.

불가능은 없다, 세계 최초 CDMA 상용화*

한국이동통신은 1996년 1월 세계 최초로 CDMA 상용화에 성공함으로써 이를 바탕으로 통신서비스 산업에서 근본적인 경쟁력을 확보하게 되었다. CDMA 상용화 성공 경험은 국가적으로는 기술적 경쟁력을 확보하였고, 한국이동통신 내부적으로는 구성원들의 열정과 단합을 이끌어내고 조직운영의 효율성을 더욱 제고시키는 계기가 되었다.

CDMA 기술 주도국을 향하여 첫발을 내딛다

1980년대 들어 정부는 통신기술 자립에 대한 부단한 노력을 기울여왔는데, 전화 보급을 위한 전전자교환기인 TDX 개발, 정부 행정을 전산화하기 위한 행정 전산망용 주전산기인 TICOM 개발 등이 성과로 나타났다. 1988년 유선전화 1,000만 회선 돌파로 '1가구 1전화' 시대를 연 체신부(現 정보통신부)는 1989년 디지털 이동통신 시스템 개발을 국책과제로 선정하였다.

　1990년대 들어 우루과이라운드가 진행되자 정부는 외국의 경쟁자로부터 국내 통신시장을 지켜내기 위해서는 국내 통신시장을 활성화하고 사업자의 경쟁력을 제고해야만 한다고 판단하여 1990년 7월 통신사업 구조조정 계획

* 본 사례는 양유석(중앙대학교 경영학부), 김영곤의 공동 저작인 「세계 최초 CDMA 상용화」를 바탕으로 작성되었음.

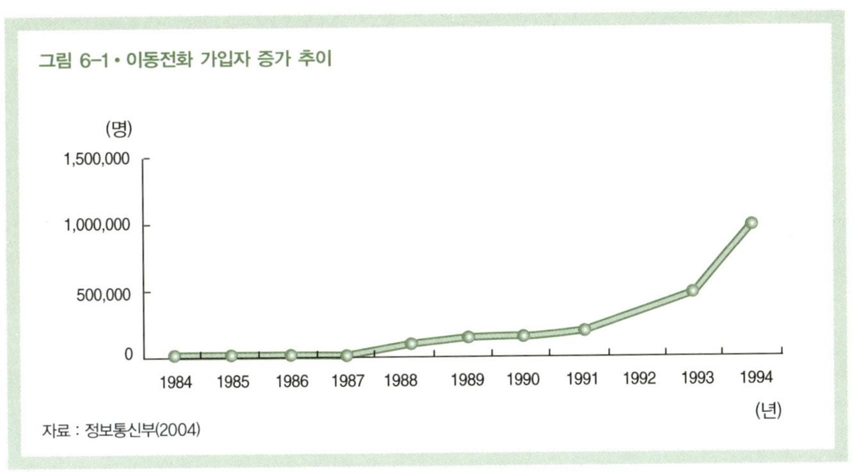

을 발표하였다. 이러한 정책적 변화의 바탕에는 그 동안의 통신기술 개발 성과가 만들어낸 자신감이 자리 잡고 있었다.

우리 나라는 세계 수준의 전전자교환기 자체 개발국임에도 불구하고 이동전화 분야에서의 국내 기술수준은 선진국과 큰 격차가 있었다. 1990년대 초 아날로그 방식의 이동통신 시스템과 단말기는 대부분 미국의 모토롤라와 루슨트에서 수입한 것이었다. 이동전화 단말기는 모토로라가 압도적이었다.

한편 1984년 AMPS 방식의 1세대 아날로그 방식의 이동전화 서비스가 시작된 이래 국내 이동전화 시장은 1988년 서울 올림픽 이후 가입자가 매년 2배 이상으로 급증하였으며 기존 아날로그 방식으로는 주파수 부족, 통화품질 저하, 수용 용량 포화가 예상되고 있었다. 또한 고객들의 고품질 통화 서비스에 대한 요구와 더불어 콘텐츠, 무선 데이터, 음성 사서함 등 새로운 멀티미디어 서비스에 대한 요구가 늘어나고 있는 상황이었다. 주파수 부족을 극복하는 방법으로는 새로운 주파수를 더 배정받거나 기존 주파수를 보다 더 효율적으로 활용하는 '디지털 방식'으로 이동전화서비스를 전환하는 두 가지

방법이 있었다. 주파수는 한정된 자원이기 때문에 선진국에서는 이미 디지털 방식의 이동전화를 대안으로 결정하고 기술개발과 표준화를 추진해오고 있었다.

정부는 아날로그 이동통신의 문제점을 해결하기 위해 새로운 디지털 방식 이동통신 표준 선정에 착수했고, CDMA와 TDMA* 중 하나를 정해야 했다.

CDMA는 아날로그 방식인 AMPS에 비해 가입자 수용 용량이 8~10배로 TDMA 방식인 GSM의 4~5배에 달하며 보안성이 탁월하며 통화 품질이 우수하다는 특징이 있다. 또한 높은 주파수 효율성, 낮은 서비스 비용, 고품질 데이터 제공, 간단한 주파수 계획 등이 장점이다. 그 밖에 아날로그 방식에 비해 단말기의 소형 경량화가 가능하고 소비전력이 적게 드는 우수한 방식이다. 그러나 CDMA 방식은 실험실 기술에 불과한 상태였으므로 상용화의 리스크는 매우 높았다. 반면 TDMA 방식의 GSM은 이미 유럽에서 상용화 단계에 와 있어 도입 시 위험성이 낮았지만 기술종속이 불가피하다는 단점이 있었다. 물론 CDMA 기술개발이 성공할 경우 우리 나라가 CDMA 기술 주도국이 될 수 있다는 점도 간과할 수 없는 부분이었다.

오랜 타당성 검토를 거쳐 1989년도 말 한국전자통신연구원은 정부에 CDMA 방식의 채택을 건의하였고, 1990년 1월 정부는 CDMA 기술개발을 정보통신 분야의 국책 과제로 채택했다. 그리고 1990년 말 CDMA를 1996년 초까지 상용화하겠다고 발표하기에 이르렀다.

* Time Division Multiple Access의 약자. 하나의 무선 채널을 다수의 가입자가 시간적으로 분할하여 번갈아 사용하는 방식. A와 B가 동시에 말하면서도 서로 말하는 시간대를 구분하여 듣는 사람이 혼동되지 않도록 하는 방법으로 3개 시간대별로 나누기 때문에 가입자는 FDMA에 비해 3배가 됨.

한국전자통신연구원 중심의 국책과제 수행

CDMA 개발 사업은 체신부가 연구개발의 총괄정책을 결정하고 진도를 관리하며, 한국전자통신연구원은 연구개발을 주도하면서 제조업체로부터 인력을 파견받아 시제품을 개발하고, 이를 바탕으로 참여했던 제조업체는 상용화 제품을 개발한다는 계획으로 출범했다.

한국전자통신연구원은 이를 위해 1991년 3월, 퀄컴의 CDMA IS-95 기술을 기반으로 한 기지국 제어장치, 기지국, 단말기를 공동개발하기로 했다. 단, 교환기는 퀄컴이 독자적인 기술을 가지고 있지 않았으므로 TDX-10을 기본으로 했다. CDMA시스템 기술개발에 LGIC, 현대전자, 삼성전자가 참여했다. 단말기 개발에는 LGIC, 현대전자, 삼성전자, 맥슨전자가 참여했다.

당시 한국전자통신연구원은 공동개발체제를 채택하고 있었는데, 이 방식은 상호책임의 한계가 모호하고 개발목표와 일정이 자주 변경되었으며 제조업체로 CDMA 기술이 원활하게 전수되지 못했다. 이 때문에 업체들은 공동개발체제에 회의적이었으며 개발 일정에도 차질이 나타나고 있었다. 그 영향으로 CDMA 사업은 착수한 지 2년이 지나도록 진척이 부진한 상황이었다.

이동통신 기술개발 사업관리단의 출범

CDMA 개발 프로젝트가 1993년까지 큰 진전을 보이지 못하고 있는 와중에, 1993년 2월 체신부장관으로 윤동윤 장관이 부임했다. 윤 장관은 오래전부터 기술자립과 국산화의 당위성을 강조한 정통 관료였으며, 특히 차관 시절 논란 끝에 디지털이동전화 방식으로 선정했던 CDMA기술의 상용화에 지대한 관심을 보였다. 윤 장관은 당시 공동개발체제로는 CDMA 기술개발이 어렵다

고 판단하여 1993년 7월 한국이동통신 산하에 '이동통신 기술개발 사업관리
단'(이하 사업관리단)을 발족시켰다. 윤 장관은 우리 나라 통신장비 개발의 주
역으로 이미 TDX 교환기를 성공적으로 개발했던 경험이 있는 서정욱 박사를
사업관리단 단장에 선임하였다.

'사업관리단'이 발족된 후 서 단장은 먼저 CDMA 사업 실태를 면밀히 분
석하였다. 분석과정에서 가장 큰 문제점으로 나타난 것은 참여업체 간의 책
임과 역할이 모호한 공동개발체제였다. 과거 TDX 개발과정에서 핵심 성공요
인이었던 공동개발체제가 CDMA 개발 프로젝트에서는 오히려 장애요인으로
나타나고 있었다.

공동개발체제가 성공하려면 프로젝트 관리 주체가 참여업체를 리드할 수
있는 기술적 역량과 프로젝트 관리역량이 필요조건이지만 당시 국내 여건으
로는 이를 충족하기 힘든 상황이었다. 또한 CDMA 프로젝트는 퀄컴이 군사
기술을 상용화한 CDMA 방식 무선접속 기술을 이동전화에 적용하여 상용화
하는 것이었으므로 참여업체는 CDMA 이동전화시스템(교환장비, 기지국, 단말
기 및 운영 소프트웨어 등)의 모든 것을 세계 최초로 개발해야 하는 불확실성 때
문에 더욱 어려움을 겪고 있었다.

업체들은 공동개발 과정에서 자신들만의 기술이나 노하우가 경쟁업체에
공개되는 것을 두려워했다. 게다가 CDMA 개발사업의 성공 여부 자체가 미
지수였기에 기술적으로 확실한 아날로그 이동전화시스템을 개발하거나 외국
장비를 조립·생산하는 것이 CDMA시스템 연구개발에 막대한 인력과 자금
을 투입하는 것보다 이윤 창출에 도움이 된다고 생각하여 적극적인 자세를
취하지 않고 있었다.

프로젝트 추진체제 혁신

서 단장은 우선 CDMA 개발 프로젝트의 진행방식을 전면적으로 재구성하였다. 공동개발체제를 중지하고 CDMA 기술로 상용 서비스를 제공하게 될 한국이동통신이 주도권을 지니는 사업자 중심의 개발 구조를 채택하였다. 이에 따라 사업관리단은 한국이동통신으로 소속을 바꾸었고 한국이동통신이 CDMA 개발에 주도적인 역할을 수행하게 되었다. 참여업체들은 자유경쟁체제로 전환되었다. 사업관리단의 구성은 TDX 연구개발 경험자를 포함해 엔지니어를 중심으로 3개 본부 60여 명의 직원으로 새롭게 출발하였다. 사업관리단이 한국이동통신으로 소속을 변경한 것은 한국이동통신에게 매우 중요한 의미가 있었다.

한국이동통신은 1990년 이후 새로운 통신기술에 대한 연구를 지속적으로 실시하여 기술자립도를 높이기 위해 자체적인 노력을 기울이고 있었다. 1990년 기술본부 산하에 설치되어 연구 활동을 수행했던 기술개발실이 1992년 한국이동통신 중앙연구소로 확대되었다. 이후 중앙연구소 내에는 CDMA 전담반이 설치되었다. 이러한 상황에서 사업관리단의 발족은 CDMA 개발의 축이 한국이동통신으로 이동하게 되는 중요한 사건이었다.

사업관리단은 서 단장의 강력한 리더십을 바탕으로 하여 일련의 혁신적인 조치를 통해 실적이 저조하던 CDMA 개발사업 추진체제를 일신하였다. 1993년 12월 24일에는 CDMA 기술개발 및 상용화의 결정적 성공요인이 된 '사용자 요구사항'을 발표하였다. '사용자 요구사항'은 제조업체가 아닌 수요자 중심으로의 개발 방향의 전환을 의미하였다.

여기에는 기술개발에 필요한 최소한의 요구사항만을 명시하여 제조업체의 창의력을 최대한 인정하였다. 또 요구사항을 충족한 시제품에 대해서는 전량 구매를 보장함으로써 업체들에게 투자에 대한 불확실성을 해소하고 협력과 신뢰를 형성하는 계기가 되었다.

사용자 요구사항을 최소화한 것은 개발업체의 자율성을 최대한 보장함으로써 독자적인 개발 노력을 가능하게 하고 자율적인 경쟁체제를 구축하게 하는 계기가 되었다. 이로써 CDMA개발 사업은 자율경쟁체제로 바뀌어 본격적인 추진에 돌입하게 되었고 개발속도가 가속화되기 시작했다.

새로운 경영진의 지원

1994년 초 한국이동통신이 정부의 통신시장 구조조정 정책에 따라 민영화되었고, 선경은 같은 해 6월 한국이동통신의 경영권을 최종적으로 확보하여 1994년 7월 임시주총에서 새로운 경영진을 선임하였다.

한국이동통신에 새로 취임한 손길승 부회장과 표문수 이사 등 최고경영진은 당시 한국이동통신의 가장 중요한 현안이었던 주파수 부족과 통화품질 문제에 대한 해결방안으로 CDMA 기술개발에 대한 중요성을 인식하게 되었다. 최고경영진들은 취임 이후 사업관리단으로부터 CDMA개발 현황에 대한 브리핑을 받았고 직접 사업개발단을 찾아가서 진행사항을 파악했다. 기술개발 중인 CDMA와 모토롤라의 N-AMPS와 같은 대체기술에 대한 비교분석 후 경영진은 CDMA 상용화에 대한 전폭적인 지원을 약속하게 되었다. 이후 경영진의 지속적이고 적극적인 성원은 사업관리단에게 사내외에 만연한 회의적 시각을 극복하는 데 큰 도움을 주었고 CDMA 개발 추진을 가속화시키는 원동력이 되었다.

시험 통화에 성공하다

1994년 하반기에 우선 개발 업체에 대한 예비시험이 시행되었고, 1994년 11월에는 최초로 CDMA 방식의 시험통화에 성공하였다. 프로젝트 수행 방식의 변화는 참여업체들에게 새로운 동기를 부여함으로써 기술 및 장비개발에 경쟁을 심화시켰고 그 결과 개발 속도가 엄청나게 빨라졌다.

사업관리단의 모든 구성원들이 개발 업체들의 몰입을 이끌어내기 위해 다양한 노력을 기울였다. TDX 개발 과정의 경험을 바탕으로 개발단과 업체와의 목표의식 공유 및 동지애를 만들어나갔다. 개발 과정에서 많은 시간을 함께 보내면서 상호간의 의사소통이 보다 원활하게 이루어지도록 하였고, 개발 업체 간에는 상호 경쟁을 통한 창의력과 몰입이 증대되도록 노력하였다. 이 과정에서 서 단장과 이성재, 이주식 실장 등은 납기 준수에 대한 솔선수범을 보이고 개발업체보다 한발 앞선 평가 및 운용능력을 구비함으로써 CDMA 프로젝트에 대한 리더십을 확보하였다. 또한 사업관리단은 효율적인 프로젝트 관리를 위해 병렬 시도와 다면작업 방식을 통하여 개발 작업이 최대한 신속하게 진행되도록 노력하였다.

사업관리단의 헌신적 노력과 개발 업체들의 경쟁적 노력이 합쳐져서 금성정보통신(現 LG전자)에서 STAREX CMX 교환기를 개발하였고, 1994년 8월에는 예비시험을 실시하였다. 예비시험 후 통과 업체를 대상으로 재시험이 실시되었고 마침내 1994년 11월 18일 CDMA 시험통화를 성공적으로 이루어냈다. 이는 사업관리단의 효율적 프로젝트 관리체계 구축과 개발업체와 관리단의 유기적 협력으로 얻어낸 결과였다. 그러나 이러한 기술개발의 놀라운 성과를 상용화하기 위해서는 새로운 도전이 진행되어야 했으며, 상용화의 원활한 추진을 위해서는 전략과 조직체계를 새롭게 구축할 필요가 있었다.

서정욱 사장의 취임과 디지털사업본부 신설

여러 가지 어려움을 극복하고 CDMA 기술개발을 획기적으로 이루어낸 한국이동통신은 이제 상용화 성공이라는 커다란 과제를 풀어야 하는 새로운 도전을 맞이하게 되었다. 시범통화의 성공이 곧바로 상용화로 이어질 수 있는 것은 아니기 때문이었다. CDMA 기술에 대한 회의론은 아직도 사내외에 강하게 존재하고 있었고, 세계 최초의 CDMA 상용화 수행까지의 일정이 촉박하게 잡혀 있었다.

국책 과제로 시작된 CDMA 기술의 상용화는 1996년으로 예정되어 있었고, 사업관리단은 1995년에는 CDMA 방식 이동전화 공개시범을 보여주기로 언론에 이미 약속한 상태였다. 1년이 조금 넘는 시간 내에 CDMA 상용화를 성공시키는 것은 한국이동통신의 모든 조직역량을 투입하더라도 쉽게 이루어낼 수 있는 일이 아니었다.

그러나 한국이동통신의 최고경영진은 전폭적인 투자와 지원을 아끼지 않았다. 우선 1995년 3월 CDMA 기술개발의 주역이었던 서 단장을 한국이동통신의 사장으로 영입하고, 1995년 4월에는 사업관리단을 '디지털 사업본부'로 개편하여 조직체제를 혁신하였다. 서 단장의 사장 취임은 조직의 정비와 비전 설정에 커다란 도움이 되었다. 서정욱 사장은 디지털 사업본부를 사장 직속으로 설치하여 CDMA 상용화 사업이 강력하게 추진될 수 있도록 하였다. 또한 CDMA 기술개발 과정에서 큰 역할을 수행하였던 사업관리단의 인력들과 기존 한국이동통신 구성원들이 함께 상용화 과업을 효율적으로 수행할 수 있도록 조직 분위기를 조성하는 것에 중점을 두었다. 이후 디지털 사업본부는 상용화를 위한 기획·운용·시설·엔지니어링 업무를 종합적이고 체계적으로 수행할 수 있었고, 이러한 시도는 13개월이라는 짧은 시간 내에 상용화를 가능하게 만든 핵심 성공요인으로 작용하였다.

기술 장애요인 극복

CDMA 상용화의 첫 단계에 부여된 과제는 상용화 시범 서비스 지역 내의 CDMA 네트워크 구축이었다. 아무도 경험해보지 못하던 새로운 기술의 네트워크를 구축하기 위해 담당자들은 밤낮 없는 작업과 필드 테스트를 반복하였다. 상용화 과정의 또 다른 어려움은 기존의 아날로그 시스템과 디지털 시스템이 연동되는 듀얼모드Dual Mode* 시스템의 개발이었다. 많은 전문가들이 주어진 시간 내에 연동이 가능한 듀얼모드를 개발한다는 것은 불가능하다고 생각했지만, 담당자들은 교환기에 계측기를 연결하고 경우의 수를 모두 분석하는 엄청난 노력을 기울여 정해진 시간 내에 아날로그·디지털 연동모드 시스템을 개발하였다.

1995년 6월 15일 KOEX(현 COEX)에서 '95 정보통신 전시관 행사'가 있었고 한국이동통신의 CDMA 시연회가 열렸다. 서 사장의 아이디어로 기자들을 광화문 정보통신부에서 KOEX까지 버스로 태우고 가면서 통화 시연을 하기로 했다. 버스 속 CDMA 시연회는 대성공이었다. KOEX까지 이동하는 도중에 한 번도 통화가 끊기지 않았던 것이다. 이후 CDMA 기술에 대한 인식은 달라지기 시작했고 상용화 작업은 더욱 탄력을 받았다.

세계 최초 상용화가 가시화되어가던 1995년 7월경, 한국이동통신에 할당

---

* 하나의 무선 단말기로 두 가지 시스템 방식을 선택하여 사용할 수 있는 기능. CDMA 도입 초기에는 아날로그 AMPS 방식과 CDMA 방식을 선택 사용할 수 있는 기능이 필요했고, 최근에는 동기식 COMA 2000과 비동기식 W–CDMA 겸용, 또는 GSM과 W–CDMA 겸용 단말기가 개발되고 있다.

되었던 주파수는 이미 AMPS 가입자로 포화된 상태였으므로 서울에 CDMA 상용 첫 서비스를 제공하기 위해 정부에 주파수 추가배정을 요구했다. 하지만 정보통신부는 같은 시기에 서비스를 시작해야 하는 신세기통신과의 공정 경쟁을 이유로 주파수 추가배정 요구를 기각했다. 난관에 봉착한 한국이동통신은 차선책으로 서비스 지역을 서울에서 인천과 부천으로 변경하기로 결정했다. 서비스 지역 변경은 시스템 설비, 기지국 장비를 비롯해 회선 확보 등 모든 일을 처음부터 다시 시작해야 하는 심각한 어려움을 의미했다. 밤낮없이 계속되는 서울 지역의 네트워크 구축작업에 모든 구성원들이 지쳐 있었음에도 불구하고 디지털사업본부 구성원들은 상용화 프로젝트에 대한 강한 자부심과 의욕을 보여주었고, 인천과 부천 지역에 기지국과 전송로를 새로 구축하는 어려운 작업을 휴일도 반납한 채 계속해나갔다.

세계 최초의 CDMA 상용화에 대한 마지막 관문은 안정화된 CDMA 단말기를 확보하는 일이었다. 상용화 추진팀은 단말기 업체와 함께 모든 단말기마다 일일이 수많은 테스트를 거치면서 불량 단말기는 폐기하고 안정화된 단말기를 확보하였다. 1995년 12월 상용화 추진팀은 기지국, 전송로, 교환시설 등 시스템 전반과 통화소통 상태를 점검하며 상용화를 위해 마지막까지 최선의 노력을 경주했다.

외부 장애요인 극복

한국이동통신이 모든 구성원들의 노력을 결집하여 CDMA 기술개발과 상용화를 성공적으로 수행해나가고 있었지만, CDMA의 성공이 가시화되어 나갈수록 경쟁업체들의 CDMA 반대 움직임이 구체화되고 있었다.

위기는 PCS 기술표준 선정 과정에서 발생하였다. CDMA 상용화 시스템 개발이 막바지에 들어서고 있던 1995년 가을, 한국통신(現 KT)은 1996년에 선정할 PCS 기술표준으로 CDMA 대신 유럽 방식인 PCS 1900을 주장하기 시작하였다. 이러한 주장은 PCS 사업자 등이 CDMA 시스템을 운영할 기술을 확보하지 못했기 때문에 한국이동통신과 같은 기술 방식으로 경쟁하기에는 불리할 것이라는 판단에서 나온 것이라 볼 수 있다. 또한 CDMA 상용화에 대한 불확실성을 한국이동통신에 전가하고 현실적으로 이미 상용화되어 있는 GSM 시스템을 도입하는 것이 한국이동통신의 경쟁자들에게는 보다 안전한 경쟁전략이었던 것이다.

제2이동통신 사업자인 신세기통신은 CDMA 사용을 전제로 선정되었고 1996년에 서비스를 시작하도록 예정되어 있었다. 이러한 상황에서 신세기통신은 CDMA 기술이 개발되기 전에 하루 빨리 서비스를 개시하는 것이 시장 전략상 유리할 것이라고 판단해 아날로그 방식인 N-AMPS를 도입하여 서비스를 개시하고자 하였다. 정부 관계부처에 대한 로비는 상당히 위협적이었지만 한국이동통신은 이에 단호히 대처하였다. 경영진이 직접 나서서 기술 종속을 벗어나 신기술로 정보입국을 이루기 위해서는 CDMA 기술을 반드시 개발해야 한다고 정부 관계자들에게 적극적으로 설득하였고, 정부는 1995년 11월 8일 제2사업자의 선정 조건이 CDMA임을 내세워 아날로그 방식의 도입을 불허하고 CDMA 방식을 표준으로 재확인했다.

경쟁사들의 다른 기술표준 도입에 대한 시도는 결과적으로 국가적 프로젝트의 손실을 초래할 가능성을 내포하고 있었다. 우선 여러 가지 기술이 혼용된다면 기술 종속 문제가 지속될 가능성이 존재했고, CDMA 시장의 축소로 CDMA 상용화 성공 의미가 퇴색될 가능성이 높았다. 특히 7년간의 개발기간과 996억원이 투입된 신기술 개발이 물거품이 될 수도 있는 상황이었다. 이러한 상황에서 한국이동통신은 CEO가 직접 나서고 모든 구성원들이 총력을 기울여서 이해관계자들을 설득하는 등 단호한 대응을 보여주었다. 한국이동통신은 1995년 9월 CDMA 공개 시연회를 실시함으로써 CDMA 기술의 우수성을 적극적으로 홍보하였고 기술 종속에 대한 국민들의 거부감을 활용하여 외부의 로비에 효과적으로 대처하는 대응전략을 보여주었다. 한국이동통신의 결집된 노력으로 이동전화의 기술 표준은 결국 CDMA 단일화로 결정되었고 국가적 차원의 낭비를 방지하고 상용화에 성공할 수 있었다.

전 세계를 놀라게 하다

1995년 10월 한국이동통신의 임직원들은 경인고속도로에서 CDMA 상용화 필드 테스트에 한창이었다. 50여 대의 차량에 나눠 탄 이들은 서로 돌아가며 이동전화로 시험통화를 했고 통화는 한 번도 끊기지 않았다. 미국의 조그만 벤처회사 퀄컴이 개발해 실험실 수준의 기술이었던 CDMA가 마침내 세계 최초 상용화를 눈앞에 둔 순간이었다.

그리고 1996년 1월 1일 한국이동통신은 세계 최초로 CDMA 방식의 디지털 이동전화 서비스를 인천·부천 지역에서 시작하여 전 세계를 깜짝 놀라게 했다. 지금까지 어느 누구도 성공하지 못했던 CDMA 방식의 디지털 이동전화 서비스가 이동통신 산업의 후발주자인 한국에서 최초로 시작되었기 때문이다. CDMA 상용화 성공은 한국이 정보통신 기술 자립의 기반을 확보하고 향후 CDMA기술과 장비 그리고 휴대폰의 해외수출 경쟁력의 원천을 마련했다는 점에서 그 의의를 찾을 수 있다.

서 사장의 과감하고 헌신적인 리더십과 이성재, 이주식 실장을 주축으로 한 디지털 사업본부 구성원들의 노력이 이처럼 중요한 성과를 만들어냈지만,

그 이면에는 이러한 결과를 가능하게 만든 새로운 한국이동통신 최고경영진의 과감한 지원이 있었다.

먼저 CDMA 상용화 과정에 필수적인 기지국 구축과 지속적인 필드 테스트 등을 위해 막대한 예산을 배정하고 우수한 인력을 투입하고 이들에게 전폭적인 신뢰를 보여줌으로써 개발팀들이 더욱 열심히 상용화에 전력할 수 있게 하였다. 동시에 경영진은 CDMA 상용화를 마케팅 전략과 통합하여 운영함으로써 새로운 시장을 창출하고 확대시켜나감으로써 CDMA 상용화의 성공을 한국이동통신의 경쟁력으로 직접 연결시켰다.

인천·부천 지역 서비스 개시 이후 한국이동통신은 CDMA 서비스의 전

1996년 1월 1일 세계 최초로 CDMA 상용화에 성공하여 본격적인 디지털 시대가 열렸다. CDMA 이동전화 상용화 기념행사에 참가해 전화 통화를 하고 있는 이수성 전 국무총리.

국화에 총력을 기울였다. 서비스의 전국화는 경쟁전략적인 면에서 신세기통신과 PCS 사업자들에 대응하여 사전에 시장 지위를 확고히 하기 위한 노력이었다. 1996년 3월 대전에 CDMA 망을 확장했고, 1996년 4월 2일 서울 및 수도권으로 서비스 지역을 확대하였다. 그 후 CDMA 이동전화 가입자는 하루에 1,500명 이상 증가했다. 같은 해 7월 1일에는 울산에 처음으로 현대전자의 장비를 투입해 망을 구축하였다. 8월 1일에는 대구, 뒤이어 9월 1일에는 부산과 광주로 서비스 지역을 확장하였다. 이로써 한국이동통신은 약속했던 대로 전국의 6대 도시로 CDMA망을 확장한다는 계획을 완성시켰다.

CDMA 상용화 1년 후인 1997년 초에는 전국 78개 도시에 서비스를 제공하였고 50만 가입자를 돌파했다. 같은 해 8월에는 디지털 이동전화 가입자가 한국이동통신 200만 명, 신세기통신 90만 명으로 총 290만 명으로 급증하였다. 또한 1997년 10월 1일부터 KTF, LG텔레콤, 한솔엠닷컴 3사가 동시에 CDMA 방식으로 서비스를 실시함으로써 CDMA 기술의 우수성을 다시 한 번 입증하였다.

| 상용화 성공요인 | 전사적 역량을 집결하다

CDMA 기술개발은 우리 나라의 정보통신 기술을 한 단계 높인 중요한 사건이었다. CDMA 기술을 성공적으로 상용화시킨 결과, 디지털 전화 구축비용 중에서 2조 2,000억원의 수입대체 효과가 발생하였고 우리 나라는 IT수입국에 서 IT수출국으로서 역할 역전을 이루어냈다. 또한 1996년부터 2002년까지 내수 34조 9,700억원과 수출 154억 1,700만 달러의 CDMA 장비를 공급하였다.

국가 경제 차원의 거시적 효과와 함께 한국이동통신은 국가적 과제였던 CDMA 기술개발과 상용화의 성공을 통해 시장을 선도하였고, CDMA 산업의 활성화를 통해 IT 강국을 이루는 데 중요한 기여를 하게 되었다. CDMA 기술개발 과정에서 축척된 기술개발 역량은 그 후 현재의 SK텔레콤이 다양한 세계 최초의 통신서비스를 제공할 수 있게 하는 기반을 제공하였다.

SK텔레콤의 기업경쟁력뿐만 아니라 우리 나라 통신산업의 경쟁력을 한 단계 높은 수준으로 향상시키는 데에 결정적 기여를 한 CDMA 기술개발의 성공요인은 다양한 각도에서 분석되어질 수 있을 것이다. 성공의 가장 중요한 주역 중 한 사람인 서정욱 박사는 자신의 회고록에서 CDMA 성공의 요인을 다음과 같이 정리하고 있다.

첫째, 정부의 국산개발 정책이다. TDX로 고무된 한국은 TICOM와 반도체 메모리에 이어 디지털 이동전화 CDMA 개발에 도전했다.

둘째, GSM과 CDMA를 놓고 논란하다 과감하게 CDMA를 택했다.

셋째, 연구소 주도 공동개발을 업체 주도 경쟁개발체제로 전환했다.

넷째, 이동전화를 독점에서 경쟁체제로 전환해 서비스를 개선하고 소비자를 보호하며 단말기보조금으로 이용을 확대하고 제조업경쟁력을 강화해 수출산업화했다.

다섯째, 운용업체는 제조업체와 협동해 경박단소화된 단말기를 개발해 세계 시장을 석권했다.

여섯째, 운용업체는 경쟁을 통해 음성 중심에서 비음성 서비스로 격상하고, 서비스 지역을 조기 확장하는 등 네트워크의 가용성 · 안정성 · 신뢰성을 확보했다.

일곱째, 이동전화 서비스에 대한 국민의 높은 이용 능력, 높은 인구밀도가 운용업체들의 투자와 회수에 유리한 환경을 조성했다.

서 박사의 지적대로 CDMA 개발의 성공은 정부의 정책과 민간기업의 열정이 함께 성공적으로 어우러져서 나타난 결과로 이해될 수 있다. 동시에 개발에 대한 구체적 역할은 사업관리단과 한국이동통신에 의해 수행되었다는 점도 주목해야 한다.

초기에 부진했던 기술개발은 사업관리단의 획기적인 리더십에 의하여 효율적으로 관리되었고, CDMA 시험통화 성공으로 이어졌다. 그 후의 상용화 과정과 CDMA 단일표준화 과정은 한국이동통신 경영진의 전사적인 총력 지원과 디지털사업본부의 노력, 참여 구성원들의 열정으로 수많은 전문가들이 불가능하다고 평가한 과업을 완벽하게 수행해냈다. 이러한 과정을 앞서 제시한 모형에 의하여 분석한 결과가 〈그림 6-2〉에 자세히 요약되어 있다.

CDMA 기술개발과 상용화 과정에서 나타난 가장 중요한 역량은 변화에 대한 강한 추진력일 것이다. 한국이동통신의 민영화와 함께 새로이 선임된 경영진은 당시의 경영환경을 체계적으로 분석하였고, 이에 따라 CDMA 기술개발의 중요성을 제대로 인식하였다.

CDMA 기술개발에 대한 회의론과 수많은 논란이 존재하고 있었지만 경영진은 CDMA 개발에 대한 확신을 보여주었고, 이에 따라 기술개발 관리단과 상용화 과정에 전폭적인 신뢰와 과감한 임파워먼트를 가능하게 만들었다.

이러한 지원을 바탕으로 서 박사와 개발관리단의 리더들은 당시 진척이 거의 보이지 않고 있던 CDMA 기술 개발을 본격적으로 가동시킬 수 있었던 것이다. 이 과정에서 새로운 사업운영 방법을 제시하여 개발업체 간의 자율적 경쟁을 유도하였고, 동시에 솔선수범과 헌신적인 노력을 통해 높은 품질관리와 검증능력을 보여줌으로써 개발업체들을 효율적으로 관리하였다. 이러한 효율적 프로젝트 관리 능력은 개발관리단의 '창의적인 변화관리 역량'을 잘 보여주는 예이다.

그림 6-2 • CDMA 상용화 성공요인

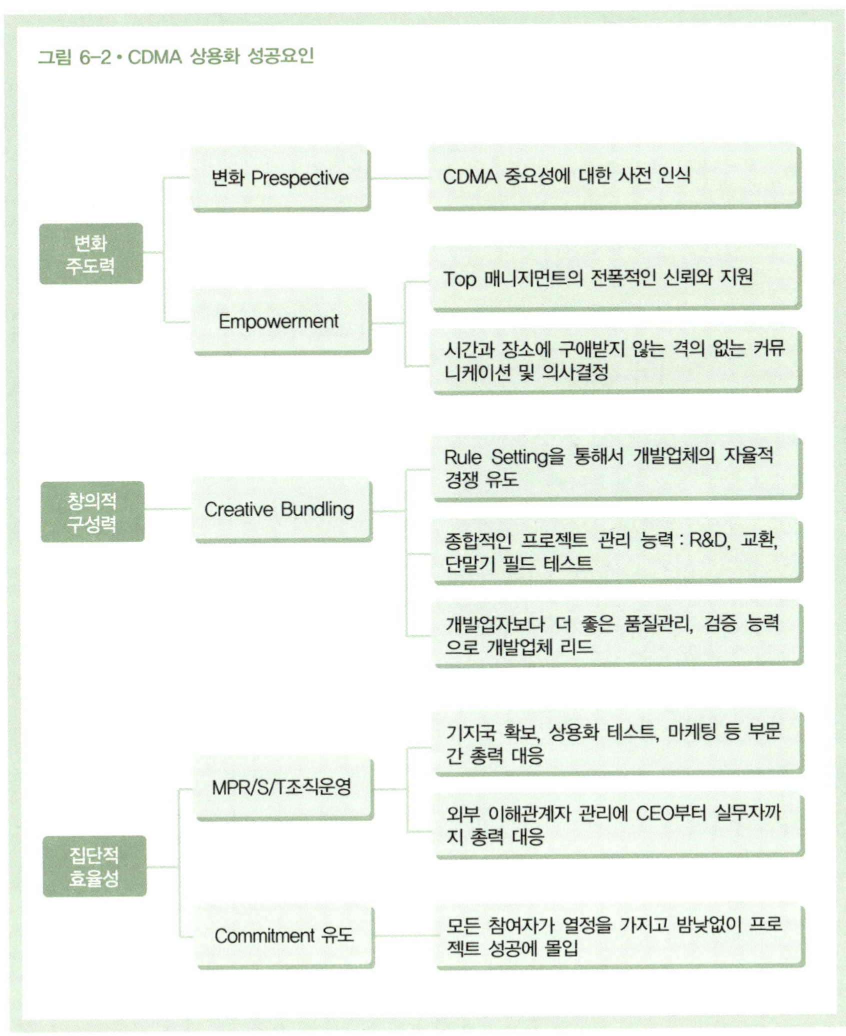
변화 주도력
변화 Prespective
CDMA 중요성에 대한 사전 인식
Empowerment
Top 매니지먼트의 전폭적인 신뢰와 지원
시간과 장소에 구애받지 않는 격의 없는 커뮤니케이션 및 의사결정
창의적 구성력
Creative Bundling
Rule Setting을 통해서 개발업체의 자율적 경쟁 유도
종합적인 프로젝트 관리 능력 : R&D, 교환, 단말기 필드 테스트
개발업자보다 더 좋은 품질관리, 검증 능력으로 개발업체 리드
집단적 효율성
MPR/S/T조직운영
기지국 확보, 상용화 테스트, 마케팅 등 부문 간 총력 대응
외부 이해관계자 관리에 CEO부터 실무자까지 총력 대응
Commitment 유도
모든 참여자가 열정을 가지고 밤낮없이 프로젝트 성공에 몰입

또한 CDMA 상용화 과정에서 한국이동통신은 집단적 효율성 역량을 잘 보여주었다. 상용화 과정에서 주어진 짧은 기한 내에 과업을 수행하기 위해서는 조직 내의 모든 부서 간의 협동과 업무조율이 필수적인 사항이었다. 민영화를 통해 효율적인 경영시스템을 정착시켰던 한국이동통신은 마케팅·생산·지원·연구조직 간의 매끄러운 협업과정을 통해 상용화 과정을 완벽하게 수행하였다. CDMA 단일표준화 과정에서는 외부 이해관계자들에게 CDMA 표준의 중요성을 설득하고 이해시키기 위해 CEO부터 실무자까지 함께 하는 적극적이며 전사적인 대응을 보였다. 이러한 결집된 노력이 효과적으로 표출된 것은 조직에 대한 몰입이 공유되고 있기 때문에 가능한 일이었다.

CDMA 기술개발과 상용화 사례는 여러 가지 관점에서 열정집단Hot Group 의 특성을 보여주고 있다. 애플컴퓨터의 매킨토시 개발, IBM의 개인컴퓨터 Personal Computer 개발 사례에서 열정집단 현상이 나타났는데, 열정집단은 열정과 몰입을 바탕으로 많은 사람들이 불가능하다고 여기는 과업을 헌신적으로 성취해나가는 집단을 의미한다. 열정집단은 카리스마를 지닌 리더를 중심으로 하여 독립성과 자발적 열의를 보이며 과업을 수행해나간다. 이 과정에서 다른 집단에서 찾아보기 힘든 놀라운 수준의 몰입을 보여준다. 이러한 몰입이 가능한 이유로, 구성원들 간에 조직의 목표와 지적 열정이 강하게 공유되고 있다는 점이 중요하게 지적된다.

CDMA 개발 과정에서도 사업관리단은 서 박사가 카리스마를 지닌 리더로서 솔선수범과 목표 공유를 통해 구성원들과 개발 업체를 높은 수준으로 몰입하게 하였다. 또한 상용화와 CDMA 단일 표준화 과정에서는 한국이동통신의 경영진이 직접 나서거나 구성원들에 대한 임파워먼트를 통해 이러한 역할을 함께 수행해나갔다.

　　결론적으로 CDMA 기술 개발과 성공적인 상용화는 경영진의 주도적 변화 노력, 구성원들의 열정과 공유, MPR/S/T 경영 등 다양한 역량을 통합하여 CDMA 기술 개발의 성공을 현재의 SK텔레콤의 기업경쟁력으로 직결시킨 중요한 사례다. 특히 정부와 유기적인 협조를 통하여 세계 최초의 기술을 개발하였고 기술과 시장 여건이 불확실한 상황이었지만 이를 전사적인 노력으로 극복해 커다란 성공을 거둔 것은 국내 산업 발전에 새로운 모델을 제시한 것으로 판단할 수 있을 것이다.

이동전화 서비스 마케팅의 신기원, TTL[*]

TTL은 창의적인 전략기획과 치밀한 실행 과정을 통해 SK텔레콤의 위기를 기회로 반전시키고 SK텔레콤의 조직경쟁력을 획기적으로 향상시킨 대표적인 마케팅 사례이다. 특히 SK텔레콤의 브랜드 파워를 한 단계 위로 끌어올린 TTL은 경영진과 각 분야 구성원들의 결집된 노력의 결과로서 SK텔레콤의 전체 역량을 잘 드러내준다.

전사적 위기감이 증폭되다

1996년 신세기통신의 시장 진입에 이어 1997년 PCS 3사(KTF, 한솔엠닷컴, LG 텔레콤)가 상용화 서비스를 시작함에 따라 이동통신 시장의 본격적인 경쟁이 시작되었고, 이동통신 5개사의 경쟁적인 마케팅에 힘입어 우리 나라는 1998 년 6월 19일 이동전화 가입자 수 1,000만 명을 넘어서며 세계에서 다섯 번째 의 이동전화 가입자 보유국이 되었다. 그러나 이동전화 시장의 급격한 팽창 은 고객을 확보하기 위한 제살깎기식 출혈경쟁을 부추겨 유통질서를 어지럽 히는 결과를 초래하였다. 고객을 확보하기 위한 이동전화 사업자들의 출혈경 쟁이 심화되면서 단말기 구입 보조금 지급과 각종 특별판매 행사가 남발되어

* 본 사례는 이석규(성균관대 경영학부), 이병철의 공동 저작인 「TTL 또 다른 차별화를 찾아서」를 바탕으로 작성 되었음.

헐값의 단말기가 등장했다. PCS 사업자들이 사업 개시 초기 단말기 보조금으로 쏟아 부은 자금 규모는 실로 어마어마해 회사마다 총매출액을 상회할 정도였다. 상황이 이렇다 보니 PCS 사업자들은 300만 명이 넘는 가입자를 유치하고도 적자를 기록하는 상황이 발생했다.

SK텔레콤은 PCS 3사가 상용서비스를 시작하기 전부터 나름대로 PCS 3사와의 경쟁에 대비하기 위한 준비를 하고 있었지만, 이동통신 산업 자체의 특성이 다양성을 가지고 있는 시장이 아니기 때문에 가격 위주의 경쟁이 유발될 수밖에 없었다. PCS 3사가 경쟁에 참여하면서 본격적으로 보조금 지급 경쟁이 시작되었고 이로 인해 시장 경쟁 자체가 가격 위주 경쟁으로 나아갔다.

요금 면에서 SK텔레콤은 선도사업자로서의 정부 규제를 받고 있었고 마땅한 대응책을 찾기가 어려운 상황이었다. 더욱이 PCS는 초창기에는 통화 품질 면에서 열세였지만, 기술의 발달 등으로 소비자가 느끼는 통화 품질에 대한 체감 수준의 차이는 점점 줄어들고 있었다. 저렴한 가격을 강조하며 공격적인 마케팅을 전개하는 PCS 사업자들로 인해 SK텔레콤은 신세기통신과의 경쟁에서는 경험하지 못했던 새로운 상황에 직면하였다. 시장점유율은 계속 하락하고 보조금과 장려금의 경쟁이 가속되면서 SK텔레콤 내부의 전사적 위기감은 증폭될 수밖에 없었다.

게다가 PCS 3사가 젊은 세대들을 집중 공략하면서 상당한 성공을 거두고 있다는 사실은 SK텔레콤에게 치명적이었다. PCS 3사의 공략으로 10대 후반 20대 초반 세대들의 '이동전화 갖기' 붐이 일었고, 유행에 민감한 세대답게 이들의 가입자 증가율은 그 어느 나이 대보다 높았다. 더욱이 10대 후반과 20대 초반은 중·장년층 가입자에 못지않은 통화량을 보이고 이동전화에 제공되는 다양한 부가 서비스들을 자유자재로 이용하는, 기술의 발전에 따라 다양한 통신서비스를 향유할 수 있는 미래의 중요한 고객군이었다.

하지만 10대 후반과 20대 초반 층에게 '스피드 011' 브랜드는 아저씨들이 사용하는 낡은 브랜드라는 이미지로 인식되었고, 요금이 비싸고 단말기 디자인이 촌스럽다는 이유로 SK텔레콤을 외면하는 상황이었다. 이는 SK텔레콤의 미래 시장에서의 주도력 유지에 심각한 위협 요인으로 대두될 가능성이 매우 높았다. 따라서 PCS 3사의 젊은 세대에 대한 성공적인 공략은 SK텔레콤의 시장점유율이 장기적으로는 더욱 하락하는 것을 의미하였다. 다시 말해서 경쟁사들이 당장 SK텔레콤의 가입자들을 빼앗아가는 것이 아니지만 새로운 시장을 창출하면서 젊은 세대들을 확보하여 미래 시장을 SK텔레콤보다 선점하고 있는 셈이었다.

이러한 상황을 타개하기 위해서는 획기적인 마케팅 전략이 절실하게 요구되고 있었다. 새로운 마케팅 전략은 세 가지 세부목표를 만족시킬 수 있어야만 했다.

첫째, 시장점유율 하락 추세를 반전시켜야 한다. PCS 3사는 장려금과 함께 저가 요금 중심의 공격적인 마케팅을 펼치고 있었지만, 다른 경쟁사들과 달리 요금에 대해 정보통신부 허가를 받아야 하는 SK텔레콤 입장*에서는 적절한 대응방안이 없다.

둘째, 젊은 세대 가입자 확보를 통한 미래지향적 고객구조를 정착시켜야 한다. 안정적인 성장기반을 확보하기 위해 통화량이 높고 신규 서비스에 대

---

* 1997년 1월부터 정보통신부는 유선 · 무선 통신사업자들의 요금을 자율적으로 정하고 출시 전 신고만 하면 되는 요금신고제를 도입하였다. 단, 유선과 무선 각각의 지배 사업자인 한국통신과 SK텔레콤은 통신 요금을 올리거나 내릴 때 또는 새로운 요금제를 도입할 때 사전에 정보통신부의 허가를 받아야 한다. 즉, SK텔레콤은 TTL 요금제를 출시하기 위해 정보통신부의 허가를 받았지만, 경쟁사의 Na 요금제나 Kai 요금제는 사업자가 원하는 일정에 원하는 요금수준을 정해 고객에게 바로 제시할 수 있었다.

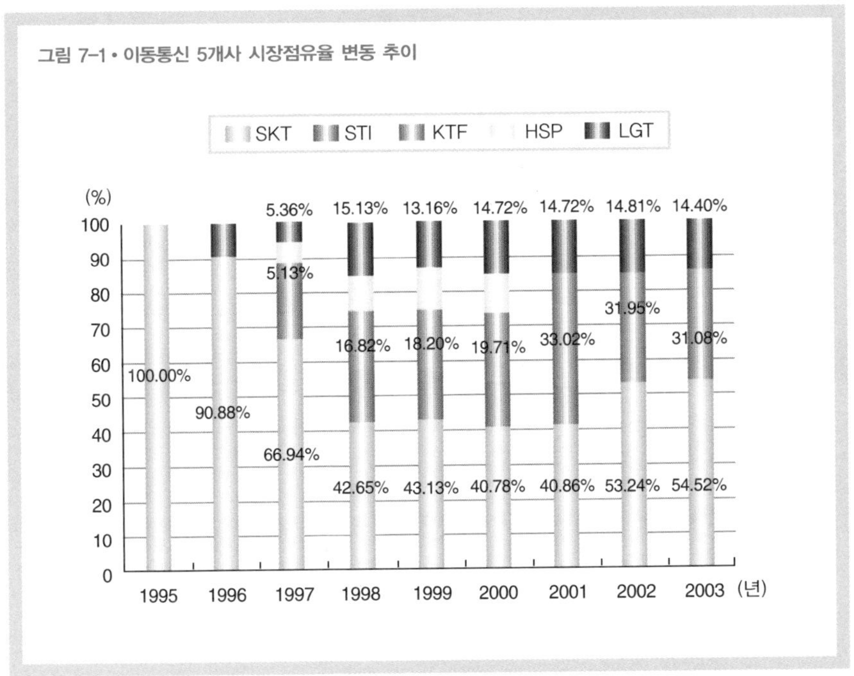

한 높은 수용도를 보이는 10대와 20대 초반의 젊은 고객을 확보하는 일은 대단히 중요한 과제였다.

셋째, 기존의 프리미엄 이미지를 고수한다. 젊은 세대의 인식을 풀어나가는 과정에서 주의해야 할 요소는 기존의 프리미엄 이미지를 어떻게 유지할 것인가 하는 문제였다. 자칫 가격을 낮추고 젊은 세대를 집중 공략하기 위한 전략을 단순하게 접근하다 보면 SK텔레콤의 프리미엄 이미지를 손상할 가능성이 존재하고 있었던 것이다. 따라서 기존 가입자의 이탈을 방지하고 성인 고객층의 높은 가입의향률을 유지하기 위해 기존의 프리미엄 이미지를 유지하는 것이, 새로운 마케팅 전략에서 반드시 고려되어야 했다.

누구도 모방할 수 없는 브랜드를 구축하라

TTL의 탄생

어떠한 장애 요인이 있다 하더라도 10대에서 20대 초반 시장은 확보해야만 했다. 가입자가 한번 이동통신 브랜드를 선택하면 브랜드 전환이 어렵다는 점에서 "이 시장을 놓치면 지금 아저씨 세대들이 다 구입하고 나면 결국 우리는 진다"라는 결론을 내릴 수밖에 없었기 때문이다.

이와 더불어 10대 후반에서 20대 초반 시장은 다음과 같은 매력 요인을 가지고 있었다.

첫째, 이동전화에 최초로 가입하는 연령 대라는 점이다. 이미 사용 중인 전화번호를 쉽게 바꿀 수 없는 현실 상황에서 이들이 처음 가입하고 사용을 시작한 이동통신 회사와 전화번호는 고객 유지의 중요한 계기가 될 수 있다.

둘째, 이동통신 가입증가율이 매우 높아 이동통신 서비스 업체의 시장점유율 확대를 위한 핵심 목표고객층이 될 수 있다. 매년 60~70만 명의 고교 졸업자(18세 기준)가 새로운 잠재 가입자로 부상하고 있을 뿐만 아니라 이들이 가정 및 주변인의 소비생활과 관련된 의사결정에 미치는 영향력은 갈수록 높아지는 추세다.

셋째, 이 연령대의 통화량이 가장 많아 수익성이 높은 우량 고객층이 될 수 있다.

넷째, 신규 서비스 및 상품 등에 대한 수용도가 매우 높다.

그러나 젊은 층의 011에 대한 이미지는 구형 '그랜저'였다. 경쟁사들의 대부분은 경제적이며 젊은 이미지에 속했지만 011은 고급스럽기Premium는 하지만 아저씨들이 쓰는 중년의 이미지Adult Image가 강했다. 마케팅 전략팀은

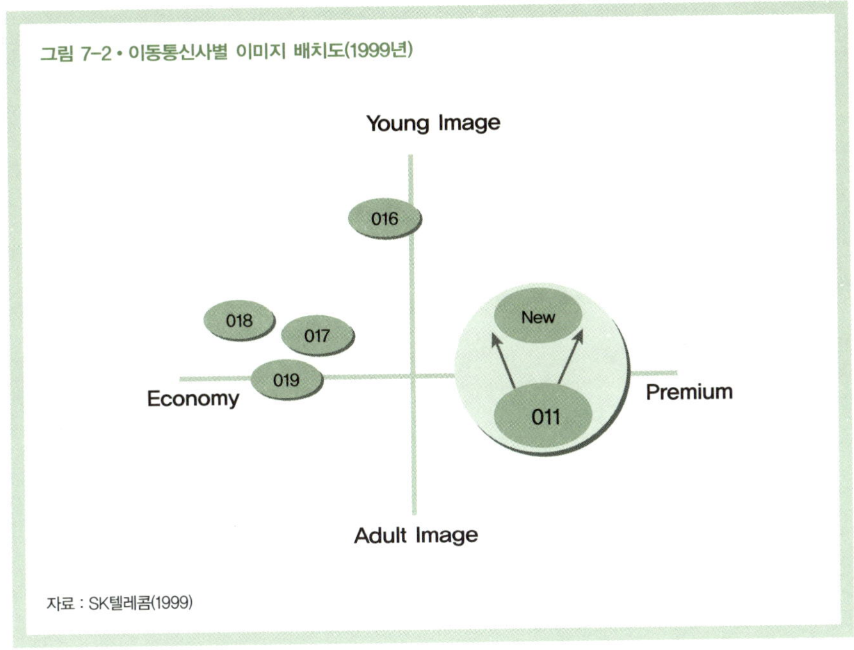

새로운 포지셔닝 전략이 필요하다는 판단하에 현재까지 경쟁사들이 염두에 두고 있지 않은 'Young + Premium' 위치에 주목하였고, 이에 알맞은 새로운 브랜드를 출시하기로 결정하였다.

소비자 연령을 세분화하여 10대 후반~20대 초반 가입자를 대상으로 한 새로운 브랜드를 출범하기로 한 전략팀은 011의 고급스러운 이미지를 유지하되, 상대적으로 경제력이 떨어지는 젊은 소비자들로 하여금 실제 011을 선택하게 하려면 그들에게 경제적 혜택을 제공해야 한다고 판단했다. 일단 타사보다 높은 이동전화 요금 조정에 대한 전략적 검토가 필요하다는 생각에 요금제에 대한 고민을 시작했다. 이러한 고민이 진행되고 있을 때 기술 부문에서 '지역 기반 가격제zone price'를 제안해왔다. 특정지역에서 이동전화를

신세대의 생활 패턴을 고려한 TTL만의 차별적인 고객 서비스 중의 하나인 TTL Zone.

사용할 때 차별적인 요금을 적용시킬 수 있다는 개념으로, 젊은 층들의 주요 통화 지역이 제한적이라는 사실을 감안할 때 젊은 층의 가격 전략 수립에 매우 적합했다.

그러나 가격만으로 PCS로 기울어져 있는 젊은 세대의 이동통신 소비 패턴과 이미지를 바꾸기는 무리가 있었다. 이동통신 시장에서 소비자들은 요금과 단말기, 초기 가입 비용 정도에서만 각사의 차이점을 느끼는 정도였고, 이동통신사들 역시 이에 대한 고민과 전략만을 수립해왔던 것이 사실이었다. 거듭되는 회의 결과 전략팀이 얻게 된 가장 중요한 결론은 요금상품 같은 하나의 상품 아이디어가 아닌 여러 아이디어가 결합된 종합상품으로의 접근이 필요하다는 것이었다. 그리하여 탄생한 아이디어가 복합상품화, 즉 '상품 개념

특권	혜택	특성
가벼움	• 커플요금제 • 지정번호 할인요금제 • 지역할인 요금제	• 저가의 PCS 견제 • 경제력이 낮은 저 연령층 유인
탈출	• 멤버십 제도(TTL카드)	• 가격경쟁을 차별화 경쟁으로 전환 • 고객유지 프로그램
충전	• TTL Zone	• TTL 고객만의 자부심 • 유형적 혜택
꿈	• TTL College	• 온라인에서 고객의 자발적 커뮤니티 형성
소유	• TTL 전용 휴대폰 단말기	• 유형적 차별화
n.TOP	• 무선 네트워크 서비스	• 개개인에게 맞는 맞춤정보 제공
초대	• TTL 크루즈 • TTL MT동강탐사 • TTL 개강 대동제 • 세계 4대 문명 발상지 대탐험 • TTL 짱 학생	• 타깃 고객과의 공감대 형성을 통한 브랜드 • 로열티 형성 및 참여 기회 제공 프로그램

의 확장'을 통한 차별화였다.

유통, 단말기, 광고, 요금제가 종합적으로 하나의 상품으로 개발된다면 현재까지 주목받지 않았던 부분들에 대한 차별점을 고객들이 인지하고 차별화된 상품을 선택할 수 있을 것이라는 확신이었다. 그리고 장려금 지원 경쟁에서 살아남을 수 없다면 차라리 장려금 1만원, 2만원을 다른 혜택으로 돌려 차별 포인트를 더욱 부가시키는 것이 유효할 것이라는 판단을 내렸다.

이렇게 하여 단순한 요금상품이 아닌 라이프스타일 제품인 'TTL'이 탄생되었고, 가격 경쟁의 패러다임에서 벗어나 새로운 패러다임의 차별화 경쟁이 시작되었다. 이를 실현하기 위해 전략팀은 본격적으로 10대 후반과 20대 초반의 행동경향과 사고방식, 이동통신 서비스에 대한 가입 특성, 통화 패턴 등을 본격적으로 분석하기 시작하였고, 스무 살의 7가지 특권으로 표현된 복합 상품을 개발하였다. 특히 상품 요소 중 지역할인 요금제는 모방이 용이한 가격적인 차별화 요인이지만 경쟁사들이 빠른 시일 내에 쉽게 따라잡을 수 없도록 충분한 준비기간을 가졌으므로 한동안 독보적인 경쟁력을 가질 수 있었다. 지역할인 요금제의 경우 지정된 장소 위주로 통화하는 젊은 세대의 특징을 요금제에 적용한 새롭고 창의적인 요금제였다.

그러나 여기서 한 가지 더 주목해야 할 것은 지역할인이라는 아이디어를 실현하기 위해 준비하고 챙겨야 할 일들이 만만치 않았다는 사실이다. 전국 대학교와 인근 지역에 있는 기지국의 모든 정보를 파악하여 할인 여부를 정해야 했고, 단말기와 기지국 간의 정보가 실시간으로 업데이트되어 요금시스템에 반영되어야 했다. 이로 인해 시스템 변경은 물론 업무 프로세스도 새로 정립해 실질적으로 해당 지역의 모든 필드 테스트를 완료한 뒤에야 비로소 서비스를 시작할 수 있었다. 그 기간이 대략 6개월 정도 소요되었다. 특히 개발 기간은 정보통신부의 통화 품질 측정 기간과 맞물려 있었고, 통화 품질 측정 결과가 경쟁우위 요소를 가름하는 중요한 사안이었다. 따라서 네트워크 부문은 개발과 통화 품질 유지라는 두 마리 토끼를 잡기 위해 서너 배 이상의 노력을 기울여야 했다.

TTL이 단지 또 하나의 새로운 마케팅 전략에서 그치지 않고 종합적이며 혁신적인 상품이 될 수 있었던 중요한 요인은 이처럼 마케팅과 네트워크 부문 간의 통합적인 노력이 효율적으로 이루어졌기 때문이다. 초기의 마케팅 전략에서 시작되었던 새로운 시도는 모든 부문의 팀원들을 포함한 태스크포스팀 Task Force Team(이하 TFT)으로 확대되었고, TTL TFT는 혁신적 전략안의 실행에 있어서 전사적 협조와 노력의 통합이 원활히 이루어지게 하는 중요한 역할을 수행하였다.

브랜드 자산을 통한 차별화

당시 시장 상황에서는 차별화된 제품은 곧바로 경쟁사에 의해 모방되었다. 따라서 차별화된 제품을 어떻게 지속적으로 소비자에게 인지시킬 수 있느냐가 관건이었다. TFT는 이 문제를 풀기 위해 '브랜드 자산'에서 그 해답을 찾고자 하였다. 강력하게 구축된 브랜드 자산은 어떤 경쟁사도 쉽게 모방할 수 없다. 그런 의미에서 TTL이 아무리 상품 전략을 획기적이고 체계적으로 잘 짠다 할지라도 고유의 브랜드 자산 구축을 위한 노력이 이루어지지 않는다면 그 효과는 지속되기 힘들다.

브랜드 자산을 효과적으로 구축하기 위해서는 브랜드가 소비자들에게 호의적이고favorable, 강력하고strong, 독특한unique 이미지를 가질 수 있는 컨셉을 설정하고 이를 효과적으로 커뮤니케이션해야 한다. 따라서 브랜드 컨셉 전략과 커뮤니케이션 전략이 잘 조화를 이룰 수 있는 통합적인 전략을 세워야 TTL이 성공적인 브랜드로 성장할 수 있다는 결론을 내렸다.

SK텔레콤은 이미 이동전화 브랜드로 '스피드 011'이라는 개별 브랜드를 보유하고 있었으므로 새로운 이동전화 브랜드 출시에는 몇 가지 문제점이 야기되었다.

첫째, 소비자들이 신상품 브랜드를 기존 브랜드인 '스피드 011'과 구분하여 차별성을 인식할 수 있느냐는 문제가 있었다. 이동전화 브랜드는 곧 식별번호라는 인식체계를 갖고 있는 상황이었기 때문이다. 그럴 경우 당초 의도한 대로 'Young+Premium' 이미지는 새로 구축될 수 없었다. 새로운 브랜드와 스피드 011을 분리해서 인식할 수 있도록 해야 했다.

둘째, 신규 브랜드 출시로 스피트 011 브랜드를 더욱 '성인만의 전용 브랜드'로 고착화시켜 브랜드 이미지 자체가 진부해질 수도 있었다. 이럴 경우 새로운 제품 개발을 통한 미래 시장 선점이라는 당초의 전략목표와는 거리가 멀어질 위험이 있었다.

셋째, 신규 브랜드의 출현은 '스피드 011'의 업계 리더 이미지를 상쇄시킬 수 있는 위험성이 있었다. 신규 브랜드가 현재 이동통신 시장에서 강력한 브랜드력을 보유하고 있는 '스피드 011'의 아류 제품 또는 대체품 정도로 인식되거나 평가된다면 기존에 선전하고 있는 중·장년층 시장에서조차 고전할 가능성이 있었다.

결국 모 브랜드Family brand의 프리미엄 이미지를 그대로 유지하면서 10대 후반에서 20대 초반의 새로운 목표 시장이 가지고 있는 기존 이미지를 어떻게 분리시킬 것인가 하는 것이 TFT가 풀어나가야 될 숙제였다. TFT는 신규 브랜드를 개별 브랜드로 출시했을 경우 이에 따른 위험을 최소화하는 동시에 목표 시장에서 확실한 경쟁 지위를 구축하기 위해서는 모 브랜드의 강력한 이미지를 기초로 하되 그 속에서의 새로운 배타적 이미지를 구축하는 브랜드 확장으로 방향을 결정하였다.

브랜드 확장에 따른 신규 브랜드의 제작과정에서 브랜드 네임을 '○○○ 011' 또는 '011 ○○○'로 할 경우 기존의 '스피드 011'의 진부한 이미지가 연상될 위험이 있었고, 011을 완전히 배제할 경우 011의 강점도 함께 무시될 수 있었다. 이에 TFT는 '스피드 011'의 신뢰도를 유지하고 새로운 브랜드의 특성을 반영할 수 있는 '스무 살의 011'을 브랜드 슬로건으로 삼았다. 스무 살은 1924세대를 대표하는 상징적인 나이를 의미했다. 또한 새로이 결정된 브랜드 TTL은 브랜드에 대한 정의를 내리지 않음으로써 'The Twenties Life' 'The Twenty's Liberty' 'Time To Love' 'Time To Leave' 등 개성이 강한 1924세대 소비자 스스로가 자기 방식대로 정의를 내리고 해석할 수 있도록 하였다. 이는 20대의 자유분방한 심리적 특성을 반영한 것이었다.

1999년 TTL 브랜드 런칭 직전 이동통신 서비스 회사들은 TV 부문에서만 월간 약 90억원의 광고비를 지출할 정도로 경쟁업체 간 시장점유율 유지 및 확대를 위한 광고물량 경쟁이 심화되고 있는 상황이었다. PCS 3사는 요금 및 인터넷 컨셉을 중심으로, 셀룰러 시장의 경쟁자인 017(신세기통신)은 우수한 통화품질을 집중적으로 내세우며 이미지 확립에 주력하였다.

SK텔레콤이 TTL을 출시하면서 가장 역점을 두었던 것은 단기간 내에 브랜드의 인지도를 극대화시키는 것이었고, 목표 시장에 집중된 커뮤니케이션을 하는 것이었다. 이를 위해 TFT는 20대 초반 세대는 항상 새로운 것, 남과 다른 나를 추구하는 개성파이며 복잡한 것보다 단순한 것을 선호하는 즉흥적인 세대지만, 한편으로는 획일화된 개성과 단순성 속의 다중성을 추구하는 세대라는 사실을 분석해냈다. 당시 TFT 팀장은 주 목표 대상이었던 젊은 세대들의 사고방식과 생활을 이해하기 위해 팀원들과 함께 수시로 대학로를 방문했다.

20대 초반 세대에게 효과적으로 커뮤니케이션하기 위해서 일방적으로 메시지를 전달하기보다는 소비자들 스스로 해석하고 이해하게끔 하는 열린 광고 형식이 적합하다는 결론이 도출되었다. 이러한 방식은 애초 명확한 정의를 내리지 않고 나름대로 해석할 수 있도록 사고의 영역을 열어놓았던 TTL이라는 브랜드 네이밍 전략과도 일치하는 것이었다. 이러한 배경을 바탕으로 스무 살을 위한 광고가 만들어졌고, 성공적 광고 캠페인을 위한 몇 가지 가이드라인이 도출되었다.

• 지금까지 누구도 보지 못한 광고를 만든다.

- 무슨 광고인지 알 수 없도록 메시지를 주지 않는다.
- 정답을 내리지 않고 보는 사람이 나름대로 해석하도록 여지를 둔다.
- 신세대 감각에 맞게 색다르고 현대적이고 환상적인 스타일을 만든다.
- 단순한 이동통신이 아니라 젊은 세대의 문화로 포지셔닝한다.

이와 더불어 모델 전략 역시 새로운 방법을 시도하였다. 모델 전략의 목표는 여태껏 광고에서 누구도 보지 못했던 인물을 선택하여 캠페인이 끝날 때까지 공개하지 않음으로써 제품의 신선함과 신비로움을 유지하고 호기심을 증폭시키는 것이었다. 이와 같은 모델 전략은 사실상 TTL 광고 캠페인의 성공 여부를 결정짓는 아주 중요한 요소 중 하나였다.

실제로 TTL 모델로 기용된 임은경은 단 한 번도 카메라 앞에 서본 경험이 없는 초보였다. 당시 여기저기서 문의가 빗발쳤지만 철저히 비밀에 부쳤고 뜨는 모델, 빅 모델을 선호하는 CF계의 경향 속에서 이 같은 모델 전략은 매우 신선한 바람을 일으켰다.

광고대행사 역시 'white communication'이라는 광고업계에서 그다지 알려지지 않은 작은 회사였다. SK텔레콤은 이 회사의 뛰어난 창의성에 주목했던 것이다.

스무 살에게 TTL이 무슨 의미일까? 이것이 광고 컨셉 설정의 화두였다. 고등학교 졸업, 해방됐다는 느낌, 대학 입학 혹은 사회생활 등 스무 살에게는 새로운 세상이 열려 있다. 호기심을 가지고 뭐든 해보고 싶은 시기이며, 그동안 학교생활에 구속되어 해보지 못했던 여러 가지 일들을 처음 경험할 수 있는 시기이다. 스무 살은 인생의 전환점인 것이다. 그런 스무 살이 이동전화를 가지게 된다면 친구들과 밤새도록 수다 떨 수 있는 통로를 가지게 되는 것, 언제 어디서나 연락될 수 있는 나만의 채널을 가지게 되는 것, 그리고 한

마디로 자유로워지는 것이다. 이러한 명제 속에서 신세대를 위한 TTL 브랜드 런칭 광고의 컨셉이 도출되었다. TTL은 '내가 처음 만나는 이동전화, 처음 만나는 자유'였다.

이처럼 기존 광고의 틀에서 벗어나 새로운 차별성을 제공한 TTL의 커뮤니케이션 전략은 신세대들에게 커다란 호응을 얻었다. 새롭고 혁신적인 TTL 상품개념에 맞추어 독특하고 새롭게 추진된 TTL 광고는 사회적 반향을 일으켰고 TTL 성공에 중요한 역할을 하였다.

TTL과 같이 중요한 프로젝트의 브랜드 전략과 커뮤니케이션 전략이 이처럼 혁신적일 수 있었던 것은 최고경영층의 전폭적인 임파워먼트와 동참이 있었기 때문이다. 최고경영층의 강력한 후원은 TTL 프로젝트의 중요성을 새롭게 일깨워줌으로써 구성원들의 노력을 한 단계 높은 수준으로 끌어올리는 효과를 가져다주었다. 그러나 중요한 의사결정에 있어서는 TFT 구성원의 자발적 의사결정을 강조하였고, 젊은 세대에게 적합한 창의적이며 혁신적인 내용을 계속적으로 끌어낼 수 있도록 전략팀을 독려했다. 즉 TTL 프로젝트가 보다 젊은 세대에 걸맞는 종합적이고 혁신적인 상품이 될 수 있도록 전사적 차원의 후원이 뒷받침되었던 것이다.

전략 목표를 달성하다

당초 목표를 초과 달성하며 브랜드 런칭 6개월 만에 가입자를 100만 명 가까이를 확보한 TTL의 성공으로 SK텔레콤은 시장점유율 하락 추세를 반전시킬 수 있었다. 또한 젊은 세대 고객 확보를 통한 미래지향적 고객구조 정립, 기존의 프리미엄 이미지 유지라는 전략목표를 달성하였다. TTL의 성공배경에 대하여 당시 TFT 팀장은 다음과 같이 설명한다.

"기성세대의 관점이 아닌 목표 고객층인 20대 전후반의 소비자 관점에 최대한 접근하여 그들의 시각에서 생각하고 준비한 메시지를 그들의 눈높이에서 보여주고자 했던 전략적 접근이 주요 성공요인이 될 수 있었던 것입니다. 그로 인해 SK텔레콤 내부적으로는 가입자 연령대별 구성의 균형을 맞출 수 있었고, 외부적으로는 그 이전까지 업계의 주요 경쟁전략이었던 단순 가격 할인 중심의 소모적 경쟁방식을 극복하여 상품력 위주의 경쟁으로 이동통신 서비스 업계의 경쟁 패러다임을 전환시킬 수 있었던 것입니다."

단순한 가격 차별화가 아닌 혁신적 상품으로 제시된 TTL로 인해 SK텔레콤의 신규 가입자는 폭발적으로 증가했고, 가입자 중에서도 10대와 20대가 차지하는 비율이 점점 높아져 전반적으로 취약했던 10~20대 가입자 비율을 높일 수 있게 되었다. 이러한 결과는 미래에도 지속적으로 성장 가능한 가입자 구조로의 전환을 의미했다.

이와 함께 목표 고객층에서 TTL의 가입의향률이 높아짐과 동시에 전체 잠재 고객들의 011에 대한 가입률도 동반 상승하였다. TTL 신규 브랜드 런칭

표 7-2 • 이동통신 전체 가입자 중 신규 가입자 비율

구분	1998년	1999년
SKT	20%	44%(△)
STI	14%	12%(▽)
KTF	28%	20%(▽)
HSP	14%	14%(−)
LGT	24%	10%(▽)

초기 전략팀이 우려했던 모 브랜드인 011의 이미지 약화 및 신규 브랜드 런 칭에 따른 자기시장 잠식현상은 일어나지 않았으며 오히려 모 브랜드의 이미 지 강화라는 성과를 얻게 되었다.

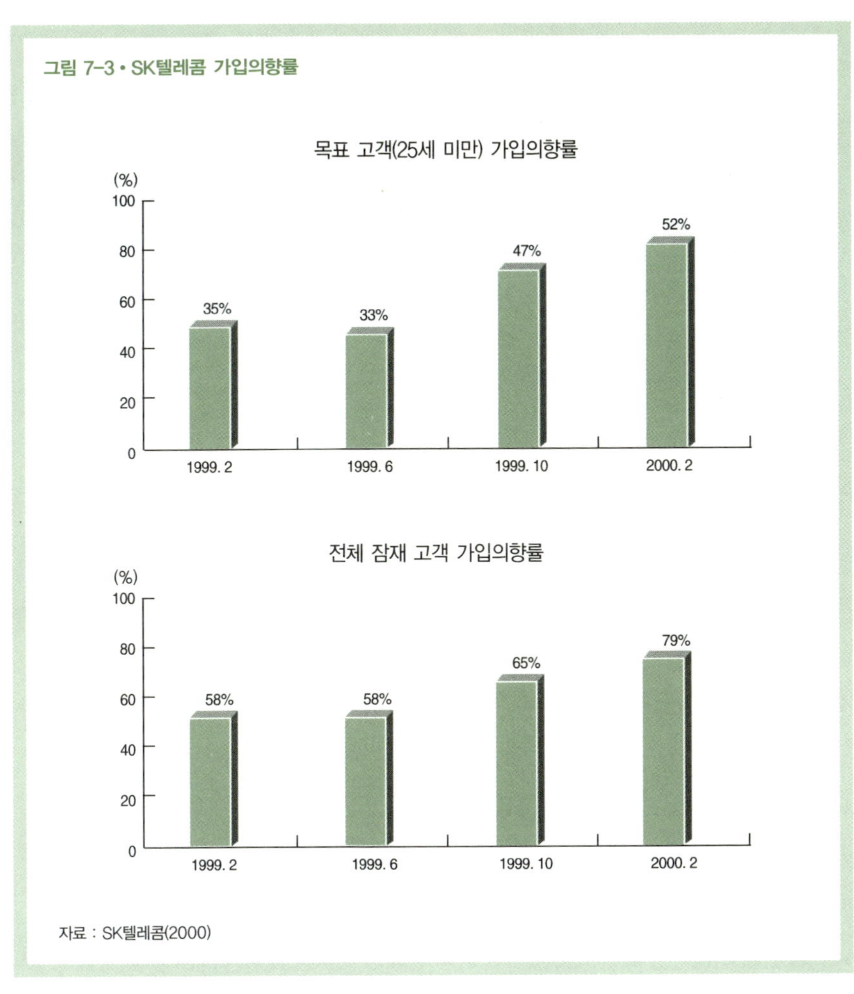

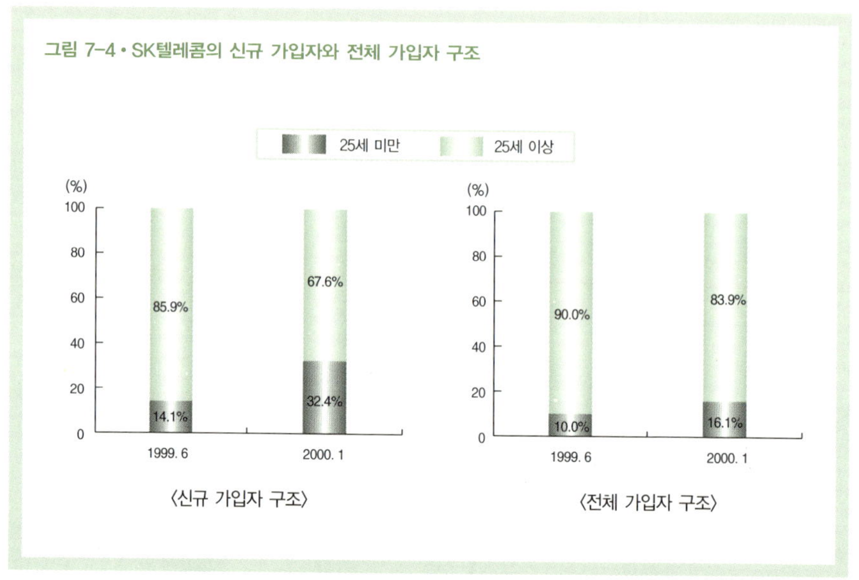

| TTL 성공요인 | 위기를 기회로 반전시키다

TTL은 SK텔레콤이 새로운 경쟁환경에서 맞이한 전사적 위기상황을 어떻게 효율적으로 극복했는지를 잘 보여주는 중요한 사례이다. 지속적인 시장점유율 하락, PCS 3사의 공격적인 마케팅 등으로 SK텔레콤은 시장선도자로서의 지위까지 위협받을 수 있는 어려운 상황이었다. 가격경쟁으로 바뀐 시장 상황에서 SK텔레콤은 효과적인 대응수단을 찾지 못한 채 지속적으로 경쟁력을 상실하고 있었다. 그러나 전사적 차원에서 역량을 집중하고 창의적 접근을 통해 혁신적인 상품 개념을 지닌 TTL을 탄생시킴으로써 SK텔레콤은 위기를 기회로 반전시켰다.

TTL의 뛰어난 성과는 단순한 기회요인에 의한 것이 아니라 SK텔레콤이 스

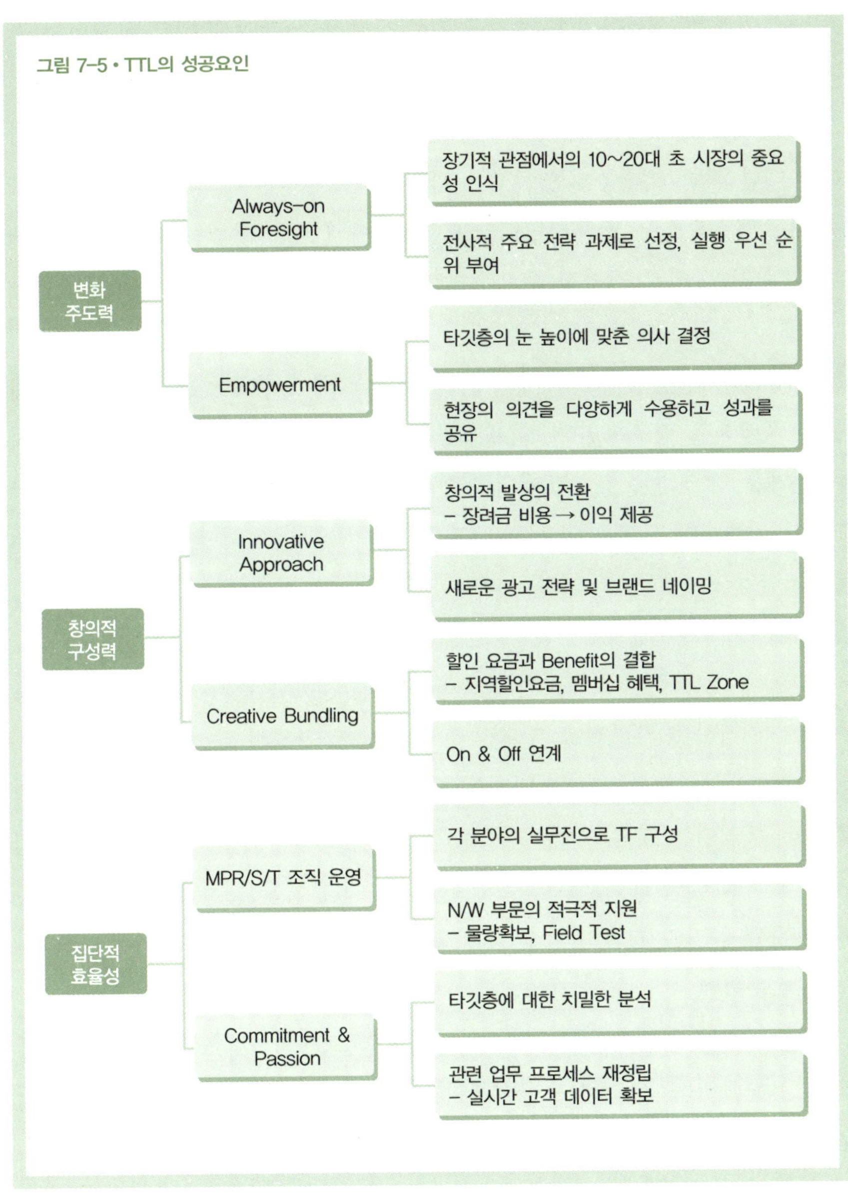
변화
주도력

Always-on
Foresight

장기적 관점에서의 10~20대 초 시장의 중요성 인식

전사적 주요 전략 과제로 선정, 실행 우선 순위 부여

Empowerment

타깃층의 눈 높이에 맞춘 의사 결정

현장의 의견을 다양하게 수용하고 성과를 공유

창의적
구성력

Innovative
Approach

창의적 발상의 전환
- 장려금 비용 → 이익 제공

새로운 광고 전략 및 브랜드 네이밍

Creative Bundling

할인 요금과 Benefit의 결합
- 지역할인요금, 멤버십 혜택, TTL Zone

On & Off 연계

집단적
효율성

MPR/S/T 조직 운영

각 분야의 실무진으로 TF 구성

N/W 부문의 적극적 지원
- 물량확보, Field Test

Commitment &
Passion

타깃층에 대한 치밀한 분석

관련 업무 프로세스 재정립
- 실시간 고객 데이터 확보

스로의 역량을 발휘하여 역경을 극복하고 이를 성장의 기회로 반전시킬 수 있는 능력이 있었기에 가능했다. 또한 변화에 대한 적극적 대응, 창의적 구성력, 집단적 효율성 역량이 함께 작용함으로써 긍정적 성과가 증폭되었다. 변화에 대한 적극적 대응에 있어서는 경영진의 선응적 대응력과 임파워먼트가 중요한 역량요소로 작용하였다. SK텔레콤에게 불리한 상황이 전개되었을 때, 경영진은 이를 전사적 중요과제로 인식하고 조직개편과 함께 위기상황 타개를 최우선 실행과제로 삼았다.

또한 장기적 관점에서 10대와 20대 초반 시장의 중요성을 인식하고 이에 대한 해결책을 강조하였다. 최고경영진은 문제에 대한 정확한 인식과 함께 이 문제를 해결해야 할 TFT에 최대한 자율성과 권한을 부여하였다. 그 결과 TFT는 불필요한 간섭 없이 목표 고객의 눈높이에 맞춘 의사결정을 적절히 내릴 수 있었으며, 현장의 의견을 다양하게 수용함으로써 TTL의 성과를 획기적으로 제고시킬 수 있었다.

문제에 대한 혁신적 접근과 상품만이 아닌 광고 전략과 브랜드 전략을 창의적으로 결합한 통합적인 전략은 SK텔레콤의 '창의적 구성 역량'을 단적으로 보여준다. 시장 상황을 일반적인 가격경쟁으로 인식했다면 SK텔레콤에게 유리한 해결안은 도출되기 어려웠을 것이다. 그러나 단말기 보조금 지급 경쟁을 고객에 대한 혜택으로 변화시키는 창의적 발상을 통해 경쟁자에게 유리한 환경을 완전히 전환시킬 수 있게 되었으며, 동시에 브랜드 가치를 향상시키는 효과까지 거두게 된 것이다.

또한 TTL의 시행과정에서 보여준 '집단적 효율성 역량'도 TTL의 성공에 크게 기여하였다. 단순한 요금정책이 아닌 종합적, 혁신적 상품으로 개발되기 위해서는 마케팅 부문만의 노력이 아닌 전사적 역량의 결집이 필요했다. 각 분야의 실무진으로 구성된 TFT는 다양한 노력들을 효율적으로 발휘하는

　　　　　　　　　　　　　　　　　　　　PART 1 모바일 리더를 향한 중단 없는 도전

능력을 보여주었다. 예를 들어 지역할인 요금제를 가능하게 만들기 위한 연구부서와 네트워크 생산부문의 적극적인 협조와 노력이 없었다면 TTL의 성과는 반감되었을 것이다. 이처럼 전사적 노력을 효율적으로 결집시키는 역량은 TTL 프로젝트에 있어서 가장 중요한 요소로 작용하였고, TFT 구성원들의 열정과 몰입이 짧은 시간 내의 프로젝트 시행을 가능하게 만들었다.

TTL 사례는 SK텔레콤이 위기 상황에서 전사적 역량을 효율적으로 발휘함으로써, 조직의 경쟁력을 한 단계 더 향상시킨 SK텔레콤 도약의 중요한 이정표가 되었다.

새로운 도약을 위한 발판, 신세기통신 합병*

SK텔레콤은 이동통신산업 환경 변화에 따른 구조조정 과정에서 전략적 리더십과 효율적인 실행 능력을 바탕으로 신세기통신과의 합병을 선도적으로 추진했고 성공적으로 실행했다. 이 과정에서 SK텔레콤은 정부의 합병 인가 조건을 이행해야 하는 가운데 PCS 사업자들과 치열한 경쟁을 치러야 했지만 경쟁사의 도전을 효율적으로 극복하고 신세기통신과의 성공적 통합을 이룩함으로써 경쟁력을 제고시킬 수 있었다.

1등만 살아남을 수 있다

1999년 12월 20일 SK텔레콤은 신세기통신의 1대 주주인 포스코가 보유하고 있는 신세기통신 지분과 SK텔레콤 지분을 맞교환하는 전략적 제휴를 체결했다. 이는 통신사업에서 철수하려는 포스코와 1999년 내에 구조조정을 완료해야 하는 신세기통신의 2대 주주인 코오롱의 입장, 업계 자율로 정보통신 분야의 구조조정을 이루고자 하는 SK텔레콤 3자의 이해가 맞아떨어져 이루어진 것이었다.

당시 국내 이동통신 시장은 1997년 10월 PCS 사업자가 진출하면서 지나친 경쟁 상황으로 치달아 5개 사업자 모두 과당경쟁으로 인해 수익성이 악화되

---

* 본 사례는 양유석(중앙대 경영학부), 김영곤의 「신세기 통신 합병에 따른 마케팅 전략과 실행」을 바탕으로 작성되었음.

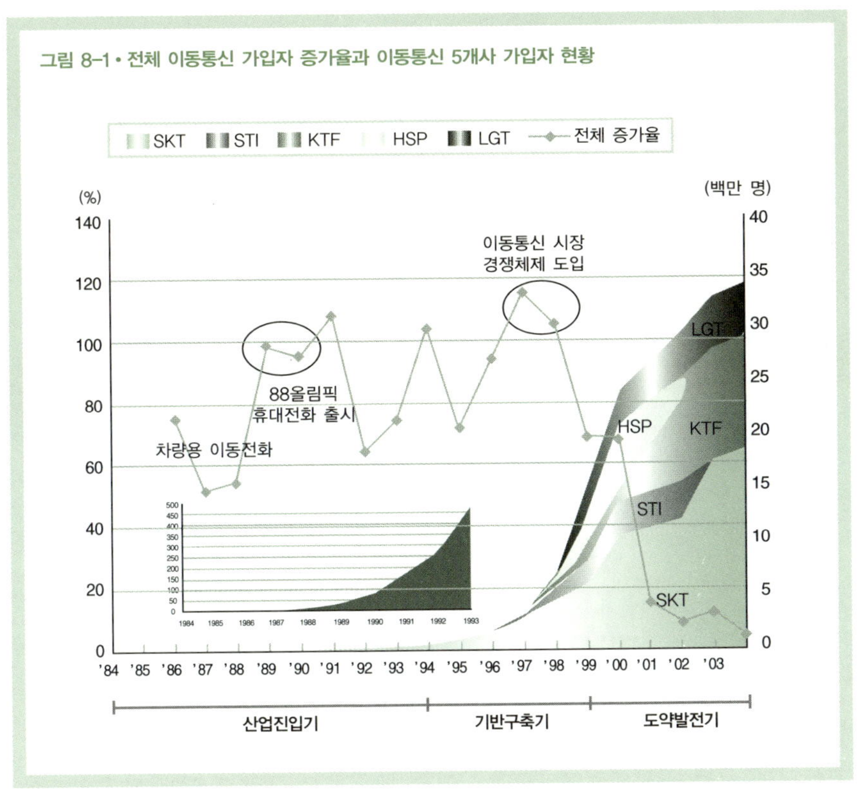

고 부채비율이 높아지는 등 경영에 큰 어려움을 겪고 있었다. 이러한 상황이 1년여 동안 계속되자 1998년 9월 재계는 전경련을 중심으로 이동통신 사업자의 자율적인 통폐합 추진에 합의했으며, 이동통신 산업에 대한 구조조정은 점차 사회적인 공감대를 형성해갔다. 한편 정보통신부에서는 산하 기관인 정보통신정책연구원KISDI을 통해 미국의 '부즈앨런 & 해밀턴'에 컨설팅 용역을 의뢰한 결과, 한국 이동통신 시장은 예상 최대 가입자 수에 비해 사업자별 투자 규모가 워낙 커서 구조조정기를 거쳐 기지국 연동이 가능한 사업자끼리

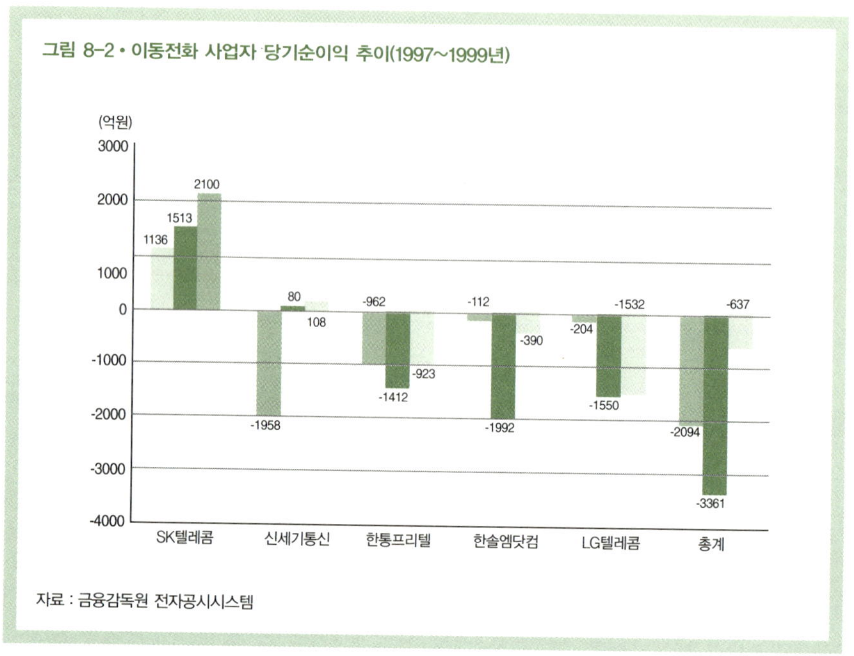

합병하는 것이 최선이라는 제안을 받았다.

통신사 간의 구조조정에 대한 사회적 분위기의 숙성과 함께 SK텔레콤의 입장에서는 지속적인 고객 증가에 따른 주파수 자원 부족이 위협적인 과제로 대두되었다. PCS 3사의 거센 도전을 극복하고 시장 선도자로서의 위치를 유지한 결과, 1999년에는 고객 수가 1,011만 명에 육박해 주파수 자원의 한계인 1,200만 명에 근접했다.

주파수 부족 문제 외에도 경쟁사가 구조조정에 앞서갈 경우 SK텔레콤의 시장 선도자의 위치를 위협할 만큼 커다란 지각 변동을 가져올 가능성이 존재하고 있었다. 만일 KTF가 한솔엠닷컴과 합병한다면 전체 가입자의 30%를 차지함으로써 43%를 차지하고 있는 SK텔레콤에 대한 직접적 위협이 될 수 있었다.

신세기통신에게도 구조조정의 가능성은 매우 중요한 의미를 지니고 있었다. 1998년 PCS 3사와의 본격적 경쟁이 시작된 이래로 마케팅 비용은 눈덩이처럼 불어났지만, 시장점유율은 지속적으로 하락하였다. 1997년에 16.5%였던 시장점유율은 1999년 초 14.2%로 하락했고, 계속되는 자본 잠식으로 인해 1998년도의 부채비율은 2,497%에 달했다. 부진한 기업 성과와 함께 IMT 2000 사업권 획득 전망도 불투명해졌다. 만일 IMT 2000 사업권 획득에 실패할 경우 신세기통신의 미래는 장담할 수 없는 상황이었다.

통신사업자 간의 자발적 구조조정은 당시 전 세계적인 추세이기도 했다. 일본은 총 6개사 체제에서 1999년 말에는 3개사로 축소되었고, 미국 AT&T는 TC를, 영국 보다폰은 미국 에어터치를 각각 인수·합병하는 등 세계 통신시장의 재편이 활발하게 진행되고 있었다. 이는 사업자 간의 합병으로 경쟁력을 강화하고 통신 시장을 주도하려는 사업자들 간의 이해관계가 맞아떨어졌기 때문이었다.

국내 시장 상황이 악화되어감에도 불구하고 SK텔레콤 내부에서는 신세기통신과의 합병에 대해 확신을 갖지 못하는 상황이었다. 그러나 신세기통신과 통합이 이루어질 경우 시너지 효과를 산정해본 결과, 약 4조원 이상의 경제적 측면의 시너지 효과를 거두게 될 것이며 향후 IMT 2000 사업에서 유리한 고지를 선점할 수 있다는 전략적 판단이 내려졌다. 이후 SK텔레콤은 신세기통신과의 합병작업을 적극적으로 추진하기 시작했다. 당시 통합을 둘러싼 논란에 대해 손길승 회장은 이렇게 회고했다.

"신세기통신과 제휴할 것인가에 대해 이견이 있었습니다. 많은 사람들이 반대를 했지만 저는 앞으로 통신사업의 구조조정이 일어나면 1등만 살아남기 때문에 우리가 1

등이 되려면 어떠한 난관이 있어도 합병해야 한다고 주장했습니다. 그래도 지금 합병할 필요는 없다며 안 된다고 하는 의견이 많았습니다. 결국 손익계산을 해보니까 내 얘기가 맞았습니다. 그래서 내가 시행할 테니 맡기라고 했습니다. 그렇게 반대의견을 잠재우고 난 뒤에 엄청난 노력을 쏟아 부어 전광석화같이 일을 시행했습니다."

– SK 50년사 중에서

당시 SK텔레콤이 신세기통신을 인수하면서 기대했던 효과는 다음과 같았다.

- 경쟁력 강화 : 신세기통신 인수를 통해 세계적인 규모의 통신사업자로서 토대가 마련될 수 있다. 이러한 토대를 바탕으로 차세대 이동통신에 대해 적극적으로 투자하여 미래 시장의 주도권을 확보하고, CDMA 기반의 이동전화 국제경쟁력 강화에도 박차를 가할 수 있을 것이다.
- 주파수 부족 해소 : SK텔레콤 이외에 유일하게 800Mhz 대역의 주파수를 사용하는 셀룰러폰 사업자인 신세기통신의 여유 FA(무선채널)를 활용하여 증가하는 무선데이터 서비스로 인한 주파수 부족 문제를 해소할 수 있다.
- 정상적인 시장 경쟁 정착 : 인수합병을 통해 PCS 3사간의 구조조정을 조속히 추진할 동기를 제공함으로써, 3자 구도 형성으로 인한 품질 경쟁, 서비스 경쟁, 기술 경쟁의 정상적인 시장 경쟁을 정착시킬 수 있을 것이다. 시장 구조조정을 통한 경영 내실화의 이득이 서비스 품질 향상, 요금 인하, 대량 구매를 통한 가격 인하로 이어져 결국 소비자에게 혜택이 돌아갈 것이다. 그 밖에 단말기 보조금, 고객 유지 비용 등 마케팅 비용을 대폭 절감할 수 있다.

• 통합에 따른 시너지 효과 : 신세기통신은 네트워크, 지리적인 커버리지, 상품, 유통망 등에서 SK텔레콤과 거의 동일한 구조를 가지고 있으므로 합병을 통해 운영비 및 투자비 절감, 잉여 장비 활용, 기존의 판매 유통망, 마케팅, 경영지원 통합에 따른 다양한 시너지 효과를 기대했다.

SK텔레콤은 1999년 12월 24일 공정거래위원회에 신세기통신의 지분 51.9%를 기존 대주주인 포스코와 코오롱으로부터 인수한다는 내용의 기업결합 신고서를 제출했다. 그러나 신세기통신의 지분 인수를 통해 국내 통신산업의 구조조정을 선도하려는 SK텔레콤에 대해 위기감을 느낀 PCS 경쟁자들은 통합에 거세게 반대하며 공동 대응에 나섰다. 이로 인해 구조조정에 대한 사회적 공감대와 정책 분위기가 실종되는 등 통합작업은 초기 단계부터 적잖은 어려움을 겪었다.

양측의 주장이 팽팽하게 맞선 가운데 2000년 2월 12일 정보통신부는 공정거래위원회에 계류 중인 SK텔레콤과 신세기통신의 기업결합에 대한 입장을 발표했다. 정보통신부는 가입자 혹은 매출액 기준으로 시장점유율을 연말까지 50% 이하로 낮출 것, 연말까지 이를 이행하지 못할 경우 양사 매출액의 5%를 정보화 촉진기금으로 낼 것 등을 기업결합에 대한 승인의 전제조건으로 제시하였다.

이에 대해 SK텔레콤은 현실을 무시한 비합리적인 판단이라고 반발하면서 세계적으로 유례가 없는 '소비자 선택권에 대한 제한 조치' 이자 세계적 추세인 구조조정에 반하는 정보통신부의 의견에 대해 공정거래위원회에서 합리적인 판단을 내려주기를 바란다는 입장을 피력했다. 하지만 이러한 바람과는 달리 2000년 4월 26일 공정거래위원회는 현재의 시장점유율 57.9%를 2001년 6월까지 50% 이하로 낮추고, SK텔레텍의 단말기 공급 대수를 2005년까지 연

간 120만 대로 제한하며, 미이행시 하루 최고 11억여원의 과징금을 부과한다
는 등의 조항을 내세워 조건부로 기업 결합을 승인했다.

경쟁 제한 상황을 극복하라

이동통신 산업의 전반적 환경이나 SK텔레콤과 신세기통신의 입장에서 보면
불가피한 선택으로 추진되었던 양사의 합병으로 인해 SK텔레콤은 또 하나
의 어려운 도전에 직면하게 되었다. SK텔레콤은 양사의 결합에 의한 시너지
효과를 극대화하면서 동시에 결합과정에서 발생할 수 있는 혼란과 비용을
최소화하고 정부의 경쟁 제한 상황을 극복하면서 기업경쟁력을 강화해야만
했다.

과거 민영화 경험이 있었기에 조직통합은 비교적 용이하게 접근할 수 있는
문제로 판단되었으나, 정부의 결합 승인 조건인 시장점유율 감축에는 여러
가지 어려움이 예상되었다. 서비스 산업은 제조업과는 달리 시장점유율을 의
도적으로 하락시키는 방법이 매우 제한적이다. 특히 SK텔레콤 가입자의 고
객 충성도는 PCS 3사와는 비교할 수 없을 만큼 높은 반면, 경쟁사들의 신규
가입자가 거의 정체된 상황에서 자연적 감축은 매우 힘든 상황이었다. 무리
하게 시장점유율을 낮출 경우 매출액이 감소하고 유통망이 붕괴되는 등 경쟁
력이 크게 훼손될 우려도 있어 신중한 접근이 요구되었다.

이에 따라 SK텔레콤은 신세기통신과의 조속한 화학적 결합을 통해 통합
비용을 최소화하고 통합 시너지를 최대화함으로써 단기적으로는 인위적인
경쟁 제한 상황에서도 경쟁력을 유지한다는 전략을 수립하고 시행에 들어
갔다. 구체적 전략으로는 2001년 6월까지 시장에서 경쟁 우위를 최대한 유지

     PART 2 대한민국 통신 역사를 바꾼 성공사례 5

하다가 해당 시점에 시장점유율 49.999%에 맞춤으로써 영업 중단에 따른 부정적 영향을 최소화하면서도 마케팅 경쟁력을 유지하는 연착륙 전략을 추진하기로 결정하였다.

시장점유율을 50%로 낮춰라

무엇보다도 시상점유율 50%를 달성하기 위해 약 403만 명의 가입자를 어떻게 처리할 것인지가 가장 어려운 문제였다. 시장점유율 50%를 맞추려면 SK텔레콤은 가입자 202만 명을 줄여야 하고, 경쟁사는 201만 명을 새로 확보해야 되는데, 단순한 신규 가입 중단이나 불량 가입자 해지 강화로 해결하기는 곤란한 상황이었다.

특히 정부의 단말기 보조금 폐지 조치로 인하여 소비자들의 신규 가입이 둔화되고 있었고, SK텔레콤 가입자들의 높은 고객 충성도 때문에 가입자의 자발적인 타통신사로의 이동도 기대하기 어려운 상황이었다. 2000년 6월 단말기 보조금 폐지 이전의 신규 시장은 같은 해 1월에서 5월까지 평균 180만 명을 유지했지만, 6월 정부 조치 이후 8월까지 월 30만 명으로 축소되었다.

표 8-1 · 2000년 6월 말 이동통신 가입자 현황

구 분		시장점유율(%)	가입자(천 명)
SK텔레콤, 신세기통신	SK텔레콤	43.5	11,552
	신세기통신	14.1	3,752
	소계	57.6	15,034
PCS 3사		43.4	11,266
전체		100	26,570

자료 : 정보통신부(2000)

또한 SK텔레콤이 정부의 승인조건을 충족하지 못하면 과징금을 부과받기 때문에 PCS 3사가 자사의 불량 가입자들을 대량으로 해지해 SK텔레콤을 견제할 가능성도 있었다. 만약 연착륙 전략이 제대로 이행되지 못한다면 SK텔레콤은 매출액 감소, 유통망 붕괴, 시장가치 하락 등으로 경쟁력에 큰 타격을 입을 수 있는 상황이었다.

초기 대응 전략

전략의 초점은 누계 가입자 수는 줄이되 가입자별 평균 요금과 고객의 브랜드 선호도, TTL 고객, 핵심 상권의 유통망 장악도는 오히려 개선한다는 데 맞추었다. 이를 위해 일단, 요금을 장기적으로 체납하고 있는 불량 가입자를 계약 해지하여 고객구조를 개선하고, 가입자 수를 낮추도록 하였다. 또한 경쟁사 간 공조체제를 와해하여 경쟁사 간 가입자 확보 경쟁을 유도하여 경쟁사의 불량 가입자 해지를 최소화하도록 노력하였다.

이와 함께 정보통신부, 공정거래위원회, 국회 등에 SK텔레콤의 입장을 상세히 피력함으로써 가능한 우호적인 분위기를 형성하고 서비스 산업의 시장점유율 축소에 대한 어려움을 입증해서 공정거래위원회에 이의 신청을 제기하였다. 구체적으로는 정부 조치에 따른 대리점의 생존권 확보를 위한 항의 시위 등 SK텔레콤이 처한 어려운 상황을 설명하고 만일 합병인가가 취소된다면 관련 업체들이 겪게 될 타격을 호소하였다.

SK텔레콤은 공정거래위원의 조건부 기업결합 승인 이후 6개월 동안 마케팅 인프라와 유통망에 미칠 부정적인 영향을 최대한 줄이고 일정 수준 이상의 매출 목표를 달성하기 위하여 월평균 70만 명 수준이던 SK텔레콤(011)의 신규 가입 규모를 10만 명으로 축소하였다. 그 결과 시장점유율은 2000년 6

월 말 57.6%에서 2000년 12월 53.9%로 떨어져 목표치의 절반 가까이를 달성하였다. 그러나 매달 1% 이상씩 감소하던 시장점유율이 12월부터는 하락세가 주춤하기 시작하더니, 2001년 1월부터는 오히려 소폭 상승하는 추세를 보였다.

표 8-2 • SK텔레콤의 시장점유율 변화 추이

표 8-2 • SK텔레콤의 시장점유율 변화 추이

구분	'00. 6	'00. 7	'00. 8	'00. 9	'00. 10	'00. 11	'00. 12	'01. 1	'01. 2.	'01. 3.
SKT M/S	57.6	57.5	57.3	56.2	54.8	53.8	53.9	54.1	53.6	53.1
증감		−0.1	−0.2	−1.1	−1.6	−1.0	+0.1	+0.2	−0.5	−0.5

자료 : SK텔레콤(2001)

이러한 시장점유율 추세의 변화는 〈표 8-3〉에 나타나는 몇 가지 원인에 의해 발생했다.

표 8-3 • 시장점유율 추세 변화 원인

주체		내 용
정부	단말기 금지 조치	2000년 6월 단말기 보조금 전면 금지, 초기 가입 비용의 증가로 신규 가입 및 타사로의 이동 감소
경쟁사	단말기 신규영업 축소	SKT의 직권 해지로 인한 자연스런 가입자 흡수 효과 기대
SK텔레콤	직권 해지 가능한 가입자(연체자 등) 수 감소	2000년 7월 78만 명 → 2000년 12월 23만 명

게다가 가입자 규모가 아닌 시장점유율을 제한하는 규제이기 때문에 타사의 가입자 증감에 따라 시장점유율은 SK텔레콤의 노력 여부와 관계없이 변하므로 경쟁사의 추가적인 견제 전략에 따라 2001년 6월 기준 시점에 50%를 맞추지 못할 가능성이 있었다. 결국 가능한 모든 시나리오에 대비할 수 있는

다양한 전략을 검토하고 신속하게 실행에 옮겨야 하는 상황에 놓이게 된 것이다.

다음은 당시 상황을 잘 보여주는 마케팅 실무자의 말이다.

"시장점유율은 브랜드에 있어서 매우 중요한 사안이므로 이행 강제금을 감수하는 게 낫다라든지 보조금을 부활시키는 데 노력을 기울이자는 제안도 있었습니다. 우스갯소리처럼 해지 인센티브를 주자, 일시적으로 임직원과 계열사 가족 가입자를 해지시키자, 가입자 자격을 제한하자는 얘기까지 나왔습니다. 50%를 맞추는 것이 매우 어려워 보일 것 같은 시기라 현실적으로 불가능한 아이디어까지 짜낼 만큼 급박한 상황이었습니다."

LG텔레콤과 전략적 공조를 감행하다

단순하게 SK텔레콤의 가입자를 줄이는 방법은 2000년 말 한계에 도달했다. 계속해서 고객들을 계약 해지하면 시장에서의 부정적 파급효과로 인해 향후 마케팅 활동에 치명적일 것으로 판단되었다. 가입자 감소에 따른 대리점 매출 감소로 유통망의 약화 가능성도 큰 문제점으로 지적되었다.

이에 따라 경쟁사들의 예상전략과 내부사정, 그리고 이해당사자의 입장과 요구를 분석하여 LG텔레콤과 KTF 간의 경쟁을 촉진시켜 경쟁사들의 신규 가입자를 늘려 전체 시장 규모를 늘리는 전략을 선택했다. 마침 LG텔레콤이 IMT 2000 사업자에서 탈락하고 KTF와 한솔엠닷컴의 합병으로 인해 PCS 3사의 분열 조짐이 보이기 시작했다. SK텔레콤은 이 기회를 놓치지 않고 LG텔레콤의 설득에 나섰다. SK텔레콤을 견제하기 위해 PCS사가 공조해서 9개월 동안 신규 모집을 자제했지만 KTF의 시장점유율은 3.6%가 증가한 반면 LG텔레콤은 0.9% 증가에 그쳐 공조의 실익이 전혀 없다는 점을 지적했다. 또한 현 시점에서 LG텔레콤이 시장점유율을 높이지 못하면 경쟁력을 영원히 상실하게 될 수도 있다는 점을 강조하였다.

구체적인 방법으로 SK텔레콤은 자사의 유통망에서 LG텔레콤의 고객을 대신 유치해줄 것을 제안하였다. SK텔레콤에서 직접적으로 유치해주는 것은 공정거래 위반이기 때문에 SK계열사인 SK글로벌(現 SK네트워크)을 통해 LG텔레콤을 지원하는 방법을 선택했다.

LG텔레콤과의 전략적 공조는 대성공이었다. SK텔레콤 대리점에서 LG텔레콤 가입자를 적극 유치하기 시작하자 위기감을 느낀 KTF가 가입자 유치 경쟁에 적극적으로 뛰어들어 시장이 활성화되었다. SK텔레콤 대리점은 가입자 유치를 통해 수익 기반을 확보할 수 있었고, 고객은 사업자 간의 경쟁으로 보다 저렴한 가격으로 가입이 가능해지자 단말기 판매량이 늘었다.

한편 KTF는 대대적인 광고를 통해 SK텔레콤이 LG텔레콤 가입자를 유치하는 재판매가 부당하며 공정거래위원회 취지에 어긋난다고 홍보하며 대정부 건의문을 제출하기에 이르렀다. 이에 SK텔레콤은 KT 재판매 사례와 정보통신부가 각 통신사의 가입자 현황을 산출하는 통계 산정 기준 문서를 근거로 법적인 정당성을 주장하여 결국 SK텔레콤의 LG텔레콤 재판매 가입자는 LG텔레콤의 가입자로 간주한다는 정부의 입장을 이끌어냈다.

이처럼 시장 상황이 새로운 국면으로 전환됨에 따라 SK텔레콤은 2001년 4월 이래로 특별한 시장 감축 비용을 들이지 않고도 경쟁력을 유지한 채 시장점유율을 감축했다. 마침내 2001년 7월 9일, 정보통신부는 공식 발표를 통해 6월 30일 기준 SK텔레콤과 신세기통신의 통합 시장점유율이 49.75%를 기록했으며, 이를 공정거래위원회에 통보할 예정이라고 밝혔다. 공정거래위원회는 이날 SK텔레콤이 이행 명령을 충족한 만큼 이후 시장점유율 50%를 넘어

구 분		2000년 6월 현황	2001년 7월 실적	비고(2001년 7월 목표)
누계 가입자 최대 유지	누계 가입자(011)	1,155만 명	1,091만 명	1,044만 명
	누계 시장점유율 (011+017)	57.6%	49.75%	49.8%
	매출액	50,794억원	56,775억원	53,699억원
고객 가치에 따른 감축활동	ARPU	39,575원	43,459원	41,977원
	TTL 가입자	190만 명	232만 명	230만 명
	정지율	6.9%	1.6%	3.0%
감축비용 최소화	감축비율	2,855억원	80억원	1,000억원
부작용 최소화	브랜드 선호도	73%	74.1%	75.4%
	핵심 상권 매장	258개	342개	335개

자료 : SK텔레콤(2001)

도 문제가 없다는 입장을 공식적으로 밝혔다. 이는 곧 특정업체의 시장점유율을 일정 수준 이하로 지속적으로 규제하는 것은 자본주의 원칙에 배치되기 때문에 향후에는 인위적으로 시장점유율을 제한하지 않겠다는 의사를 표현한 것이었다.

결국 SK텔레콤의 점진적인 시장점유율 하락을 위한 전략Soft Landing은 성공적으로 정해진 목표를 달성했고, 〈표 8-4〉와 같은 성과를 이루게 되었다.

가입자와 시장점유율은 줄어들었지만 꾸준한 내실화 정책으로 우량 가입자 위주로 가입자 구조가 개편되었고, 이로 인한 정지율 감소, ARPUAverage Revenue Per User(1인당 월 통화 이용금액) 증가 등은 매출액 증가로 이어졌다. 또한 브랜드 선호도와 핵심 상권 매장이 오히려 증가하여 가입자 감소로 인한 부정적 파급 효과는 더 이상 우려하지 않아도 되었다.

M-Powering 프로젝트 추진

연착륙 전략이 성공함에 따라 시장 선도자로서의 리더십을 신속하게 복원하기 위한 'M-Powering' 프로젝트를 추진하기 시작했다. 이 전략은 단순한 시장점유율 확대를 위한 것이 아니었다. 브랜드력Brand Power 강화, 상품력Product Power 강화, 유통망Sales Power 강화 등 총체적 마케팅 경쟁력 강화를 통한 미래 경쟁력 확보가 목표였다.

브랜드력 강화는 규제 기간 동안 상대적으로 낮아진 브랜드력을 강화하기 위한 것으로, 스피드 011이 주는 단순한 속성 중심의 이미지에서 탈피해서 남들보다 한발 앞서나가는 사람들 혹은 성공한 사람들의 이미지를 강화시킨 프리미엄 이미지를 대표 이미지로 부각시키고자 하였다. 그리고 무선데이터가 차지하는 비중이 점점 커질 것으로 예상해 멀티미디어와 인터넷 이미지를 강화하기 위해 엔탑을 네이트로 재출시했다. 또한 네이트의 무선인터넷의 대표 브랜드화 및 우위 이미지 강화를 위하여 과감한 투자와 네이트 중심의 전략적인 광고 도입을 계획했다.

규제 기간 동안 경쟁사의 Na, Khai 등이 예전보다 상대적으로 강화되면서 상대적으로 TTL의 지위가 약해질 것으로 예상되었으므로 상품력 강화를 위해 우선적으로 TTL 브랜드 차별화를 위한 노력을 기울였다. TTL의 상품력을 강화하기 위해 새로운 광고 전략을 수립하고, 기존 상품 요소TTL요금제, TTL Card, TTL Zone, TTL PlayOn, TTL JOYnet을 개편하고 신상품 요소TTL Global, TTL Club를 추가하였다. 그리고 TTL 이외에 SK텔레콤이 전략적으로 공략하려던 VIP(우량고객), 여성(주부), 그리고 소규모 집단Micro Segment을 대상으로 보다 적극적으로 세분화 마케팅을 확대해 각 계층별 머천다이징을 통해 경쟁사보다 먼저 세분시장에 접근하였다. 또한 고객 서비스 강화를 위해 멤버십 제도인 리더스클럽 서비스를 활용해 고객정보*를 확보하고 이를 바탕으로 데이터베이스 마케팅 기반을 구축함으로써 궁극적으로 One to One 마케팅을 추진하였다.

유통망 강화는 SK텔레콤의 강력한 마케팅의 원천이었던 핵심유통망의 판매력을 유지·강화를 위해 시장점유율 축소 기간에도 적극적인 매장 판매를 허용하는 한편, 대리점 자금 지원제도**를 개선했다. 도매 대리점의 영업 활성화를 지원하고 판매점 장악력***을 제고하고 특수상권(용산, 테크노마트, 홍명 상가 등)을 대상으로 서비스 업무 처리 지원센터를 구축하였다. 그리고 신세기 통신과의 유통망 통합 시너지 창출을 위해 규제기간 동안 우수대리점 중심의 유통망 정예화를 이뤄내 유통 구조를 개선하는 등 효율적인 유통망을 구축하였다.

마지막으로 인터넷의 급성장으로 이동통신 시장에서도 온라인 시장의 중

---

* 멤버십카드 가입 당시 얻을 수 있는 고객의 관심분야 및 고객이 주로 사용하는 멤버십 가맹점에 대한 분석을 통해 영화할인을 주로 이용하는지 자동차 오일교환 할인 서비스를 이용하는지 등에 관한 고객정보를 알 수 있다.

** 투자 대리점 전대료(轉貸料) 인하, 대여금 상환기간 연장 및 이자율 인하, 영업담보 인정 한도 확대 등을 지원해주는 제도.

*** 신규 가입 및 변경 업무 처리 지원을 위한 무선 전산 접속 권한 부여 및 접속요금 무료 지원.

요성이 점차 커지고 있었으므로 판매 및 고객관리와 연계된 종합적인 서비스를 제공하는 온라인 판매 사이트를 구축하고, 우수한 오프라인 대리점을 지역별 물류거점으로 활용하는 방안을 세웠다. 한편 온라인 시장의 주 경쟁 요소는 가격 차별인데 이는 동일한 상품에 대한 가격 난립으로 소비자의 불만이 높아질 수 있으므로 온라인 시장의 가격 요소에 대한 회사 차원의 체계적인 관리를 통해 온라인 시장에서의 가격 안정화 및 주도권을 확보한다는 전략을 수립하였다.

SK텔레콤과 신세기통신의 합병은 글로벌 시대의 경쟁력 강화를 위한 시너지 효과를 높였다.

조직통합 시너지 효과 극대화

정부의 결합 승인 조건으로 인한 연착륙Soft Landing과 M-Powering 프로젝트 시행과 함께, SK텔레콤과 신세기통신의 결합에 있어 또 하나의 중요한 부분은 두 조직의 결합 후 통합과제PMI : Post Merger Integration였다. 1999년 12월 두 회사의 통합 발표 후 신세기통신 노조는 반발하였다. SK텔레콤과 신세기통신은 공동으로 800Mhz 주파수를 사용하고 있었기 때문에 SK텔레콤으로 통합될 경우 중복되는 분야의 인력들이 구조조정을 당할 우려가 있다는 판단 때문이었다.

SK텔레콤은 2000년 1월 인수팀을 구성한 이후, 통신산업계의 환경변화에 대응하고 시너지 효과 제고를 위해 통합하는 것이 바람직하다는 것을 신세기통신 노조를 비롯한 모든 구성원들에게 호소하였다. 통합에 따른 인위적인 구조조정은 없을 것이며 통합은 글로벌 경쟁 시대의 경쟁력 강화에 있어 중요한 기회라는 것을 강조했다. SK텔레콤은 과거 민영화 과정을 통해 조직의 안정성을 확보하려면 고용안정과 신분보장이 가장 중요한 요인이라는 사실을 깨닫고 있었던 것이다.

이와 함께 신세기통신 구성원들에게 자기개발과 역량 향상의 기회를 확대 제공할 것과 직급과 급여를 보장한다는 점을 강조하였다. SK텔레콤은 신세기통신과 진정한 의미의 문화적 통합을 이루기 위하여 서두르지 않고 체계적이고 치밀하게 통합 작업을 진행시켜나갔다.

신세기통신은 1994년에 창립된 비교적 역사가 짧은 기업이었기 때문에 문화적 정체성이 아직 명확히 확립되지 못한 상황이었다. 이런 상황에서 SK텔레콤은 기업문화의 공유를 효율적으로 추진하기 위해 2000년 1월 이후 SK그룹 고유의 기업문화인 SKMS/SUPEX를 신세기통신 구성원들이 2년간 경험하도록 했다. 또한 양사 간의 통합과정에 대한 원활한 진행을 위하여 통합추진 협의회를 구성하였고, 구성원들이 대화를 통하여 통합의 필요성과 공동의 미래 비전을 공유하게 했다.

2001년에는 양사 조직체계를 동일하게 개편함으로써 합병 후의 혼란을 최소화하도록 하였고, 구성원들에게 약속한 대로 합병 준비 기간 중에 구조조정 대신 통합된 구성원들의 경쟁력을 높일 수 있는 교육·훈련 프로그램들을 집중적으로 시행하였다. 이처럼 조직 통합 및 안정화를 통해 막대한 재무적·비재무적 시너지 효과를 조기에 창출하는 가운데 2001년 6월 25일 양사는 합병에 관한 구체적인 내용에 합의하였다. 그리고 2002년 1월 11일 정보통신부로부터 최종 합병승인을 획득하였고 2002년 1월 16일 합병을 공식적으로 발표하였다.

양사 간의 합병에 따른 기대 효과는 여러모로 컸다. 우선 경영 효율성 측면에서 조기 통합으로 인해 2004년까지 2조 8,000억원에 달하는 시너지 효과를 낼 수 있을 것으로 예상됐다. 주파수 통합을 통해 주파수 이용 효율성이 제고되었고 조직 재설계를 통해 미래 성장 사업 분야로 전문인력을 재배치해 인력 운용의 효율성도 기대할 수 있었다. 그리고 양사 합병으로 가입자 규모 기준 세계 10위권에 진입하게 되면서 경쟁력이 강화되어 해외진출을 가속화할 수 있게 되었다. 또한 그 동안 독립적으로 추진해오던 R&D 투자나 무선 인터넷 등 신규 분야의 투자를 단일화함으로써 고객에게 보다 새롭고 다양한 서비스를 제공하게 되었다.

SK텔레콤은 2002년 1월 신세기통신과의 최종 합병승인 획득을 계기로 대규모 조직 개편 및 보임 인사를 실시하는 것 외에도 '2002년 사업계획'을 발표하는 등 합병 원년의 청사진을 제시하였다. 이에 따라 조직을 종전의 4개 부문 37개실/본부 158개 팀에서 7개 부문 51개실/본부 225팀으로 확대·개편하였다.

전략기획 기능 강화를 위해 기존 전략지원 부문을 전략기획 부문과 경영지원 부문으로 분리 · 확대하고, IR 홍보 등 대외업무를 전담하는 CR Corporate Relations 부문을 신설하였다. 그리고 비전 달성을 위해 비즈니스 이슈 및 경영기법을 연구하고 구성원의 역량 제고 및 미래에 필요한 인력 육성을 담당할 미래경영연구원을 신설하였다. 또한 무선 인터넷 부문을 신설하는 등 인터넷 사업조직을 크게 확대하였다. 이 밖에 네트워크, 마케팅, 인터넷 사업 부문 내에 각각 글로벌 본부 및 팀을 신설해 해외사업을 더욱 강화해나 갔다.

한편 SK텔레콤은 2000년 9월부터 양사의 네트워크 통합작업에 착수하여 총 81개 시 외곽지역에 대한 듀얼 로밍(017기지국과 011 기지국을 함께 사용하는 것)과 2002년 9월 23일 전산망 통합에 이르기까지 모든 통합작업을 성공적으로 완수하였고 양사의 네트워크 시너지를 극대화하였다.

SK텔레콤은 양사 합병을 통해 확보된 역량을 무선 인터넷 시장에 집중하여 유무선 통합 서비스를 통해 플랫폼사업을 확대하는 한편, 모바일 커머스 사업에 진출하여 당시 2.3%에 불과했던 이 부문의 매출을 2005년에는 20% 대인 4조원으로 확대한다는 계획을 수립하였다. 브랜드 관리의 경우, 2001년 하반기에 'Speed 011'과 'Power Digital 017'의 브랜드 전략을 검토한 결과 'Speed 011'을 대표 브랜드로 사용하기로 하고 'Power Digital 017'은 영업 접점에서 고객과의 커뮤니케이션 수준으로 한시적으로 관리하기로 하였다.

그림 8-3 • 신세기통신과의 합병 성공 요인

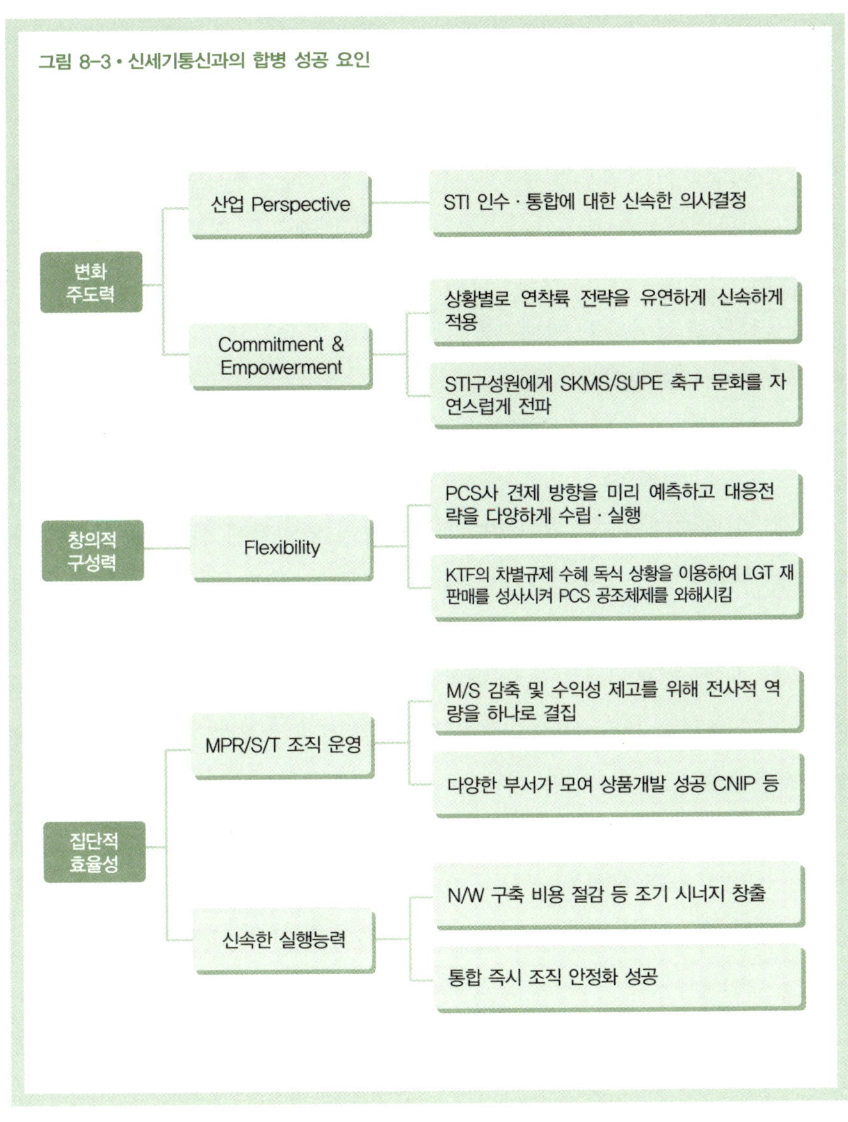
변화
주도력
산업 Perspective
STI 인수·통합에 대한 신속한 의사결정
Commitment &
Empowerment
상황별로 연착륙 전략을 유연하게 신속하게 적용
STI구성원에게 SKMS/SUPE 축구 문화를 자연스럽게 전파
창의적
구성력
Flexibility
PCS사 견제 방향을 미리 예측하고 대응전략을 다양하게 수립·실행
KTF의 차별규제 수혜 독식 상황을 이용하여 LGT 재판매를 성사시켜 PCS 공조체제를 와해시킴
집단적
효율성
MPR/S/T 조직 운영
M/S 감축 및 수익성 제고를 위해 전사적 역량을 하나로 결집
다양한 부서가 모여 상품개발 성공 CNIP 등
신속한 실행능력
N/W 구축 비용 절감 등 조기 시너지 창출
통합 즉시 조직 안정화 성공

| 신세기통신 합병 성공요인 | 전략적 리더십을 발휘하다

SK텔레콤은 이동통신산업 환경 변화에 따른 구조조정과정에서 전략적 리더십과 효율적인 실행 능력을 바탕으로 신세기통신과의 합병을 선도적으로 추진했고 성공적으로 실행했다. 이 과정에서 SK텔레콤은 정부의 합병 인가 조건을 이행해야 했고, PCS 사업자들의 치열한 견제가 있었지만 경쟁사의 도전을 효율적으로 극복하고 신세기통신과의 성공적 통합을 이룩함으로써 경쟁력을 제고시킬 수 있었다.

신세기통신과의 통합과정에서의 성공요인은 SK텔레콤의 세 가지 조직 역량으로 설명될 수 있다.

첫째, SK텔레콤은 적극적인 변화추진역량이 있었기에 신세기통신 인수와 통합에 대한 신속한 의사결정을 내릴 수 있었고 이동통신업계의 구조조정에서 선도적인 역할을 수행할 수 있었다.

둘째, 인수와 통합과정에서 경쟁사의 도전에 대응하여 연착륙과 M-Powering 전략을 상황에 따라 유연하고 신속하게 적용한 것은 SK텔레콤의 전략적인 창의성과 유연성을 의미한다.

셋째, 치밀한 통합전략 수립과 실행을 통해 신세기통신 구성원들에게 SKMS/SUPEX 추구 문화를 서서히 자연스럽게 전파하고 무리 없이 조직통합을 완료할 수 있었던 것은 대화를 통한 문제해결 역량, 과감한 임파워먼트, 통합을 위한 전사적인 역량 결집 등에 기인한 것으로 볼 수 있다.

SK텔레콤은 서비스 산업에서의 시장점유율 규제에 대해 PCS사의 견제 방향을 전략적 시나리오를 통해 예측하고 상황별로 유연하게 대응 전략을 수립하여 성공적으로 실행하였다. 특히 3자 경쟁 구도 상황을 적절하게 이용해 LG텔레콤 재판매를 성사시켰고 결과적으로 PCS 공조체제를 와해시킨 것은

SK텔레콤의 창의적 역량과 전략적 유연성이 돋보인 사례라고 판단된다. 마지막으로 시장점유율 축소 및 수익성 제고를 위해 전사적 역량을 결집시키고 M-Powering 과정에서 다양한 부서가 모여서 새로운 상품개발을 성공시킨 것은 집단적 효율성 역량이 잘 나타난 부분이다.

이와 함께 경영진과 구성원의 일치된 노력으로 수립된 전략을 신속하고 과감한 실행한 것도 신세기통신과의 통합과정에서 주요 성공요인이었으며, 이러한 노력은 2002년 이후 안정적 조직통합에 따른 시너지 효과를 극대화하여 미래 경쟁력을 확고히 하였다.

신화를 이룩해낸 월드컵 마케팅*

월드컵 광고는 공식 후원업체의 전유물이다. SK텔레콤은 공식 후원업체가 아니었음에도 불구하고 경쟁사의 마케팅 활동을 넘어서서 월드컵을 자신들의 이벤트로 이끌어나갔다. 붉은 악마를 적극 후원함으로써 SK텔레콤을 보다 가까운 곳에서 직접적으로 보여줄 수 있었고, 이를 통해 국민들의 뇌리에 SK텔레콤의 새로운 이미지를 각인시킬 수 있었다.

최선의 방어는 공격

월드컵이라는 국가적인 행사를 앞두고 각종 방송 매체와 언론에서 매일같이 월드컵에 대한 보도가 끊이지 않았지만 정작 일반 국민들이 해야 할 일은 특별히 없어 보였다. 국민들이 국가적인 행사에 관심이 없다는 우려의 소리가 종종 들려오기도 했다. 그러나 언제부터인가 국민들은 응원을 통해 월드컵에서 할 수 있는 일을 찾아내고 월드컵에 관심을 보이며 움직이기 시작했다.

너도 나도 자발적으로 붉은 악마 옷을 입고(붉은 악마 옷이 없다면, 붉은색 옷이라도) '대한민국 짝짝짝짝짝' '오~필승 코리아'를 외치며 거리로 나와 열광했다. 그리고 그 뒤에 붉은 악마를 후원하고, 거리 응원을 지원했던 SK텔

* 본 사례는 이석규(성균관대 경영학부), 이병철의 공동 저작인 「월드컵 마케팅」을 바탕으로 작성되었음.

레콤이 있었다.

당시 KT는 2001년 5월 대한 축구협회와 공식 후원 계약에 이어 2001년 10월 월드컵 공식 후원업체 계약을 체결함으로써 자회사인 KTF도 동등한 자격을 획득했다. 2001년 6월 사명 변경을 통해 재출범한 KTF는 '대한민국 대표 이동통신' 캠페인을 추진하면서 SK텔레콤을 추월하겠다는 전략을 가속화하던 중이었다. 따라서 KTF는 한일월드컵 공식 후원업체 선정을 계기로 '공식 후원업체는 동종 업계 한 곳이 선정된다'는 점을 충분히 강조했고, '대한민국 대표 이동통신' 캠페인에 힘을 실어갔다. 공식 후원업체가 아닌 이상 월드컵 용어와 엠블렌 사용 금지는 물론 기타 공식 스폰서로 오인하게 하는 일체의 직·간접적 행위가 금지되었다.

<비공식 후원업체에 대한 제한 사항>

1. 2002년 FIFA월드컵 용어와 엠블렘의 사용 금지

2. 경기장 및 경기장 반경 2.5km 이내의 지역에는 브랜드 노출 금지

3. 월드컵 엠블렘이 새겨진 상품을 구매하여 배포 행위 금지

4. 기타 공식 스폰서로 오인하게 하는 일체의 직·간접적 행위 금지

SK텔레콤이 월드컵과 관련한 마케팅을 할 수 있을 만한 것은 아무것도 없어 보였다. 그렇다고 주저앉아서 아무것도 하지 않을 수는 없는 일이었다. 월드컵은 전 국가적인 중요한 이벤트였고, 경쟁사가 공식 후원업체가 된 상황 속에서 월드컵 이후 브랜드 인지도 등 마케팅에 미칠 영향력을 과소평가할 수 없었기 때문이다.

일반적으로 이러한 상황에서 비공식 후원업체가 펼치는 마케팅을 '앰부시 마케팅Ambush Marketing'이라고 하는데, '매복'이라는 말 그대로 복병처럼 예

기치 않은 효과를 발휘하여 공식 후원업체인 경쟁사보다 높은 마케팅 효과를 얻는 것을 말한다.

1984년 LA올림픽 사례가 가장 유명하다고 할 수 있다. 당시 코닥은 공식 후원업체였던 후지필름을 상대로 올림픽 방송 중계사인 ABC와 올림픽 육상 선수들을 후원하면서 후지필름을 뛰어넘는 마케팅 효과를 거두었다. 1998년 프랑스 월드컵 때에도 아디다스가 공식 후원업체로 지정되었으나 나이키가 '나이키 파크'와 브라질 대표팀을 활용한 앰부시 마케팅을 펼침으로써 아디다스보다 뛰어난 마케팅 효과를 보았다.

그러나 SK텔레콤은 단순한 앰부시 마케팅 이상의 무언가가 필요하다고 느꼈다. 당시 SK텔레콤은 더 이상 잃을 것이 없는 상황이었기에 오히려 공식 후원업체에 대한 방해 전략 등의 소극적인 성과에 골몰하지 않을 수 있었다. 그래서 장기적이고 일관된, 비록 실행하기 힘들지라도 새로운 무언가를 찾으려고 시도하였다. 그러한 이유로 처음 대행사가 제안했던 이벤트성 행사에 대해서도 불충분하다는 결론을 내렸다. 남들이 했던 방법이 아닌 새로운 길만이 이 상황을 극복할 수 있다고 생각했기 때문이었다.

붉은 악마와 손잡다

먼저 찾기 시작한 것은 일단 그들이 당시 할 수 있는 것이 무엇인가였다. 공식 후원업체가 공식적인 영역의 파트너로서의 역할을 한다면, 비공식 후원업체는 누가 인정해주지 않더라도 비공식적인 영역의 파트너 영역을 자청할 수 있지 않을까라는 생각은 '응원'이라는 컨셉을 끌어내게 만들었다.

아무도 관심 갖지 않을 것 같은 비공식 영역인 '응원'도 분명 스포츠에 있어서 중요한 영역이라는 사실에 주목하였다. '응원'을 주제로 월드컵 마케팅 안을 짜던 중 'Be the Reds 캠페인'이라는 제안서를 받았는데 그 내용이 SK텔레콤이 목표하던 바와 일치하였다. 제안서의 내용은 기본적으로 붉은 악마의 협찬사를 구하는 것이었고 국가대표 축구팀의 월드컵 16강 진출을 위해 함께 응원을 하자는 내용이었다.

당시 붉은 악마도 월드컵을 맞이하면서 여러 가지 어려움에 직면한 상황이었다. 붉은 악마는 국가대표 축구팀의 공식 서포터스 클럽으로 월드컵 이전에도 해외 국가대표 경기 등에서 그들의 축구에 대한 넘치는 사랑과 열정을 보여주었다. 하지만 대한민국 축구 역사에 길이 남을 전 세계적 이벤트라 할 수 있는 월드컵에 대한 국민들의 관심은 생각보다 저조했고 월드컵을 1년여 앞둔 2001년, 붉은 악마의 회원은 1만 명도 채 안 되었다.

이러한 상호간의 이해가 맞아떨어져 SK텔레콤은 2001년 10월 붉은 악마 후원 계약을 맺게 되었다. 계약에 있어서 SK텔레콤이 내건 조건은 단 하나, 모든 마케팅 활동에 '스피드 011'이라는 문구를 넣어달라는 것이었다. 그 외 붉은 악마의 활동에 대해서는 어떤 요구나 관여도 하지 않기로 했다.

매우 간단해 보이지만 이러한 계약을 체결한다는 것은 사실 기업으로서는 좀처럼 내리기 힘든 결정이었다. 기업을 나타내는 문구 하나만으로 과연 마케팅 성과를 얻을 수 있을 것인가가 의문이었다. 자칫하면 붉은 악마 후원만 해주고 SK텔레콤이 얻어가는 것은 없을 수도 있었다. 하지만 붉은 악마의 월드컵 한국축구 응원단체로서의 대표 이미지 확보는 월드컵 마케팅 경쟁 전략에 있어서 꼭 필요한 것이었다. 경쟁사가 국가의 공식행사를 지원하는 대표 이동통신임을 강조하는 이상 SK텔레콤 역시 그에 상응하는 대표성 확보가 시급했기 때문이다.

또한 순수한 비영리 단체를 상업적으로 이용한다는 것은 국민 정서에 반하는 일이었다. 특별히 의도하지 않았더라도 조금의 실수나 욕심으로 그러한 오해를 사는 경우 마케팅을 하면 할수록 반감만 쌓이게 되고, 이는 기업에게 돌이킬 수 없는 치명적인 결과를 초래한다는 사실을 염두에 두었다. SK텔레콤의 파란색 로고와 붉은 악마의 이미지가 상충되기는 했지만 순수성과 축구에 대한 지원을 가능하면 크게 반영해주고 뒤에서 후원해주는 역할만 맡겠다고 제안하였고, 붉은 악마는 이를 받아들였다. 후원금 3억원으로 붉은 악마와 계약을 체결한 SK텔레콤은 총체적 마케팅 커뮤니케이션IMC : Integrated Marketing Communication 차원에서 전략적으로 캠페인을 진행해나가기 시작했다.

신화를 이룩해내다

온 국민을 붉은 악마 속으로! Be the Reds!

총체적 마케팅 커뮤니케이션은 광고에만 의존하는 것이 아닌 캠페인이라는 말 그대로 어떤 목표를 위해서 다양한 커뮤니케이션을 활용하는 일관된 활동을 추진하도록 하는 것이다. 이를 위해 SK텔레콤은 월드컵 마케팅 전체를 세 단계로 나누고 단계별 목표를 달성하도록 각 단계별 활동 계획을 수립하였다.

첫 단계에서는 국민들에게 붉은 악마를 인지시키고 국민들이 직접 붉은 악마가 되도록 하는 것을 목표로 삼았다. 붉은 악마를 알리고 SK텔레콤과의 연계성을 확보하기 위해 가장 효과적인 방법은 광고였다. 몸짓편, 눈물편 두 가지로 제작된 광고는 붉은 악마의 축구에 대한 순수한 열정을 국민들에게 알리는 데 중점을 두었다. 이와 더불어 붉은 악마 회원 모집을 위한 프로모션을

시기	Be the Reds (2001년 10월~2002년 2월)	Learn the Reds (2002년 2월~2002년 5월)	Do the Reds (2002년 5월~2002년 7월)
전략 목표	붉은 악마의 존재감 확인 및 스피드 011과의 연계성 확보	붉은 악마 응원문화의 확산을 통한 국민과의 일체감 형성	월드컵 기간의 이슈 선점 및 실제 응원현장에서 주도권 장악
광고	• TV : 붉은 악마의 존재감 확인 및 회원 수 확보를 위한 CM • 신문 : 붉은 악마 가입 행사	• TV : 붉은 악마 대표응원 교육 CM • 신문 : 유럽 원정 A매치 시점 광고, '오! 필승 코리아' 프로모션 광고	• TV : 한국 경기 이슈 선점을 위한 시기와 승패에 따른 광고 집행 • 신문 : 개막전 및 한국팀 승패에 따른 철저한 시점 광고 및 프로모션 행사 고지
프로모션	• 회원 가입 프로모션 전개 • '붉은 악마가 되자' 페스티벌 • 월드컵 16강 기원제	• 응원교육용 BI 응모 프로모션 • '붉은 악마 응원만들기' 페스티벌 • 2002 붉은 악마 응원 선포식 • 스피드 011 유럽 원정단 파견 • 열기 확산을 위한 대 국민 프로모션 − 10개 도시 응원 퍼레이드 − SBS와 함께 '오! 필승코리아' 콘서트	• 오! 필승 코리아 페스티벌 전개 • 12번째 선수가 됩시다 • Red Train • 온 국민 응원 페스티벌 Red Stadium • TTL Fever Zone 전시
기타	• 붉은 악마 관련 활동 언론 노출	• SBS 월드컵 방송 스폰서십 참여	• SK주유소 활용한 티셔츠 배포 • 적극적 PR 활동 및 PPL

자료 : SK텔레콤(2002)

전개하였다.

　무엇보다도 국민들을 붉은 악마의 응원 문화 속으로 편입시키는 것이 관건이었다. 이를 위해 SK텔레콤은 2002년 12월 1일에 있었던 2002 한일월드컵

대진 조 추첨 때 처음으로 단체 관람과 프로모션 행사를 시도하였다. 붉은 악마의 응원문화 중 하나인 단체 관람과 SK텔레콤이 주관하는 '16강 기원제' 행사를 언론에 함께 노출하여 국민적 관심을 불러일으키자는 것이었다. '16강 기원제'는 언론사들의 열띤 취재 경쟁 속에서 범국민적인 관심을 불러일으켰고 붉은 악마의 존재와 응원문화를 성공적으로 알려나갔다.

하지만 여전히 SK텔레콤에게 부족한 것이 있었다. 그것은 바로 경쟁사가 갖고 있었던 강력한 슬로건이었다. SK텔레콤과 마찬가지로 경쟁사 역시 공식 후원업체 위상을 알리는 다양한 프로모션을 전개하고 있었는데, 특히 'Korea Team Fighting'이라는 슬로건을 갖고 있었다는 점이 장점이었다. 기업 브랜드를 알리면서 응원 구호로도 활용할 수 있는 키(Key) 슬로건을 여러 매체를 통해 홍보함으로써 SK텔레콤의 다양한 초기 프로모션 활동 이상의 효과를 나타내고 있었던 것이다.

우리 모두 붉은 악마같이 해봐요! Learn the Reds!

전 단계에서 이루어진 여러 전략들이 붉은 악마와 SK텔레콤에 대한 국민의 관심을 불러일으키고 참여의 실마리를 제공하였다면, 두 번째 단계에서는 국민들이 직접 붉은 악마를 배우고 응원에 동참하게 하는 전략을 펼쳤다. 그리고 그 단계에서는 그 전부터 문제가 되었던 키 슬로건과 응원구호의 결정이 매우 중요했다.

하지만 '코리아 팀 파이팅Korea Team Fighting'이라는 잘 만들어진 슬로건에 대항하는 무언가를 만들어내기는 쉬운 일이 아니었다. 먼저 전 국민을 대상으로 붉은 악마가 사용할 응원구호, 슬로건, 응원가, 응원가사를 공모하였다. 공모된 아이디어 중 참신하고 기발한 것들도 많았다. 그러나 응원구호에는 그런 참신함, 기발함 이상의 무언가가 필요하다는 생각에 SK텔레콤은 모집된 아이디어 중 하나를 붉은 악마의 응원구호로 결정하는 데 망설이지 않을 수 없었다.

인위적으로 만들어진 응원구호를 과연 모두가 따라 할 것인가 하는 점이 의문이었다. 경쟁사인 KTF가 내세운 'Korea Team Fighting'이라는 구호 역시 'Fighting'이라는 단어 자체가 응원할 때 가장 많이 사용되어짐에도 불구하고 'Korea Team'과의 인위적인 연결 하나만으로 사람들은 다소 낯설어했고, 응원구호로서의 위력은 크게 발휘하지 못하고 있는 실정이었다. '그런데 완전히 새로 만든 응원 구호라……' 사람들은 더 낯설어할 것이 분명했다. 그러한 이유로 SK텔레콤의 월드컵 마케팅 담당자들은 여러 군데의 경기장을 직접 방문하여, 실제로 행해지는 응원의 종류와 관중들의 반응을 조사하였다.

그리고 아무리 계획된 응원가와 구호로 시작된다 하더라도 응원이 열기를 더해가면서 실제 축구경기장을 열광의 도가니로 몰아넣고 있는 것은 다름 아닌, '짝짝짝 짝짝 대한민국!' 박수와 '오~ 필승 코리아!'라는 노래라는 사실을 발견하였다. 그 순간 그들은 해야 할 일을 명백하게 깨달았다. 응원문화 코드를 맞추어주고 이것이 온 국민에게 확산될 수 있도록 지원하는 것이었다. 수년간 축구경기장을 지켜온 응원코드가 쉽사리 바뀔 수 없었고, 바뀔 이유도 없었다.

SK텔레콤은 즉시 TV 광고를 활용하여 전 국민에게 대한민국 박수와 '오~ 필승 코리아'를 전파하였다. 그 결과 2002년 월드컵 응원에 폭발적인 힘을 실어주었고 기대 이상의 효과를 발휘하기 시작했다. TV 광고를 통해 응원 교육을 시킨다는 것은 그 전에 없었던 매우 기발한 아이디어였다. 무엇보다도 붉은 악마 옷을 입은 SK텔레콤 광고의 메인 모델이었던 한석규가 인상적이었다. 붉은 악마와 SK텔레콤과의 시각적 연결은 매우 강력했다. 만약 이

월드컵은 5천만 국민 모두의 축제였다.

시기에 SK텔레콤과 붉은 악마의 연계성을 확보하지 못했다면 월드컵 분위기 조성에는 기여했을지 몰라도 마케팅 소기의 목적은 달성하지 못했을지도 모른다.

"처음에는 붉은 악마 이미지와 가장 어울릴 것 같은 연예인을 설문 조사하여 광고에 활용하려고 했었습니다. 그러나 우리에게 필요한 것은 우리를 대변하는 모델이지 붉은 악마를 대변하는 모델이 아니었습니다. 자칫하면 본질을 벗어날 뻔한 위기였으나 모두 전략적 입장을 고수함으로써 긍정적인 결과를 도출할 수 있었습니다."

– 당시 SK텔레콤 마케팅 프로모션 팀장 인터뷰

이 두 가지 광고를 계기로 SK텔레콤은 단순히 우회적으로 공식 파트너 흉내를 내는 것이 아니라 완벽하게 월드컵을 주도하기 시작했다. 그 밖에도 'Learn the Reds' 기간 동안 SK텔레콤은 월드컵 분위기를 이끌어나가기 위해 다양한 프로모션을 추진하였다. SBS방송국 스폰서십을 활용하여 다양한 PR과 PPL을 실행해나갔고 '오! 필승코리아' 콘서트를 개최하면서 국민들 사이에서 월드컵 분위기가 달아오르도록 만들었다.

5천만의 붉은 악마가 이루어낸 4강 신화 Do the Reds!

2002년 한일 월드컵 시작과 함께 시작된 마지막 단계에서는 월드컵 기간의 각 이슈들을 선점하고 실제 응원 현장에서 주도권을 장악하여 '월드컵 마케팅 성공' 이라는 목적을 완벽하게 달성하고자 하였다. 실제로 이 시기에 SK텔레콤은 단계적으로 확보해온 국민들의 관심과 열정, 그리고 적극적으로 참여하고자 하는 욕구에 적절하게 대응하며 월드컵 응원에서 가장 핵심이었던 거리응원 속에서 그 역할을 충실하게 수행하였다.

하지만 폴란드전의 첫 거리응원이 있기까지의 과정은 그리 순탄하지만은 않았다. 처음에는 대규모 운동장을 빌려서 '레드 스타디움' 을 만들고 거기서 응원전을 펼치려 했지만 그러한 규모의 운동장들은 이미 다른 스포츠 단체나 혹은 타국 국가대표팀의 연습장으로 예약이 끝난 상태였다. 응원전은 어쩔 수 없이 거리로 나가는 수밖에 없었다. 그런데 그마저도 쉬운 일이 아니었다.

광화문같이 153개 노선의 시내버스가 다니는 교통 혼잡 지역을 시청이 선뜻 내줄 리 없었고, 도로를 막고 행사할 수 있는 대학로를 선택할 수밖에 없었다. 전날 도로를 막아놓고 준비를 하면서 많은 걱정들이 있었지만 6월 4일 폴란드전이 열리던 당일 대학로에 갔을 때는 이미 많은 사람들이 거리를 메우고 있었다. 그 전에 광화문 A매치 경기 관람에서 어느 정도 거리 응원의 열기를 느낄 수 있었지만 실제로 본격적인 월드컵 경기에서 나타난 국민들의 반응은 상상 외로 매우 뜨거웠다.

한국축구대표팀이 폴란드전을 이기면서 거리 응원전은 더욱 힘을 받게 되었고, 서울 시청에서 시청 앞에서의 거리 응원을 제안해오기에 이르렀다. 미

방송 역사상 처음으로 송출 직전에 결정된 광고. 경기가 끝나자마자 다음 경기 상대 국기를 보여주었다.

국과의 2차전부터 시청 앞 광장으로 장소가 옮겨지면서 수만 명의 거리 응원단은 순식간에 수십만 명으로 불어났다. SK텔레콤은 시청 앞에 크레인을 동원해 대형 스크린을 설치하였고 그 아래로 시청 앞 광장을 물샐 틈 없이 가득 메운 사람들이 모두 빨간 옷을 입고 '대한민국'과 '오필승 코리아'를 외쳤다. 이러한 열기에 부응하기라도 하듯 한국대표팀은 전 국민의 염원이었던 16강에 진출하였고, 그리고 4강이라는 놀라운 신화를 이룩하였다.

이 기간에도 역시 SK텔레콤은 TV 매체 광고에서 새로운 것을 시도하였다. 경쟁사인 KTF를 앞질러 경기가 끝나자마자 다음 경기 상대 국가의 국기를 보여주는 광고를 방영했다. 그러나 16강에서 멈추지 않은 한국대표팀의 승승장구로 경기 결과에 따라 다음 경기 상대 국기가 결정되는 상황이 발생하였다. 그래서 발생 가능한 모든 경우의 수에 대비한 광고를 제작했고 경기 결과에 따라 그 자리에서 바로 송출하였다. 송출하기 직전에 방영할 광고를 결정하는 것은 이전까지는 한번도 없었던 일이었다. 그러나 한국축구의 16강 진출 자체가 역사상 처음 있는 일인데, 한번 시도해보자는 생각으로 방송 관계자를 설득하였다.

이 밖에도 10개 도시 응원 퍼레이드를 통해서 지방 개최 도시를 중심으로

약 60여 회의 공연과 퍼레이드를 진행하여 전 국민의 붉은 악마 응원 및 응원
문화 확산에 주력하였다.

대한민국을 바꾼 마케팅

2002년을 휩쓸었던 SK텔레콤의 월드컵 캠페인은 단순히 경쟁사의 마케팅
활동에 방해 전략을 펼치는 앰부시 마케팅을 넘어서 공식 후원업체를 압도하
며 월드컵 마케팅 소기의 목적을 달성했다. 그러나 SK텔레콤의 월드컵 마케
팅은 마케팅적 성과만을 언급하기에는 그 사회 문화적인 영향과 성과가 너무
나 큰 하나의 역사적인 사건으로 기록되었다.

SK텔레콤 내부조사 자료에 따르면 SK텔레콤은 2002년 1월 관련 기업 인지
도 순위 5위에 머물렀으나 6개월이 지난 7월에는 1위에 올라서게 되었으며,
관련 광고 인지도에서도 비슷한 변화를 보여주었다. 공식적인 호감도나 인지
도 외에도 붉은 악마의 역동적 이미지는 SK텔레콤에 그대로 오버랩되어 SK
텔레콤의 기업 인지도에 긍정적인 영향을 미쳤다.

초기에 비공식 후원업체로서의 제약 때문에 붉은 악마와의 제휴를 통한 응
원이라는 비공식 영역을 택할 수밖에 없었던 SK텔레콤의 월드컵 마케팅이
기대 이상의 엄청난 성공을 거둔 것은 누구도 부인할 수 없게 되었다.

"붉은 악마 후원사가 월드컵 공식 후원사를 제쳤다. 월드컵 공식 후원사인 KT그룹이
'월드컵'이라는 단어도 사용하지 못하는 FIFA 비공식 업체인 SK텔레콤에 월드컵 마
케팅 경쟁에서 '판정패'했다는 평가다. 통신시장의 숙적인 KT그룹과 SK텔레콤의
'월드컵' 경쟁은 당초 공식 스폰서인 KT가 SK텔레콤을 완전히 압도할 것으로 예상

되었다. 하지만 이런 예상은 폴란드전 이후 완전히 깨졌다. SK텔레콤은 월드컵 관련 단어를 사용하지 못하자 궁여지책으로 축구응원 모임인 '붉은 악마'와 손잡은 것이 행운의 열쇠였다. 지난 4일 경기(한국과 폴란드)가 열렸던 부산은 물론 전국이 붉은 티셔츠를 입은 '붉은 악마'들로 가득 메워졌다. 전 국민은 경기가 열리는 내내 SK텔레콤이 CF에서 홍보했던 월드컵 응원 구호와 노래를 외쳤다."

– 2002년 6월 8일, 『내외경제신문』

한편 세계를 놀라게 한 '붉은 악마 캠페인'은 세계 3대 국제 광고 페스티벌 중에 하나인 '뉴욕 페스티벌'에서 2003년 금상을 수상하였다. 이에 앞서 2002년 12월에는 아시아 지역 유력 광고 전문 주간지인 『미디어』가 선정하는 아시아 태평양 지역 올해의 광고상Agency of the Year에서 국내 최초로 크리에이티브 부문과 마케팅 부문에서 최고의 상을 동시 수상하는 등 해외에서도 그 성과를 인정받았다.

붉은 악마의 거리 응원으로 한일 월드컵 기간 동안 전 세계 언론은 대한민국에 집중되었다. 한국의 '대~한민국' 신드롬과 거리 응원이 보도되면서 전 세계인은 대한민국을 다시 보게 되었고, 전 세계가 대한민국의 역동적 이미지와 열정적 에너지를 주목하였다. 월드컵 거리 응원의 성과는 우리 나라에 세계적인 관심 집중시킨 것뿐만 아니라, 우리 국민들 스스로가 참여하면서 자긍심을 느꼈으며 이를 통해 변화한 대한민국을 체험했다는 것에 더 큰 의의가 있다.

"붉은 악마는 이제 단순히 '축구대표팀 서포터스'를 표방하는 축구팬 집단의 의미를 넘어 한국 사람들을 화합하고 통합시키는 상징으로 발전한 면도 없지 않다. 월드컵 기간에 확인되어진 것처럼 '붉은 악마'라는 매개체 안에서 한국인들은 모두 놀랄 만

큼 열정적이었고 타인에 대한 존중의식과 더불어 질서의식 또한 두드러지게 나타냈
던 것이다. 얼마 전 교육인적자원부에서 월드컵의 성공적인 개최와 한민족의 새로운
도약 등을 교육에 활용하기 위해 붉은 악마의 응원 모습을 초등학교 사회 교과서에
싣기로 했다고 밝혔다.”

– 2002년 7월 16일, 『연합뉴스』

　　진정 월드컵의 주인은 국민들이 되었고, 그들이 보여준 참여와 응원 문화
는 ‘월드컵 거리 응원’ 이상의 것을 창출하였다. 젊은이들의 전유물로 인식
되었던 적극적인 자기표현 문화와 역동성을 전 세대가 함께 공유하였으며,
성숙된 시민의식이 자연스럽게 시험되고 인정받은 자리가 되었다.

| 월드컵 마케팅 성공요인 |
창의적으로 발상하고 탄력적으로 대응하라

마케팅 프로모션팀이 처음 월드컵 마케팅이라는 과제를 받았을 때 이들은 마
치 차, 포를 다 빼고 장기 두는 것처럼 암담한 심정이었다. 비록 엄청난 금액
의 후원금을 내긴 했지만 공식 스폰서로서의 지위를 획득한 KTF에 대항해서
마케팅 활동을 펼쳐나간다는 것이 너무도 힘들게 느껴진 것은 당연한 일이었
다. 하지만 프로모션팀은 그대로 주저앉아 소극적으로 안이하게 대응하지 않
고 창의적인 발상과 탄력적인 대응으로 월드컵 마케팅에서 누구도 예상하지
않았던 커다란 성과를 거두었다.
　　이러한 월드컵 마케팅의 성과 뒤에는 SK텔레콤의 적극적 변화추진, 창의
적 구성, 그리고 집단적 효율성을 추구하는 조직역량이 큰 힘을 발휘하였다.

우선 프로모션팀에 대한 진정한 임파워먼트가 주어졌다는 사실을 간과할 수 없다. 월드컵과 같이 중요한 이벤트를 앞두고 사용 가능한 거의 모든 마케팅 수단들이 묶여 있는 어려운 상황이었지만, 프로모션팀에게 자율적이며 적극적으로 가능한 대안들을 찾아낼 수 있게 하는 권한들이 주어졌다. 실무진들의 의견을 적극 수렴함으로써 붉은 악마에게 조건 없는 후원에 대한 합의를 할 수 있었던 것은 프로모션팀에 대한 임파워먼트가 주어졌기에 가능한 일이었다.

월드컵을 과거처럼 FIFA나 축구선수들만의 이벤트가 아니라 전 국민의 잔치로 전환시킨 SK텔레콤의 월드컵 마케팅은 창의적이며 혁신적인 접근 방법으로만 가능한 일이었다. 공식 후원업체가 아님에도 불구하고 과거의 전형적인 대처방안이었던 앰부시 마케팅에 만족하지 않고, 규제 영역이 아닌 응원 분야를 집중적으로 파고든 것은 마케팅의 새로운 이정표를 정립하였다. 처음에는 거리 응원과 프로모션을 함께 기획하고 창의적인 광고와 적절한 프로모션을 집행하여 전 국민의 관심을 단계적으로 이끌어냈다. 이후 검증된 응원 구호를 창의적으로 활용하여 광고를 통해 이를 전파시킴으로써 SK텔레콤의 창의적 구성 역량을 보여주었다.

프로모션팀이 마케팅 초기의 암담한 상황을 극적으로 반전시킬 수 있었던 여러 가지 요인 중에 가장 중요한 것은 팀원들과 관련 부서 전체 구성원들의 열정적인 몰입이었다. 불확실하고 어렵게만 느껴지던 상황을 타파하고 마케팅 역량을 집중적으로 발휘하여 성공적인 결과를 얻기까지에는 월드컵 마케팅에 관련된 모든 구성원들의 노력을 유기적으로 결합시킨 SK텔레콤의 조직 역량이 크게 작용하였다. 붉은 악마, 광고대행사, 이벤트 업체와의 유기적 협력을 이끌어내고 거리로 쏟아져 나온 수많은 시민들의 함성과 응원 에너지를 적절히 이끌어갈 수 있었던 데에는 집단적 효율성 역량이 있었기에 가능한 일이었다.

그림 9-1 • 월드컵 마케팅 성공요인

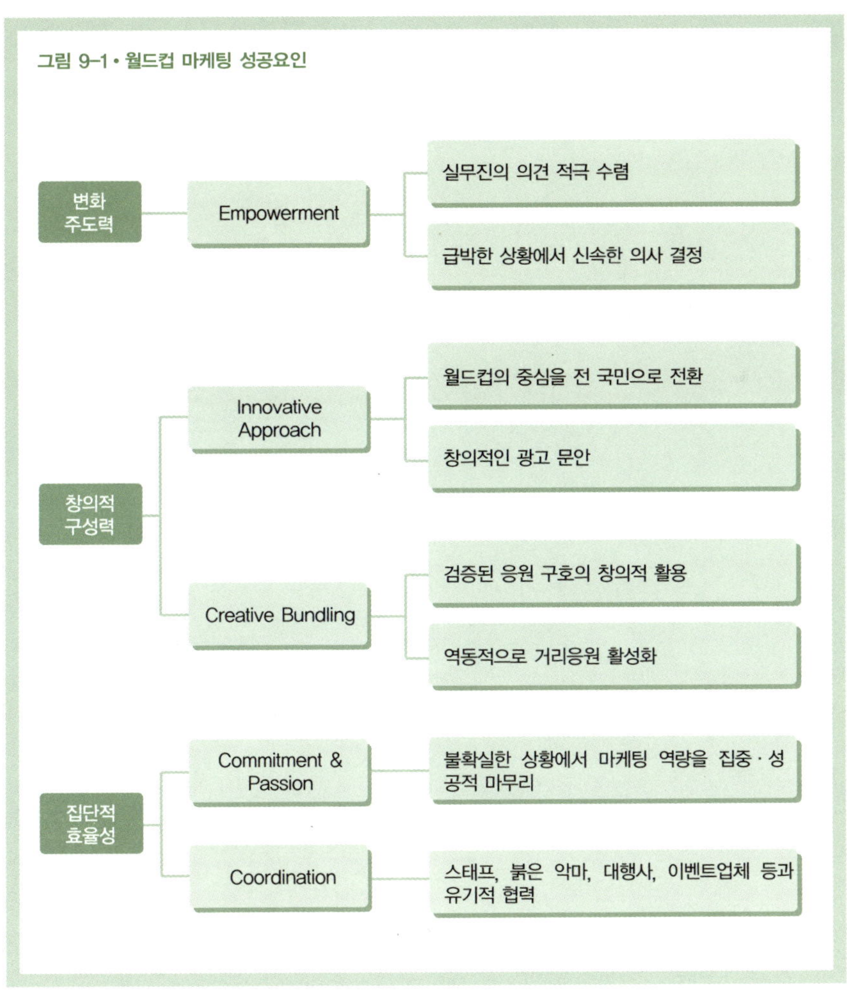

컨버전스와 유비쿼터스 환경의 도래, 사회·문화 패러다임의 전환과 같은 급격한 변화의 물결 앞에서 SK텔레콤이 과거와 같이 뛰어난 성과를 유지할 것인가는 그 누구도 예측하기 어렵다.

PART 3에서는 미래 시장을 선도하기 위해 SK텔레콤이 나아가야 할 방향을 모색하고자 한다.

PART 3

새로운 미래를 위하여

기업 재창조를 통한 미래 시장 선도

하버드대학 비즈니스 스쿨의 데이비드 요피David Yoffie 교수는 '디지털 융합 시대의 경쟁 Competing in the Age of Digital Convergence(하버대 비즈니스 스쿨, 1997)'에서 창조적 결합을 컨버전스 환경의 으뜸 전략으로 꼽으면서 창조적 결합은 무에서 유를 창조하는 것이 아니라 이미 존재하는 그 어떤 것들의 결합을 통해 새로운 무엇을 창조하는 것임을 강조했다.

요피 교수의 예측대로 오늘날 IT업계와 가전산업에서 다양한 디지털 컨버전스 제품들이 우리에게 현실로 나타나고 있다. 휴대폰의 경우 디지털 카메라나 캠코더와의 결합 차원을 넘어 MP3 기능이 부가된 'MP3폰'이 나와서 시장을 휩쓸고 있으며, 위치 추적 기능이나 응급 상황에서 119를 호출하는 'Security폰'도 출시되었다. 최근에는 당뇨와 스트레스 강도 등을 진단하고 건강을 관리하는 '헬스폰'까지 등장하였다. 500만 화소급 디지털 카메라, 게임기, 캠코더, TV 수신기, 네비게이터, 무전기, 메신저까지 내장된 똑똑한 휴대폰이 속속 등장하고 있는 것은 그 좋은 예라고 할 수 있었다.

이와 같이 컨버전스가 가장 활발하게 이루어지고 있는 분야가 바로 이동통

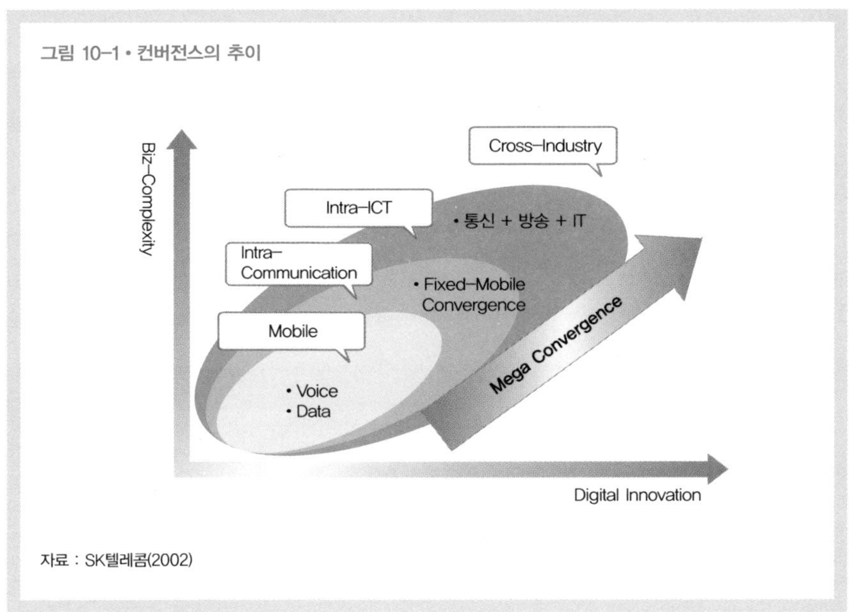

신이다. '내 손 안의 작은 세상'으로 표현되는 휴대폰은 이러한 컨버전스를 통한 변화의 움직임 중에서도 가장 핵심에 위치하고 있다. 과거에는 음성통화가 휴대폰의 주된 사용 목적이었지만, 휴대성과 개인성을 확보한 기기의 특성과 고객의 요구가 맞물리면서 휴대폰은 더 이상 단순한 의사소통 기구에 머물지 않고 있다. 또한 이동통신망도 네트워크 컨버전스를 주도하고 있다. CDMA 2000 1X 등 고속통신망이 상용화되면서 음성뿐만 아니라 데이터, 방송 등의 다양한 미디어들이 하나의 네트워크를 통해 사용자에게 전달하는 것이 가능해졌다.

컨버전스가 본격화되면서 과거와 달리 기업의 입장에서는 다른 모든 기업이 잠재적인 경쟁 대상이 되는 새로운 경쟁 구도가 등장하였다. 특히 '가치사슬상의 다른 단계' 혹은 '다른 산업으로부터의 신규 진입'에 의해 산업 내 경쟁이 심화되고 타산업 간에도 경쟁관계가 발생하는 상황이 초래되었다. 이러한 컨버전스 시대의 복합 경쟁 구도 속에서 기업은 새로운 비즈니스 전략을 통해 컨버전스를 주도하지 않으면 안 되는 상황에 놓이게 되었고 이는 SK텔레콤도 예외가 아니었다.

더군다나 1990년대의 고속성장 이후에 이동통신 서비스 시장이 성숙단계로 접어든 2001년부터 SK텔레콤의 성장속도가 둔화되기 시작하였다. 시장 성장의 둔화와 곧 닥쳐올 음성 시장의 포화상태는 음성 서비스에 기반을 두고 있는 SK텔레콤에게 심각한 위기로 이어질 수 있었다. 이러한 환경변화들로 인해 SK텔레콤은 사업영역·경쟁구도·가치창출 방법을 근본적으로 재검토해야 하는 기업재창출이 요구되고 있었다.

미래를 향한 준비

미래경영연구원 설립

2002년 1월 17일, SK텔레콤은 사장 직속의 변화추진 조직으로 미래경영연구원을 설립하였다. 경기도 이천에 자리 잡고 있던 SK텔레콤의 인재연구원을 미래경영연구원으로 확대 개편하였다. 미래경영연구원을 이천에 설립하게 된 이유는 본사와 떨어져 있어야 현업에 제약을 받지 않고, 보다 장기적이고 거시적인 관점에서 체계적으로 미래에 대비한 준비를 하기 위함이었다.

연구원의 구성원은 모든 현업 부서에서 선발하는 것이 원칙이었다. 미래를 준비하는 일은 SK텔레콤의 모든 부서에 관련된 일이었으므로 각 부서와 현업의 시각을 종합적으로 고려하는 것이 바람직하다는 판단과 함께 미래경영

연구원에서 일정 기간 연구 활동을 마친 구성원이 현업 부서로 돌아갔을 때 미래에 대한 준비 작업의 조정자로서의 역할을 수행하는 것이 효과적인 변화 관리방법이라는 전략적 판단 때문이었다.

CFM, CFL, CFC 3개의 센터로 구성된 미래경영연구원은 SK텔레콤의 미래 경영에 대한 통찰력과 방법론을 제시하고, 조직의 혁신과 변화 리더의 역량 개발을 촉진하여 미래 핵심 역량이 강화되도록 지원하는 것을 미션으로 삼았다. CFMCenter for Future Management은 사업 간 융합Business convergence 환경에서의 리더십 확보를 위한 핵심 경영요소를 도출해내고 회사의 변화 방향성을 기획하는 역할 및 미래사업에 대비한 경영 시스템, 인적자원 전략을 연구하는 업무를 담당하였다. CFLCenter for Future Leadership과 CFCCenter for Future Competency는 미래사업을 이끌어갈 리더 선발방법과 리더와 구성원에게 필요한 역량을 연구하여 현재와의 차이를 규명하고 이를 확보할 수 있는 프로그램을 개발하여 실행하는 일에 집중하였다. 또한 개인의 리더십과 역량뿐만 아니라 미래 사업에 필요한 핵심 요소들이 잘 구현될 수 있는 유연한 조직 발전방안도 함께 연구하며, 기업조직의 입체적 진단을 통해 업무의 효율성을 극대화시킬 수 있는 조직 활성화 프로그램을 제공하는 업무를 담당하였다.

미래 핵심경영 요소 도출

미래를 준비하고 컨버전스 환경하에서 기업 재창조를 위해 CFM은 미래 핵심 경영요소를 발굴하려는 노력을 시도했다. 우선 비즈니스 측면에서 포괄적인 산업군을 대상으로 미래 컨버전스 가능성이 높은 커머스Commerce, 파이낸스Finance, 미디어Media, 솔루션Solution, 커뮤니케이션Communication 5개 주요 산업군을 신규 사업 추진 분야로 결정하였다.

- 커머스 분야 : 새로운 전방위적인 유통채널을 확보하여 선도적인 uCommerce players로서 입지를 구축한다.
- 파이낸스 분야 : 모바일과 온라인을 기반으로 한 새로운 credit과 banking 사업을 통해 혁신적인 금융서비스 사업자로 자리매김한다.
- 미디어 분야 : 컨버전스에 의한 통신·방송 융합에 있어 선도적인 미디어 사업자로 도약한다.
- 솔루션 분야 : 다양한 산업과 고객에 특화된 토털 모바일 솔루션을 지향한다.
- 커뮤니케이션 분야 : 고객의 평가와 상호간 서비스 제공을 통해 주도적인 사업자로써 입지를 구축한다.

신규 사업 추진 분야를 결정한 다음에는 다섯 가지 신규사업을 추진하기 위해 요구되는 역량과 현재 역량을 평가하여 조직의 변화방향을 설정했다. 이를 토대로 사업 다각화에 대한 효과적인 지원과 미래 사업 모델의 신속하고 체계적인 이행을 변화추진 원칙으로 정했다. 변화추진 원칙에 따라 전사 차원의 역량을 통합하여 시너지를 촉진하는 조직을 구축하고, 이것을 지원하기 위한 전사 통합 경영 시스템과 다양한 영역의 사업전략을 지원하였다. 이를 위해 역량 포트폴리오를 구성하고 관리하기 위한 다양한 실행방안들을 도출했다.

이러한 연구 결과는 SK텔레콤의 전략방향을 명확히 하였고 조직 구성원들에게는 자발적인 변화실천을 유도하였다. 구성원들이 자발적으로 미래 준비를 위한 변화를 실천하도록 한 노력들은 결국 구성원들의 역량을 하나로 결집시키는 토대가 되었으며, 미래에 필요한 요구 역량을 체계적으로 확보하기 위한 프로그램들이 실행되기에 이르렀다.

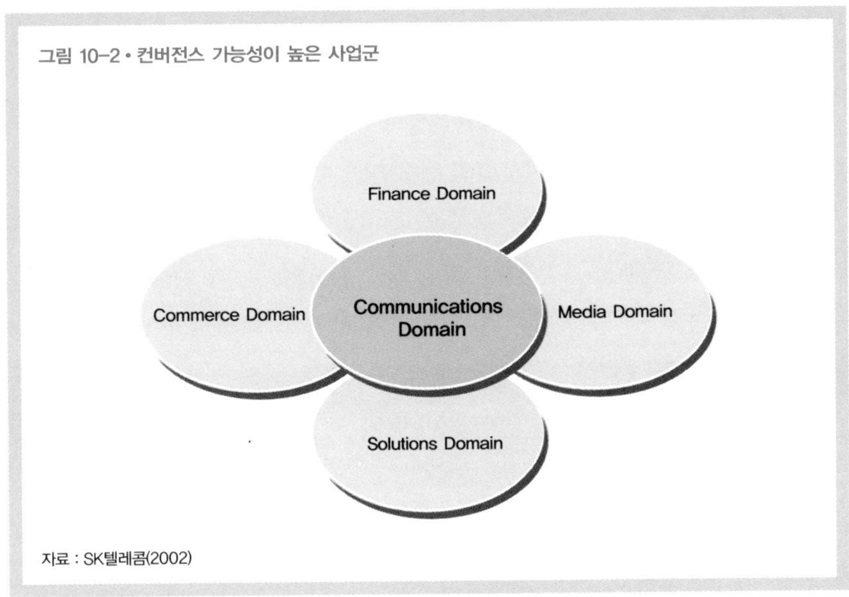

역량 강화 프로그램 실시

새로운 리더 육성 프로그램인 LIP Leadership Intensive Program는 유비쿼터스 · 컨버전스 환경하에서 필요역량이 무엇이며, 어떻게 준비해야 하는가에 대한 연구결과를 토대로 미래 리더의 발굴 및 육성을 위해 추진되었다. 회수별로 부장 · 차장 중 핵심인력 20여 명을 대상으로 3개월여에 걸쳐 미래경영연구원에서 집합교육으로 실시되었다.

이 프로그램의 목적은 회사의 미래 변화를 선도하고 실천하는 변화리더 Change Leader로서 필요한 자질을 함양시켜 미래의 성장을 주도해나가는 인재를 양성하는 것이었다. 교육과정을 통해 개인별 역량에 대한 입체적 평가를 도입하는 한편 학습자의 자부심을 고취시켰다. 그리고 평가는 리더십과 비즈니스 관점으로 구분되어 실행되었고, 평가 결과는 리더 발굴과 리더십 클리닉 프로그램Leadership Clinic Program의 기초 자료로 활용되었다. 2002년 3월 1일에 시작되어 2004년 말 현재 총 8차에 걸쳐 180여 명이 이수하였다.

한편 신규사업 진출과 핵심사업의 성공적인 수행을 위한 컨버전스 역량 강화를 위해 국내·외 MBA 프로그램을 추진하였다. 국내 MBA 프로그램은 2002년 10월 성균관대 경영전문대학원에서 실시되었는데 차장, 과장, 대리 중 최근 2년 연속 인사고과가 우수한 사원이 지원할 수 있었고 1년에 30명을 선발했다. 수업은 경영학의 일반 이론을 중심으로 하되 컨버전스 환경을 고려하여 SK텔레콤에서 설계한 인터넷 마케팅, 브랜드 마케팅, 서비스 마케팅, e-CRM 등 마케팅 분야에 특화된 과목이 개설된 것이 특징이었다.

졸업을 하려면 소정의 졸업학점을 이수하고 TOEIC은 일정 점수 이상을 받아야 했다. 이 과정이 다른 회사의 유사한 프로그램과 다른 점은 대학원 정규 학위의 수여에 있었다. 과정을 수료한 사원들은 해당 대학원의 경영학 석사학위를 수여받았고 이는 과정 참여자들의 학습에 대한 동기부여를 고취시켰다. 단일 회사의 프로그램을 통해 정식 학위가 수여되는 획기적인 과정이었다.

글로벌 MBA 프로그램도 동시에 추진되었는데, 해외 30대 저명 MBA 프로그램에 파견하여 컨버전스 환경에 대비하는 역량 강화를 목표로 설계되었다. 대상 직급은 대리에서 차장까지였고, 1년에 30명을 선발하여 2년간 교육을 받을 수 있게 했다. 변화 추진과 관련하여, LIP와 국내 MBA 프로그램은 매우 중요한 의미가 있었다. 이 프로그램들은 교육 대상자를 선발하여 의무적으로 시행함으로써 현업 부문 구성원들에게 직접적인 변화를 불러일으켰다.

그 외에도 미래 추진될 사업의 역량을 갖춘 인력을 보다 적절하게 육성하기 위해 SK텔레콤의 미래 필요역량을 규명하고, 분야별 세부 필요역량을 정의했다. 또한 새로운 비즈니스에 적합한 경영시스템을 개발하여 변화 추진의 큰 방향성을 정립했다.

새로운 환경변화에 따른 기업혁신 전략 수립

미래경영연구원을 설립하여 컨버전스 환경에서의 필요역량을 확보하기 위한 전사적 변화 노력이 진행되던 중 2003년 초에 새로운 환경변화가 나타났다. 젊은이들의 붉은 악마 응원, 여중생 사망사건 촛불시위, 노사모 등 참여문화가 확산되고 집단적인 의사표현이 증가함에 다라 개인의 다양화된 가치 추구와 참여의식이 확산되었다. 이는 우리 사회가 다원화·개성화된 사회로 진입하는 계기가 되었다. 사회구조가 선진국형으로 변모하면서 경영의 투명성과 공정경쟁 환경 조성의 필요성은 더욱 강해지고 있었다. 이러한 국내의 사회·문화·정치·경제적 환경변화는 그 동안 컨버전스 환경변화에 집중했던 SK텔레콤으로 하여금 사회·문화 패러다임의 변화에 대한 수용을 함께 고려한다는 점을 일깨워주었다.

당시의 사회·문화 패러다임의 변화를 파악한 SK텔레콤은 '그 동안 이익만을 생각하는 자기중심적인 사고가 강하지 않았는가? 외부환경 변화에 유연하게 대처해 왔는가? 신규 성장엔진을 확보할 수 있는 조직과 역량은 갖추었나? 타성에 따른 관료적 분위기가 형성되지는 않았나? 그 동안 성공에 안주하지 않았나? 부서 간 협조는 제대로 이루어지고 있는가? 진정으로 변화할 의지가 있는가?' 등 스스로에게 질문을 던졌다.

이러한 수많은 자기반성을 거쳐 과거의 기술·경영적 측면에서의 변화에 대한 고려를 하였고 사회·문화적 패러다임의 변화와 정치·경제적 변화를 함께 반영하여 새롭게 변화를 추진하게 되었다. 2003년 2월 3차에 걸친 임원

세미나를 개최하여 변화 추진 방향을 도출하고, 외부 자문 교수단의 참여, 전사 TF 구성을 통한 액션 플랜 수립을 거쳐, 2003년 7월 새로운 기업혁신 전략인 'Change Management'를 선포하였다.

이렇게 추진된 혁신 전략은 이윤극대화 추구라는 단기적인 경제논리를 넘어 사회로부터 신뢰와 존경을 받을 수 있는 기업으로 거듭날 수 있도록 사회적 역할과 책임을 획기적으로 강화하는 한편 회사 경영의 핵심 요소인 고객, 주주, 구성원 가치 극대화의 선순환을 이룸으로써 장기적이고 총체적인 기업 가치 극대화를 수행한다는 계획이었다.

CEO 이하 모든 임원들과 미래경영연구원, 현업 구성원들은 기업 재창조를 위해 SK텔레콤의 현재 모습에 대해 철저하게 분석하여 구체적인 변화 실행 과제를 도출하였다. 변화 실행 과제들은 '기업의 사회적 역할과 책임을 다한다' 등과 같은 선언적 과제부터 과도한 회의 문화의 변화를 위한 '29/49 미팅제' 실시 등과 같은 구성원들 하나하나가 실천해야 할 구체적 과제도 포함하였다. 당시 SK텔레콤의 새로운 기업혁신 전략은 구성원들의 피나는 노력의 결과였고, 또한 시급한 중단기 현안 문제를 해결하기 위한 새로운 변화 추진이라는 중요한 의미가 있었다.

新가치경영 선포

2004년 3월 16일 김신배 사장이 취임식을 가졌다. 사장 취임이 있은 후 약 2주일 후인 2004년 3월 29일 오전, 코엑스 컨벤션홀에서는 SK텔레콤 창사 20주년 기념식이 거행되었고, 이 자리에서 김신배 사장은 향후 SK텔레콤의 새로운 10년을 준비하기 위한 변화와 혁신전략인 '新가치경영'을 선포하였다.

"우리 회사는 지난 20년간 구성원 여러분의 헌신적인 노력과 지속적인 경영혁신을 바탕으로 국내에서는 물론 세계에서도 인정받는 최고의 이동통신회사로 성장했습니다. 그러나 최근 정치 · 경제, 사회 · 문화 전반의 급격한 환경변화와 디지털 기술발전에 따른 컨버전스 · 유비쿼터스 패러다임의 확산으로 인해, 더 이상 과거의 성공이 미래를 보장하지 못하는 불확실하고 불투명한 경영환경이 전개되고 있습니다. 또한 국가와 산업을 초월하는 무한경쟁시대의 도래, 기업의 사회적 역할과 책임에 대한 요구 증대는 우리에게 새로운 도전과제로 제기되고 있습니다.

이제 이러한 도전은 성장의 갈림길에서 우리의 선택을 요구하고 있습니다. 新 가치경영은 SKMS / SUPEX 추구를 기반으로 전사적으로 추진해온 Change Management를 보다 심화하여 향후 새로운 10년을 준비하기 위해 마련한 변화와 혁신의 전략이며, 미래를 준비하고 도약하기 위한 우리의 결집된 의지입니다. 이를 통해 우리는 궁극적으로 우리의 비전인 'Most Valuable Company'를 실현해나갈 것입니다. 이러한 新가치경영은 '고객 · 구성원 · 주주 가치 제고', '공중 · Biz 파트너 · 정부의 신뢰 강화', '선순환적 가치 확대 추구'의 3대 추진원칙하에 '생존기반 강화 및 미래기회 선점', '기업시민 책임 실천을 통한 사회적 리더십 확보', '스피디하고 유연한 경영시스템 구축', '구성원 미래역량 강화'라는 4대 실행전략을 기반으로 지속적이고 체계적으로 추진해나갈 것입니다."

新가치경영은 기본적으로 2002년 이후 변화 추진의 성과를 기반으로 중 · 장기적으로 종합화한 새로운 기업비전이며, SKMS를 근간으로 한 경영체계이다. 기존의 가치경영이 경제적 이윤 극대화를 목표로 한 주주 중시 경영이었다면, 新가치경영은 고객 · 구성원 · 주주 및 다양한 이해관계자들에 대한 가치를 균형적으로 제고하고 장기적 기업가치 창출을 중시하는 경영체계이

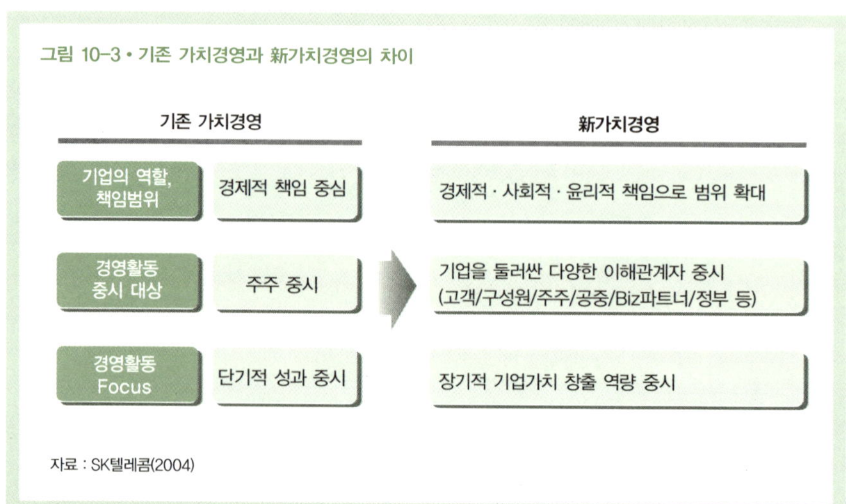

그림 10-3 · 기존 가치경영과 新가치경영의 차이

자료 : SK텔레콤(2004)

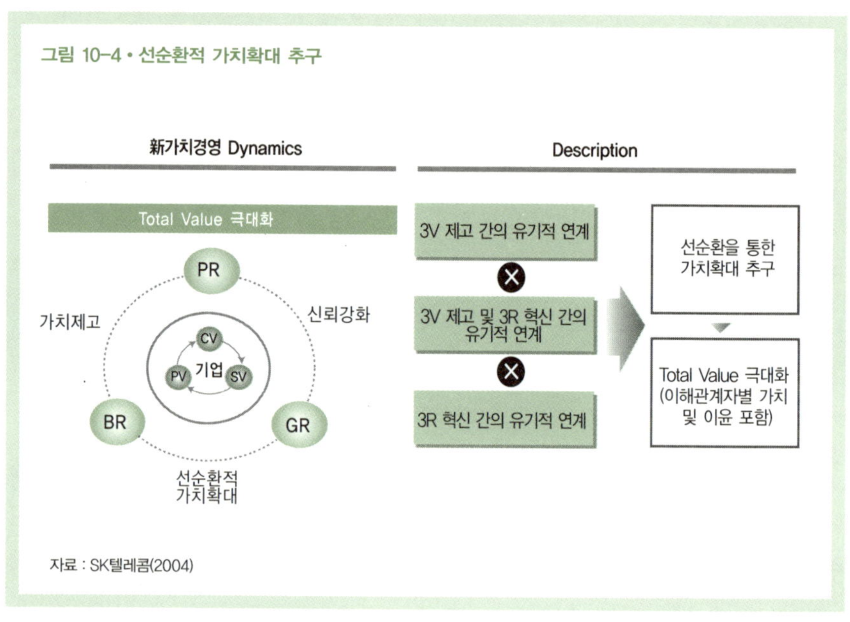

그림 10-4 · 선순환적 가치확대 추구

자료 : SK텔레콤(2004)

다. 新가치경영은 단기적 성과 중심에서 벗어나 경제적 가치뿐만 아니라 사회적, 윤리적 가치 등 포괄적 가치의 제고를 추구한다.

新가치경영의 3대 추진 원칙은 '고객·구성원·주주 가치 제고' '공중·Biz파트너·정부의 신뢰 확보' '선순환적 가치확대 추구'이다. 그리고 가치경영 3대 추진원칙의 성공적 실행을 위하여 다음과 같은 4대 실행전략의 제시하고 실행하고 있다.

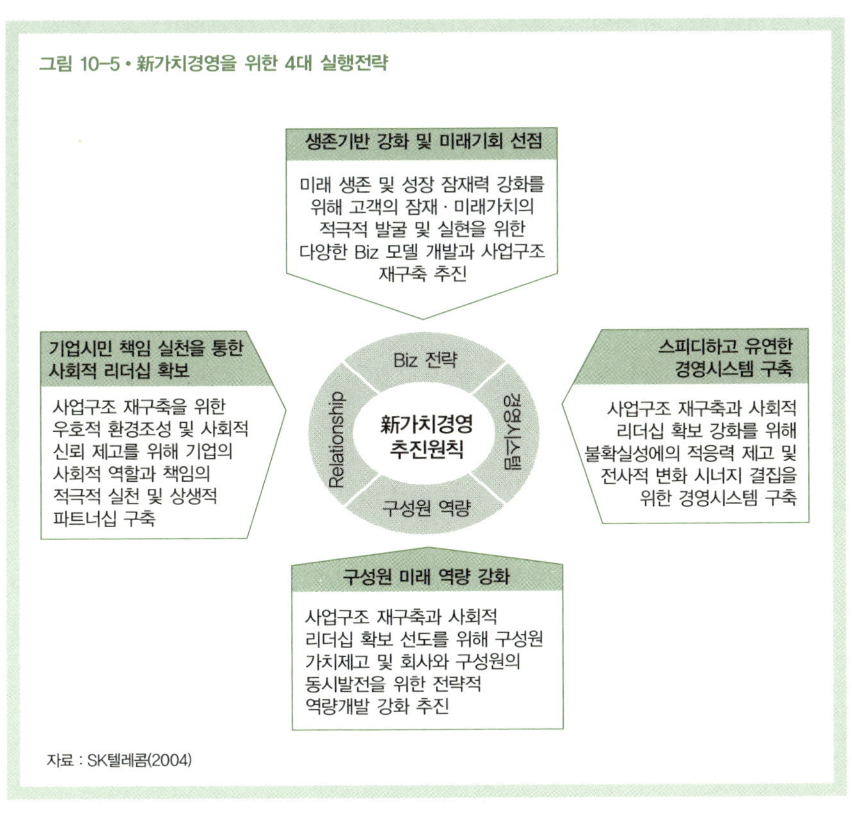

그림 10-5 • 新가치경영을 위한 4대 실행전략

자료 : SK텔레콤(2004)

- 생존기반 강화 및 미래기회 선점 : 컨버전스와 글로벌, 유비쿼터스 사업의 신성장 모델을 적극적으로 발굴해, 새로운 총체적 유비쿼터스 서비스 시장을 창출하고 미래 10년 동안의 새로운 성장기반을 확고히 마련하는 것이다.
- 기업시민 책임 실천을 통한 사회적 리더십 확보 : 기업시민으로서 사회적 역할과 책임을 적극 수행하기 위해 복지재단 설립과 사회봉사단 활동 등 사회공헌 활동을 활성화하고 윤리경영을 적극적으로 실천하며 상생적 파트너십을 구축한다는 것이다.
- 스피디하고 유연한 경영시스템 구축 : 기술 및 이해관계자 니즈 변화 등 외부 경영환경에 신속하게 적응하고 전사적 변화 시너지를 결집할 수 있도록 스피드하고 유연한 경영시스템을 구축할 것이며, 과감한 권한 위임을 통해 조직의 효율성을 높이고 신속한 의사결정이 이루어지도록 한다.
- 구성원 미래 역량 강화 : 구성원들의 가치를 제고하고 회사와 구성원의 동시발전을 위한 전략적 역량 개발 강화를 추진하여, 모든 구성원이 MVP Most Valuable Biz Professional로 성장할 수 있도록 다양한 리더십 프로그램과 역량 개발 기회를 마련하는 등 인재 육성을 위한 투자와 지원을 지속적으로 강화할 계획이다.

또한 4대 실행전략의 성공적 추진을 위해서 7대 전략과제를 도출하고 20개의 중점 추진과제를 선정하여 추진함으로써 실행력을 높였고, 실질적인 새로운 도약이 발판이 되고 있다.

구 분	중점 추진과제
중장기 사업구조 재구축	Biz To-be Model 수립 Core Biz Market Leadership 강화 New Biz 발굴 강화 Global Biz 확대 · 강화
Global Biz 확대 · 강화	고객가치 중심경영 강화 차세대 마케팅 역량 확보 시장지향적 기술 리더십 확보 미래 무형자산 확보 및 관리 강화
신뢰경영 체계 강화	주주와의 상호 신뢰기반 강화 윤리경영 실천력 제고
상생적 Relationship 체계 구축	Trustful PR 구축 Synergistic BR 구축 Proactive GR 구축
효율적 경영관리 체계 구축	전사 전략의사결정 역량 강화 Corporate Operation 관리체계 개선 Risk Management 강화
조직구조 및 기업문화 혁신	중장기 조직모델 설계 기업문화 혁신
구성원 육성 및 Motivation 강화	Multi-Talent 인재 육성 Customized Motivation 강화

자료 : SK텔레콤 내부자료(2004)

대한민국에는 SK텔레콤이 있다

국가 신성장동력 창출과 SK텔레콤

글로벌 무한 경쟁시대에 각국은 국가 경쟁력 확보를 위해 다양한 노력을 기울이고 있다. 특히 우리 나라는 일본이나 중국과 경쟁해야 하는 상황에서 새로운 미래 성장동력 발굴이 매우 중요하다. 이웃 나라 일본은 지난 10년의 경제침체를 극복하고 새로운 도약을 위해 '신산업 창조전략' 을 수립하는 등 우리 나라에 비해 뒤쳐진 IT 분야에 역량을 집중하고 있다.

정부는 2003년 8월 청와대에서 대통령과 산·학·연 및 정부 관계자가 참석한 가운데 차세대 성장동력 보고회를 개최하여 국가적으로 우선순위가 높은 10대 차세대 성장동력 산업을 확정하였다. 차세대 성장동력 산업 추진은 국민소득 2만 달러의 선진경제로 도약하기 위해 국가 역량을 집중하여 미래의 성장잠재력을 확충하기 위한 것이다.

10대 차세대 성장동력 산업이 성공적으로 발전할 경우 2012년까지 102조 원의 추가적인 부가가치 창출과 1,797억 달러의 수출증가 및 147만 명의 신

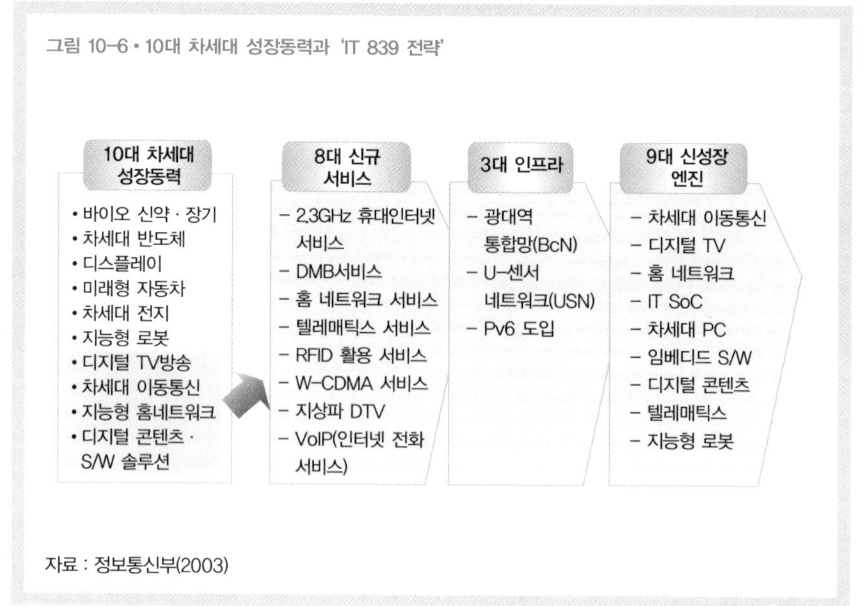

그림 10-6 · 10대 차세대 성장동력과 'IT 839 전략'

자료 : 정보통신부(2003)

규 고용 창출이 기대되어 한국의 국민소득은 1만 달러 벽을 넘어 2만 달러 시대로 진입할 수 있는 초석이 될 것으로 전망하고 있다.

또한 정보통신부는 한국이 미래 IT 시장을 선도하기 위한 성장 전략으로 'IT 839'를 발표했다. 성장 전략의 핵심은 8대 서비스, 3대 인프라, 9대 성장동력 분야의 추진이다. IT 839는 IT분야 차세대 성장동력을 지원할 세부 추진 전략의 성격을 갖고 있으며 주요내용은 다음 〈그림 10-6〉과 같다. IT 839는 U-Korea 구현 및 전 세계 미래 정보통신 시장을 선도하기 위한 국가비전이다. 2005년에 정부는 IT 839 로드맵 조기실현을 위해 대기업과 벤처기업이 참여하는 시범사업에 1,000억원을 투입하고 이를 확대하는 과정에서 관련 단말기 콘텐츠 소프트웨어 확보 및 표준화에 나설 예정이다.

10대 차세대 성장동력 산업 중 정보통신 분야 4개 성장산업이 SK텔레콤과 직접적인 연관을 갖고 있고 IT 839전략의 거의 전 분야가 SK텔레콤의 차세대 사업영역과 겹치는 상황이다. 결국 SK텔레콤의 향후 비즈니스는 국가 신성장 동력 창출과 직결되어 있다고 볼 수 있다.

SK텔레콤이 TU미디어를 통해 추진하고 있는 위성 DMB사업은 통신과 방송이 융합된 대표적 비즈니스로서 2005년 1월 시범서비스를 실시하였다. 고객들은 휴대단말기(휴대폰, PDA 등)를 통해 방송을 시청할 수 있게 되고, 휴대인터넷은 유·무선 통합의 비즈니스 모델로서 유선사업자나 이동통신사업자가 마켓 리더십 확보를 위해 결코 놓칠 수 없는 비즈니스다.

텔레매틱스는 자동차와 IT가 컨버전스된 새로운 비즈니스로 유·무선사업자 간 치열한 경쟁이 예상되는 분야이다. 홈 네트워크 비즈니스는 건설과 가전과 통신이 접목되어 디지털화된 주거공간의 혁명을 예고하고 있다. 또한 금융과 통신이 만나 모바일 금융이 활성화되고 있으며 통신사업자들이 사활을 걸고 경쟁하고 있는 상황이다.

SK텔레콤은 광대역통합망BcN*과 차세대인터넷주소체계IPv6**, 전자태그 RFID*** · 유비쿼터스 센서 네트워크USN**** 등 3대 인프라에 대해, 통합 시범 서비스 추진과 망 구축 연계 등을 본격화하고 있다. BcN과 IPv6, RFID · USN은 유비쿼터스 한국을 만드는 3대 인프라다. 차세대 인터넷 주소체계인 IPv6가 RFID · USN 단말기에 들어가고, 이를 BcN이 네트워크로 연결하면서 유비쿼터스 세상은 완성된다.

SK텔레콤은 국내 최대 통신사업자로서, 각 분야 시범사업을 추진하는 동시에 연계 프로젝트도 구체화하고 있다. 이들의 연계사업은 홈네트워크 시범가구에 BcN 시범 서비스 제공 및 가입자 망에 IPv6 부분 적용, RFID 리더기에 IPv6 주소 할당 및 U센서 노드에 IPv6 지원 등 정보통신부의 시범사업과 맞물리면서 진행될 예정이다.

* Broadband Convergence Network의 약자. 음성 · 데이터, 유 · 무선 등 통신 · 방송 · 인터넷이 융합된 품질 보장형 광대역 멀티미디어 서비스를 언제 어디서나 끊김없이 안전하게 이용할 수 있는 차세대 통합 네트워크. BcN은 국제 표준인 NGN에 통신과 방송의 융합이라는 개념을 포함시켜 브랜드화시킨 신조어로, 국내 IT 산업을 활성화하고 장기적으로는 국내 IT 기술을 통해 세계적인 영향력을 발휘하는 것을 기본 목표로 하고 있다. 다양한 서비스를 쉽게 창출 · 제공할 수 있는 개방형 구조의 통신망과 안전하고(security), 품질보장(QoS) 및 망 관리가 용이한 통신망, 광대역 서비스를 원활하게 이용할 수 있는 유 · 무선 · 방송 가입자망, 그리고 네트워크나 단말기에 구애받지 않고 다양한 서비스를 끊김없이(seamleass) 이용할 수 있는 유비쿼터스 서비스 환경을 지원하는 통신망 등을 지향한다.

** Internet Protocol version 6의 약자. 인터넷 상의 컴퓨터를 식별하기 위한 번호로 기존의 32비트 IPv4를 4배 확장한 차세대 버전. 1998년 IETF에서 RFC 2460으로 채택되었다. IP 주소 공간을 128비트로 확장하여 주소의 개수를 큰 폭으로 증가시켰으며, 보안성 및 망 확장성 등이 더욱 향상된 것이 특징이다.

*** Radio Frequency Identification의 약자.

**** Ubiquitous Sensor Network의 약자. 각종 센서에서 감지한 정보를 무선으로 수집할 수 있도록 구성한 네트워크.

세계 속의 SK텔레콤으로

SK텔레콤은 그 동안 국내 이동통신사업의 리더로서 괄목할 만한 성장을 보여왔으나 앞으로는 국내시장을 넘어서 글로벌 시장을 적극적으로 개척해나가야 하는 과제를 안고 있다. 그 동안 국내에서의 높은 명성에 비하면 글로벌 비즈니스 측면은 아직 미흡한 편이다. 1990년대 중반부터 SK텔레콤은 태국, 브라질 등 여러 나라에서 글로벌 사업을 추진했다. 초기에는 네트워크 관련 투자로 사업권에 대한 지분 투자 형식으로 사업을 전개했지만 1999년 이후에는 IMF의 충격으로 상대적으로 위험 부담이 적은 투자 중심Low Risk Low Return 으로 소극적인 해외 사업을 전개하였다. 하지만 글로벌 사업 경험과 역량 부족으로 인해 특별한 성과를 거두지 못한 것이 사실이다.

최근 SK텔레콤이 글로벌 사업 조직을 확대 개편하고 새로운 전략을 가지고 비즈니스를 추진하고 있는 상황은 고무적이라고 할 수 있다. 2002년에서 2003년에 걸쳐 대만과 이스라엘 등에 플랫폼 판매로 277억원, 컬러링과 관련하여 54억원의 매출 성과를 올렸고, 2004년부터 버라이존 와이어리스, T모바일, 보다폰 등 약 50여 개 주요 사업자와 컬러링 판매에 관하여 협상 중이다. 반면 중국 및 동남아에서 집중적으로 진행되고 있는 CDMA 네트워크 컨설팅 사업은 2003년 48억원의 매출을 달성하였으며, 2004년에는 차이나 유니콤을 포함해 다수의 업체들과 협상 중에 있다.

또한 SK텔레콤은 중국 현지에 차이나유니콤과 합작회사 설립에 합의하여 2004년 4월 8일 합작법인인 UNISK(UNISK Information Technology Co. Ltd · 聯通時科新息技術有限公司)를 공식 출범시킨 후 중국 내 무선인터넷서비스를 시작했다. UNISK는 중국에서 최초의 외국계 합작 무선인터넷 업체로서 'U族부락' 이라는 브랜드로서 차이나 유니콤의 CDMA 서비스 가입자 2,400만 명

(2004년 6월 기준)을 대상으로 무선인터넷 서비스를 제공하고 있다.

한편 2003년 베트남 정부로부터 사업 승인을 획득한 SK텔레콤의 베트남 합작 법인인 S-폰은 현재 가입자 10만 명을 유치하는 등의 성과를 보이고 있다.

미국 인터넷 사업체인 어스링크와 합자하여 설립된 SK어스링크는 이미 구

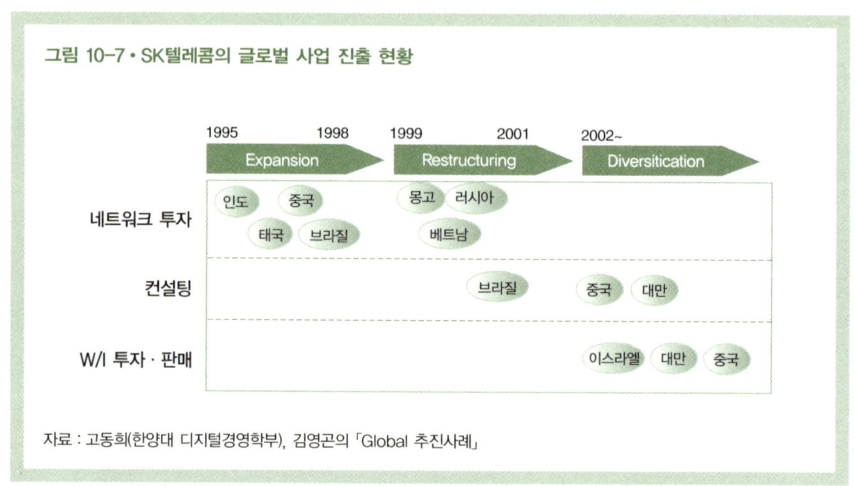

자료 : 고동희(한양대 디지털경영학부), 김영곤의 「Global 추진사례」

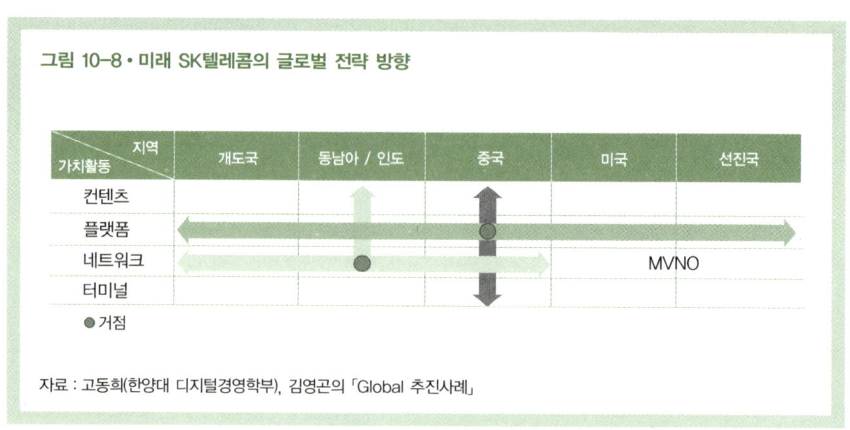

자료 : 고동희(한양대 디지털경영학부), 김영곤의 「Global 추진사례」

축되어 있는 네트워크를 빌려쓰는 MVNO Mobile Virtual Network Operator로 2005
년 하반기 미국에서 서비스를 시작할 예정이다. 이는 세계 시장의 핵심 전략
시장인 미국에 처음 진출하는 것으로 세계 시장 진출의 교두보를 마련했다고
볼 수 있다. 무엇보다도 SK어스링크는 합작사를 통해 단말기, 소프트웨어,
하드웨어 분야의 국내 업체들과 동반 진출하는 방안을 추진하고 있으므로 포
화된 국내 모바일 업계에 긍정적인 영향을 줄 것으로 예상된다.

SK텔레콤의 자회사인 SK텔레텍은 후발 주자이지만 이스라엘 등에서 단말
기 수출에 선전하고 있으며, 중국 시장에서 최근 CDMA 사업 면허를 취득했
고 생산거점 확보를 통해 2007년까지 6억 달러 이상의 매출을 올릴 계획이
다. SK텔레텍은 중국 시장 진출에 이어 유럽과 러시아, 미국 시장 진출도 추
진 중이며 SK브랜드를 국제시장에 널리 알리고 SK텔레콤 글로벌 사업의 네
트워크 역할을 충실히 수행할 것으로 기대되고 있다.

SK텔레콤은 향후 플랫폼 판매에서 플랫폼 운영사업의 비중을 늘림과 동시
에 콘텐츠, 네트워크, 터미널 사업으로 확대하여 궁극적으로 모든 가치활동
을 해외에서 수행할 수 있도록 추진하고 있다. 진출지역으로는 중국, 동남
아·인도 그리고 미국의 세 개 지역을 거점으로 하여 지역을 확대시키려고
하고 있다. 글로벌 사업의 성공적 추진을 위해서는 과거의 사례에서 교훈을
얻어야 하며, 다양한 글로벌 비즈니스 모델 발굴 및 운영 역량 확보, 최적의
파트너와 제휴, 핵심사업을 중심으로 연관 사업 확장, 지역별 균형 및 특화를
통한 분업체계 구축, 각종 리스크에 대응할 수 있는 위기관리체제 구축을 통
해 도전해나가야 할 것이다.

또 다른 신화를 현실로

지난 20년간 SK텔레콤은 이동통신산업의 리더로서 급변하는 경영환경에 선도적이고 체계적인 대응을 함으로써 뛰어난 성과를 이룩해왔다. 1984년 창립 이후 이동통신 산업의 태동기에 기본적인 역량 축적이 이루어졌고, 1994년 민영화 이후 격변하는 산업환경하에서 그 동안 축적된 역량을 바탕으로 고객·주주·구성원들이 원하는 결과를 성취하기 위한 노력을 기울여왔다. 2004년에는 번호이동성 제도와 접속료 인하 등 어려운 환경에도 불구하고, 고객가치 증대를 통한 경쟁우위의 강화 및 무선인터넷의 성장 등을 통하여 지속적인 성장을 달성하였다.

또한 통신 방송의 융합과 유비쿼터스 서비스 환경을 대비하기 위해 위성 DMB 사업 및 제주 텔레매틱스 시범사업 등 신규사업을 지속적으로 발굴·추진하였으며, 싸이월드 서비스의 폭발적인 인기로 개인 미디어 활성화라는 새로운 사회적 트렌드를 이끌어냈다. 이외에도 중국, 베트남, 미국까지 지역 다각화뿐 아니라 플랫폼 수출, MVNO 사업 진출 등 각 지역에 맞춘 글로벌 사업을 전개해나가고 있다. 新가치경영 선포를 통하여 회사의 미래 성장 방향을 구체화했으며, 윤리경영의 실천 및 사회공헌 활동을 활성화함으로써 사회적 리더십 확보를 위해 노력하였다.

그러나 컨버전스와 유비쿼터스 환경의 도래와 사회 · 문화 · 정치적 패러다임의 변화는 SK텔레콤에게 새롭고 험난한 도전을 요구하고 있다. 국내 시장에서는 이동전화 시장의 성장세가 둔화되는 가운데 번호이동성 완전 도입, W-CDMA 서비스 본격화 등으로 경쟁이 더욱 심화될 것이다. 또한 Wibro사업자 선정, 방송, 금융 등 새로운 도메인에서 업체 간 주도권 확보 경쟁도 더욱 치열해질 것으로 예상된다.

해외 시장에서는 자국 통신서비스 산업 보호정책과 세계적인 통신사업자들의 적극적인 시장 진출 시도로 해외에서의 시장 선점경쟁은 더욱 치열해질 전망이며, 차세대 핵심기술의 개발 및 국제표준화 추진경쟁도 더욱 치열해질 것이다. SK텔레콤은 국내외 치열한 경쟁환경을 극복하고 새로운 제2의 도약을 이루기 위해서는 현재 적극적으로 추진 중인 신규 사업과 Global biz의 실행과 함께 다음과 같은 전략과제를 수행해내야 한다.

과감한 경영혁신의 지속적 추진

미래 환경의 급속한 변화 속에서 SK텔레콤이 지속적으로 성장하고 생존하기 위해서는 지난 20년간 해온 것과 마찬가지로 앞으로도 과감한 혁신이 계속되어야 한다. 컨버전스와 유비쿼터스 환경의 도래, 사회 · 문화 패러다임의 전환과 같은 급격한 변화의 물결 앞에서 SK텔레콤이 과거와 같이 뛰어난 성과를 유지할 것인가는 아무도 예측할 수 없다.

그러나 과거 SK텔레콤이 보여주었던 사업추진 역량을 바탕으로 新가치경영과 같은 혁신활동이 올바로 이루어진다면 SK텔레콤의 미래는 다시 한 번 기대해볼 만한 것으로 판단된다. SK텔레콤은 혁신활동을 통해 핵심역량(변화 주도력과 창의적 구성력, 집단적 효율성)을 강화하고 이를 토대로 창의적인 전략과 비즈니스로 디지털 컨버전스 시장을 선도하고 국가 신성장동력 창출에 기여해야 할 것이다.

기술혁신을 위한 노력

CDMA 세계 최초 상용화 이후 SK텔레콤은 지속적인 R&D 투자를 통해 다양한 세계 최초 서비스를 개발해왔으며, 최근에는 세계 최초의 유비쿼터스 뮤직 서비스인 멜론Melon을 개발해 서비스를 시작했다.

CDMA는 2세대 이동통신 시장에 진입하는 과정에서 GSM과 CDMA를 놓고 정부가 최종적으로 선택한 기술이다. GSM은 기술적으로 검증되어 있었고 상용화도 이미 시작되었지만 이를 채택할 경우 기술 종속이 불가피했고 향후 정보통신기술 선진국으로의 진입이 어려울 것으로 예상되었다. 그러므로 CDMA의 선택은 국내 기술력 축적을 통해 세계 시장에서 정보통신 선진국으로 도약하기 위한 국가 차원의 전략적인 선택으로 볼 수 있다.

이후 정부와 SK텔레콤이 CDMA 상용화에 전력을 기울여 성공했고 오늘날에 CDMA 기술은 국가경쟁력의 중요한 원천이 되고 있다. 다만 CDMA 원천기술을 퀄컴이 보유하고 있어서 매년 막대한 로열티 수익을 우리 나라에서 가져가고 있는 것은 매우 아쉬운 점이다. 이를 원천기술의 중요성을 인식하는 계기로 삼아야 하겠다.

또한 앞으로 새롭게 전개되는 4세대 이동통신 경쟁에서도 한국이 주도국으로 올라설 수 있도록 SK텔레콤은 원천기술을 개발하고 표준화를 주도하며 상용화에 전력을 기울여야 할 것이다. 일본은 NTT도코모가 KDDI, NEC 등의 회원사들과 함께 4세대 이동통신 연구와 표준화 작업을 진행 중이다. 중국은 삼성전자, 지멘스, 노키아, 모토롤라 등 외국 업체와 중국 업체들 간의 공동 연구 프로젝트를 추진하면서 2010년까지 4세대 이동통신에 필요한 요소 기술을 개발할 계획이다. 유럽은 노키아, 애릭슨, 지멘스 등이 주도해 4G포럼인 'WWRF*'를 구성해서 표준화 이전 단계의 기술들을 공유하고 있다.

우리 나라도 정보통신부 주도로 4세대 이동통신 연구 및 표준화 전략에 SK텔레콤, 삼성전자, LG전자, KT 등을 비롯하여 18개 회원사가 참여하고 있다. 이미 진행되고 있는 4세대 기술 경쟁에서 우리 나라가 CDMA 상용화 성공신화에 이어 또다시 기술혁신을 주도하고 원천기술 보유국으로 도약하기 위해서는 제조업체뿐만 아니라 이동통신 서비스 사업자인 SK텔레콤의 역할이 중요하다.

사회와 함께 성장하는 SK텔레콤

SK텔레콤은 이제 창사 21년이 되었다. 한국을 대표하는 이동통신 기업이자 세계 시장에서도 성장성과 수익성을 인정받고 있는 초일류 기업으로 성장했다. 지난 21년 동안 SK텔레콤은 고객과 사회와 함께 성장해왔으며 앞

* Wireless World Research Forum의 약자. 노키아, 에릭슨 등 150여 개 회원사가 활동하고 있는 4G 관련 기술 포럼. 4G 표준화 이전 기술 트렌드 공유를 목적으로 한다.

으로도 고객과 사회와 함께 성장해나갈 것이다. 기업은 원래 경제적 이윤을 목표로 활동하지만 그 동안 사회·문화 패러다임의 변화로 인해, 이제 기업은 경제적인 기여 외에 기업시민으로서 사회적 책임을 동시에 수행해야 한다.

그런 의미에서 SK텔레콤이 '新가치경영'을 선포하며 기업시민으로서 사회공헌활동을 주요 추진전략으로 정한 것은 주목할 만하며, 향후 다양한 사회공헌 활동을 통해 우리 사회의 행복지수를 높일 것으로 기대되고 있다. 지난 2002년에 있었던 월드컵 응원은 온 국민을 감동시켰다. 당시 SK텔레콤은 마케팅 차원에서 월드컵 응원을 시작했지만 결과적으로는 국가, 사회, 국민들에게 참여문화의 확산이라는 엄청난 사회·문화적 파급 효과를 가져왔다. 또한 대외적으로는 국가 이미지 제고에 결정적으로 기여함으로써 진정한 사회공헌 활동을 한 것으로 평가할 수 있다. 하지만 기업의 사회공헌 활동은 결코 단기간의 이벤트로 끝나서는 안 된다. 진심으로 고객에게 감사하고 소외된 이웃에게 봉사하며 사회와 함께 성장해야 하는 것이 기업의 중요한 임무이기 때문이다.

32명의 조직 구성원으로 시작한 SK텔레콤은 지난 20년 동안 한국의 대표 기업으로 성장하였다. 이제 SK텔레콤은 세계 무대에서의 새로운 도약을 준비해야 한다. 2005년 『아시안 월스트리트 저널』은 SK텔레콤을 삼성전자, 포스코와 함께 한국에서 '가장 존경할 만한 기업'으로 선정하였다.

컨버전스와 유비쿼터스 환경이 도래하는 미래 경제에서는 서비스 산업, 특히 이동통신 서비스의 중요성이 더욱 커질 것이다. 따라서 SK텔레콤은 지속적인 내부 혁신활동을 통해 과거의 성과에 안주하지 않고 새로운 경제 환경에 적합한 핵심역량을 꾸준히 개발해야 할 것이다.

저자들은 SK텔레콤이 현재의 위치와 성과에 자족하지 않고 지속적인 혁신과 새로운 핵심역량 개발을 이루어간다면 SK텔레콤의 미래가 다른 어떤 기업보다도 긍정적일 수 있다고 믿고 있다. 이동통신 산업의 미래가 정부의 신성장 동력 추진전략과 밀접하게 연계되어 있는 만큼 SK텔레콤은 국가적 사명감을 지니고 지속적인 경쟁력 유지에 모든 노력을 경주해야 할 것이다.

참 고 문 헌

국내문헌

동원증권, 『투자분석 보고서』, 동원증권, 각월호

산업연구원, 『동향분석』, 산업연구원, 1998. 각월호

이동현(역), 『꿀벌과 게릴라』, (원저자 : G. Hamel), 세종서적, 2000. 2.

이명호, 「정보통신산업 구조조정의 과제」, 『정보통신정책포럼』, 정보통신정책연구원, 2001. 3.

　　　「통신시장 3강구도의 전망과 SK Telecom의 대응전략」, CEO Perspective, SK Telecom, 2001. 5.

이순철, 『선진기업의 신경영 사례』, Sigma Insight, 2003.

장세진, 『글로벌 경쟁시대의 경영전략』, 박영사, 1996.

전용욱 · 한정화, 『초일류기업으로 가는 길－삼성의 성장과 변신』, 김영사, 1994. 3.

형선호, 『빌 게이츠』, (원저자 : Robert Heller), 황금가지, 2000. 3.

현대증권, 『투자분석보고서』, 현대증권, 각월호.

외국문헌

Ansoff, H. Igor, *Corporate Strategy*, New York : McGrow－Hill, 1965, Chapter 7.

Barney, Jay, 'Organizational Culture : Can It Be a Source of Sustained Competitive Advantage? *Academy of Management Review*, 1986, pp. 656－665.

　　　Gaining and Sustaining Competitive Advantage, Upper Saddle River, NJ, Prentice Hall, the 2nd Ed. 2002.

Drucker, Peter, *Management : Tasks, Responsibilities, Practices*, New York: Harper & Row, 1974.

Hamel, Gary & C. K. Prahalad, *Competing for the Future*, Harvard Business School Press, 1994.

Hitt, Michael, R. Duane Ireland, and Robert E. Hoskisson, *Strategic Management*, South-Western, Thomson, the 5th Edition, 2003.

Minzberg, Henry, 'The Manager's Job : Forklore and Fact,' *Harvard Business Review*,' 53. No 4, 1975. July-August. pp. 49-61.

Porter, Michael, *Competitive Advantage*, New York, The Free Press, 1985.
Competition in Global Industries, Boston, MA : Harvard Business School Press, 1986.

Steinbock, Dan, *The Nokia Revolution*, New York : Amacon, American Management Association, New York, NY, 2001.

Wernerfelt, B, 'A Resource-based View of the Firm,' *Strategic Management Journal*, 5, 1984. pp. 171-80.

Yoffie, David B., *Competing in the Age of Digital Convergence*, Boston, MA : The Harvard Business School Press, 1997.

* 정보통신 용어에 대한 각주는 한국정보통신기술협의회의 정보통신 용어사전에서 발췌했습니다.

KI신서 679
대한민국에는 SK텔레콤이 있다

지은이 | 김영곤, 이병철

1판 1쇄 인쇄 | 2005. 3. 24
1판 1쇄 발행 | 2005. 3. 28
펴낸곳 | (주)북21
펴낸이 | 김영곤
책임편집 | 서영준, 이영수
영업마케팅 | 정성진, 안경찬, 이종률, 김진갑, 이희영, 박진모, 유정희, 이연정, 박창숙
제작 | 강근원, 이영민
관리 | 이인규, 김용진, 이도형, 고선미

등록번호 | 제10-1965호
등록일자 | 2000. 5. 6.

주소 | 경기도 파주시 교하읍 문발리 파주출판문화정보산업단지 500-11 2, 3층(413-756)
전화 | 031-955-2100(대표), 031-955-2126(기획 · 편집)
팩스 | 031-955-2151
e-mail | book21@book21.co.kr
홈페이지 | http://www.book21.co.kr

값 13,000원
ISBN 89-509-0745-3 13320